社会照顾理论视角下中国的早期儿童照顾模式研究

翟　宁／著

吉林大学出版社
·长春·

图书在版编目（CIP）数据

社会照顾理论视角下中国的早期儿童照顾模式研究 / 翟宁著. -- 长春 : 吉林大学出版社, 2023.9
ISBN 978-7-5768-1583-2

Ⅰ. ①社… Ⅱ. ①翟… Ⅲ. ①儿童福利 – 福利政策 – 研究 – 中国 Ⅳ. ①D632.1

中国国家版本馆CIP数据核字(2023)第059140号

书　　名：社会照顾理论视角下中国的早期儿童照顾模式研究
SHEHUI ZHAOGU LILUN SHIJIAO XIA ZHONGGUO DE ZAOQI ERTONG ZHAOGU MOSHI YANJIU

作　　者：翟　宁
策划编辑：黄国彬
责任编辑：马宁徽
责任校对：杨　宁
装帧设计：刘　丹
出版发行：吉林大学出版社
社　　址：长春市人民大街4059号
邮政编码：130021
发行电话：0431-89580028/29/21
网　　址：http://www.jlup.com.cn
电子邮箱：jldxcbs@sina.com
印　　刷：天津和萱印刷有限公司
开　　本：787mm × 1092mm　　1/16
印　　张：15.5
字　　数：240千字
版　　次：2023年9月　第1版
印　　次：2023年9月　第1次
书　　号：ISBN 978-7-5768-1583-2
定　　价：88.00元

序　言

翟宁的博士论文《社会照顾理论视角下中国的早期儿童照顾模式研究》，即将由吉林大学出版社出版。翟宁嘱我为其作序，作为她的博士论文指导老师，我为她取得的学术成绩感到由衷喜悦，欣然命笔。

自2013年我国开始调整人口生育政策起，早期儿童照顾逐渐从一个小众话题发展成为关乎国计民生的重大政策议题。早期儿童照顾不仅与人口生育水平、儿童健康发展、家庭生活质量密切相关，还关联福祉资源合理配置、性别平等、阶层和谐等深泛领域。然而，由于我国早期儿童照顾政策难以跟进人口结构与家庭结构的变化，导致儿童照顾资源的总量不足与结构失衡，严重影响人口生育水平的提升，阻碍儿童的健康发展，降低家庭的生活质量。因此，探索我国早期儿童照顾的状况及问题，揭示问题的根源与基础，进而提出新的早期儿童照顾模式及政策，具有重要的学术价值和实践意义。

当前我国的儿童照顾领域理论研究较为缺乏，按照以往的研究路径，立足于既有的儿童照顾理论来研究早期儿童照顾模式，导致了儿童照顾责任主体研究的碎片化问题，和早期儿童照顾部门协调不足、性别分担不平衡的现实困境。《社会照顾理论视角下中国的早期儿童照顾模式研究》一书的创新之处，在于立足思维范式层面来思考早期儿童的社会福祉议题。以范式为研究视域，通过对比社会照顾范式和社会保险范式在研究背景、理论路径、保障对象、研究问题、研究目的、研究工具方面的不同之处，实现了对以往以理论为基础的模式研究的突破。

本书通过梳理国内外关于早期儿童社会福祉的研究文献，分析我国从

1978年到2018年的早期儿童社会福祉政策，指出我国早期儿童照顾呈现为责任分离模式，并指出社会保险范式及其市场体制基础是我国早期儿童照顾呈现为责任分离模式的根源。进而，指出社会保险范式在关于早期儿童照顾责任问题的认识上，倾向于早期儿童照顾属于私域责任。而社会照顾范式能够以中立、包容的公民身份为根据，以需要照顾的弱势群体为保障对象，以时间支持、经济支持和服务支持为主要政策工具，承认公民享有社会照顾权，认可社会照顾服务的合法性。社会照顾范式下的早期儿童照顾模式是一种“责任共担”模式，它超越了社会保险范式下早期儿童照顾的“责任分离”模式，有利于建立部门和性别之间的共担机制，实现“责任共担”模式的有效运行。

从而，本书指出：同社会保险范式相比，社会照顾范式下的早期儿童照顾是多元的、混合的责任共担机制，这种模式不仅分担了各方儿童照顾的压力，帮助儿童实现其受照顾权利，有利于儿童福利的积极进展，也优化了家庭内部的照顾责任，对于促进性别平等有着积极的影响。而社会照顾范式的实现需要合适的早期儿童社会福祉政策的支持，据此本书提出构建以时间支持政策、经济支持政策、服务支持政策为主的早期儿童照顾政策体系。

就理论意义而言，本书丰富并发展了儿童照顾理论和女性主义理论研究。我国有关儿童福利的研究较为丰富，儿童福利理论相对完善，但是关于早期儿童照顾的理论研究尚且不足。本书以社会照顾范式为理论视角，对早期儿童照顾的相关问题进行了深度解析，并在此基础上提出了相应的发展模式，对早期儿童照顾理论的发展做出了贡献。同时，本书以促进性别平等作为切入点之一，从社会照顾的角度来探讨女性的社会权利和社会福利，对于丰富并完善女性主义理论具有重要意义。

就现实意义而言，当前中国的儿童照顾体系尚不完善，健全的儿童照顾政策体系尚未形成，本书以早期儿童照顾为研究主题，对现阶段中国的早期儿童照顾进行政策和实践层面的探究，立足我国的政治、经济、社会、文化实际情况，借鉴北欧和中国计划经济时期的早期儿童照顾的经验、教训，提出适合当前我国国情的早期儿童照顾发展建议，有利于增强家庭的早期儿童照顾功能。本书提出的早期儿童照顾责任共担机制，弥补了家庭照顾资源的不足，保障了早期儿童受照顾权的实现，进而全面提高了早期儿童的福利水平，缓和了阶层和城乡之间的矛盾，有利于促进性别平等，对于提升女性的生育意愿，提振我国的生育水平更有积极的作用。

路漫漫其修远兮，中国儿童照顾政策体系的建设既需筚路蓝缕以启善治，更待儿童照顾理论的精进以辅善行。希冀翟宁继续践行博士学习期间的钻研精神，在儿童照顾理论场域上下求索，为中国儿童照顾场域的理论发展与实践进步，贡献自己的力量。

李文祥（吉林大学 教授 博士生导师）

2023年5月16日

目 录

第1章　引　言

1.1　研究背景与意义

1.1.1　问题的提出

早期儿童照顾是指0～6岁的儿童照顾。对于处于这个阶段的儿童，他们无论从生理层面上，还是从心理层面上，都没有完全发育成熟，需要完全依赖他人的照顾才能得以生存。随着儿童权利理论的不断发展，儿童有权接受照顾和照料这一论述已经成为一个不容争辩的事实。儿童照顾看似是一个简单的育儿话题，然而背后却隐藏着各种复杂的社会关系，尤其是6岁以前的早期儿童照顾更涉及一个国家的福利再分配机制。或者更进一步说，早期儿童照顾一方面关系到国家、社会、市场和家庭之间的照顾分配，另一方面关系到两性之间的照顾分配。

长久以来，早期儿童照顾被认为是私领域责任，而不是一种公共议题被广泛讨论。直到19世纪末20世纪初，工业化的不断发展使得大量的女性进入了工厂工作，这样一来她们的孩子便无人照看，由此引发了一系列社会问题，至此早期儿童照顾问题开始进入公共视野。这一时期的早期儿童照顾政策发展并不全面，面向的群体主要是贫困家庭无人照顾的儿童，政策手段以妇女产假和儿童津贴为主。随着二战后福利国家的建立，服务业和公共部门的发展以及女性主义的不断发展，越来越多的女性进入了工作领域，与此同时，家庭结构也发生了变化。为了适应种种社会变化，福利国家纷纷完善了早期儿童照顾政策，包括产假的延长、产假期间工资的增加和儿童津贴的增加等。这一时期，性别平等是人们讨论的热点话题，早期儿童照顾政策被包裹在家庭政策之中，早期儿童照顾政策更多的是让女性享有同男性一样的就业权利的一种政策手段。到了20世纪90年代，发展型社会政策和社会投资理论兴起，政策制定者不再将早期儿童照顾看作是一种附加的压力，而是开始认识到人力资本投资的重要意义，早期儿童照顾政策开始被认为是提升国民素质和促进国家发展的重要举措。于是政府开始扩大早期儿童照顾政策，在原有的产假、儿童津贴的基础上增加了早期儿童照顾服务，在提供早期儿童照顾的同时开始注重早期儿童教育。

新中国成立以来，我国建立了计划体制下的早期儿童照顾体系。这一时期，国家对家庭生活进行福利干涉，在城市通过在单位和社区举办托幼机构，在农村通过人民公社对早期儿童提供照顾服务。计划经济时期国家和单位举办的托儿所和幼儿园在很大程度上减轻了女性和家庭对早期儿童的照顾责任，一方面鼓励了女性就业，另一方面由于岗位和地区严格的人口流动限制，使得早期儿童可以得到相当稳定的照顾。

改革开放后，我国建立起剩余型儿童照顾制度。儿童照顾主要由家庭和市场承担，政府只是起到补充作用。在这种背景下，我国的早期儿童照顾呈现出三大特点：第一，覆盖范围狭窄，以困境儿童为主，对普通儿童的涉及较少。第二，福利水平较低，以解决困境儿童的生存问题为主要目标，同儿童成长发展相关的福利内容较少。第三，照顾方式比较单一，主要以物质性帮助为主，公共服务较少。这种早期儿童照顾制度安排一方面会加剧城乡矛盾和阶层矛盾，另一方面会导致城乡分化和阶层分化的代际传递，对于我国社会主义和谐社会的建设会产生不利影响。

究其根源，我国改革开放以后的早期儿童照顾制度是以社会保险范式作为理论支撑，而社会保险范式是以国家与市场关系下的公民身份理论为理论路径，其保障对象是有偿劳动者，漠视了无偿照顾者的社会权利。

而纵观人类发展，无论何种文化，无论哪种制度，儿童照顾都是高度与性别相关的：由于儿童为女性所孕育，所以儿童照顾理所应当由女性所承担。男女性别分工本身并无争议可言，自然的性别分工不仅提高了工作效率，而且在某种程度上密切了两性关系。然而在社会性别的建构下，原本平等的分工方式开始有了高低贵贱之分。外出工作的男性成了高贵的养家糊口者，而在家照顾孩子的女性却失去了社会价值，在马歇尔的公民身份理论中，不外出工作的女性甚至被排除在公民身份之外。

就我国而言，新中国成立以后，我国开始进行大规模的妇女解放运动，越来越多的女性逐渐走出家庭，走入公共领域参与到劳动市场中来，为社会生产力的发展提供动力和支持。在这样的社会背景下，我国女性面临着两大难题。其一，对于作为无偿照顾者的女性来说，她们所提供的照顾活动的价值得不到承认和肯定，她们的社会权利无法得到充分实现。其二，对于作为有偿劳动者的女性来说，在传统社会性别规范的约束下，她们要承担有偿劳动和无偿照顾的双重责任。这会加剧我国的性别矛盾。

那么如何消减社会保险范式下的早期儿童照顾所引起的阶层矛盾和性别矛盾，以促进我国社会主义和谐社会的建设，就成为我们大家无法逃避而又急需解决的社会问题。正是在这一背景下，我们引入社会照顾的理论视角，即立足于社会照顾范式进行思考，力求在宏观层面实现国家、市场、社会和家庭在儿童照顾上的责任分担，在微观层面承认儿童照顾的价值，消减女性的双重角色冲突，以促进性别平等。

1.1.2 理论意义

第一，以范式为研究视域，突破以往的模式研究。艾斯平·安德森（Gsta Esping Ardersen）提出福利资本主义的三个世界理论，根据覆盖范围和福利水平不同，将资本主义福利社会分为三种类型：自由主义模式、保守主义模式和社会民主模式。自从福利资本主义三个世界理论提出以来，学者们对社会福利的研究便未能从这种研究框架中跳脱出来，儿童福利的研究也不例外。这当然是一个有效的分析框架，但是这是一种横向的比较研究，用来对比分析不同福利制度体系下各种福利安排的差异所在。然而早期儿童照顾同其他福利领域有所不同，它不仅包括不同部门之间的责任分配，更包括两性之间的责任分担。如果说不同部门之间的责任分配尚可以用三个世界模式所解释，但是在面对全球性早期儿童照顾高度性别相关的问题上，三个世界模式理论是失灵的。因此我们突破对福利世界进行横向划分的模式研究，改为以范式作为研究视域，引入社会保险范式和社会照顾范式作为分析体系，将福利世界视为一个整体，纵向分析福利世界的早期儿童照顾问题，以弥补三个世界模式在解释儿童照顾性别分担失灵的问题。

第二，以社会照顾为理论视角，丰富并发展儿童照顾理论研究。从世界范围来看，有关儿童福利的研究比较丰富，儿童福利理论相对完善，但是在早期儿童照顾领域，理论研究极其缺乏。反观我国，儿童福利理论的发展尚且不完善，早期儿童照顾领域理论研究基本处于空白状态。以社会照顾为理论视角，可以解释早期儿童照顾的相关社会现象，也可以提出相应的发展模式。以社会照顾为理论视角不仅可以丰富并发展我国的早期儿童照顾理论，在世界范围内也有重要意义。

第三，以性别平等为切入点，丰富并完善女性主义理论。目前，女性主义理论的发展已经十分完善，女性主义有关照顾的研究也相对丰富，但是研究的焦点主要集中在照顾的伦理层面。从社会照顾的角度来探讨女性社会权利和社会福利的研究相对较少，因此本书对于丰富并完善女性主义理论有重要意义。

1.1.3 实践意义

第一，完善儿童福利体系，促进儿童服务发展。目前中国的儿童福利体系尚不完善，覆盖范围狭窄，福利水平低，以物质性帮助为主，儿童服务缺乏。本书以社会照顾为理论视角，以早期儿童照顾为研究主题，通过对现阶段中国的早期儿童照顾进行政策和现实情况研究，立足本国的政治、经济、社会、文化实际情况，借鉴北欧和中国计划经济时期的早期儿童照顾的经验、教训，提出适合当前本国国情的早期儿童照顾发展建议，这有利于完善我国的儿童福利体系建设，并且能够促进我国的儿童福利发展。

第二，缩小阶层和城乡差距，利于我国和谐社会的构建。从目前来看，我国的早期儿童照顾以家庭为主，家庭向市场寻求儿童照顾服务，只有当家庭支撑不下去崩溃时，国家才会介入。这种早期儿童照顾模式会导致经济基础好、社会资源丰富的家庭获得更多并且更优质的早期儿童照顾服务，而相较而言那些父母工作不稳定，社会资源薄弱的家庭所获得的早期儿童照顾服务相对较少且较差，这样一来不仅会加大阶层和城乡之间的差距，而且会导致阶层和城乡之间差距的代际传递。本书试图探索一种早期儿童照顾模式，以为普遍儿童提供相对平等的早期儿童照顾为目标，缩小阶层和城乡差距，以促进社会主义和谐社会的发展。

第三，促进性别平等，利于女性社会权利的充分实现。新中国成立以来我们国家大力宣扬妇女解放，在国家的大力倡导下男女不平等情况有很大的缓解，但是“男尊女卑”“男主外，女主内”的思想和现象仍然存在。激进的女性主义认为父权制是导致男女不平等的根源，只有推翻父权主义才能实现两性平等。然而从目前来看，类似于激进的女性主义这种看似宏大的言论，对于缓解目前两性之间不平等的状态并没有实质性的帮助。因此同激进的女性主义不同，本书的目的是思考如何承认女性照顾儿童的合法性，以及如何平衡女性在公共领域和私人领域中的角色冲突，这对于促进性别平等，帮助女性社会权利的充分实现有重要的现实意义。

1.2　基本概念与基础理论

1.2.1　早期儿童

联合国《儿童权利公约》将儿童定义为18岁以下的任何人。根据儿童不同年龄时期的生理和心理特点，儿童时期包括四个阶段：婴儿期、幼儿期、学龄前期和学龄期。其中，婴儿期、幼儿期和学龄前期指0～6岁的儿童，这一时期的儿童需要完全依赖别人的照顾，自己无法独立生存，因此这一年龄段的儿童在国际上被定义为早期儿童。

1.2.2 照顾与早期儿童照顾

戴利（Daly）认为照顾是指关心和照料病人、老人和儿童的一种活动和由此形成的关系。[①]根据戴利对照顾的定义，早期儿童照顾是指关心和照料早期儿童的一种活动和由此形成的关系，这种关系既包括性别关系，也包括政府、家庭、市场和社会这四个部门之间的关系。在政策层面上，西方国家普遍认为早期儿童照顾包括两个维度，一是照顾维度，即为儿童提供日常的身体照料和情感满足；二是教育维度，即为早期儿童提供认知、社会发展和入学准备服务[②]。本研究将二者结合起来，认为早期儿童照顾是指对0至6岁的儿童提供关心、照料和教育的一种活动和由此形成的关系。

1.2.3 模式与早期儿童照顾模式

模式（model）一般指范本或模本的式样。社会学意义上的模式，指的是"研究自然现象或社会现象的理论图式和解决方案，同时也是一种思想体系和思维方式。"[③]从社会发展来看，"模式往往指前人积累的经验的抽象和升华。简单地说，就是从不断重复的事件中发现和抽象出的规律，可以视之为解决问题的经验的总结。"[④]模式包括两个层面的含义，一是认识论层面，模式是从人们的生活实践中抽象出来的规律；二是方法论层面，模式是解决某类问题的方法总和。根据模式的定义，本书认为早期儿童照顾模式既是对世界范围内早期儿童照顾实践经验的总结，也是解决早期儿童照顾问题的方法总和，包括理论、目标、方式和途径。

---

① Mary Daly.Care as a good for social policy [J].Iournal of Social Policy, 2002(4): 251-270.

② 张亮.中国儿童照顾政策研究[D].上海：复旦大学，2014：12.

③ 刘爱武，肖贵清.中外不同语境中的"中国模式"概念辨析[J].山东社会科学，2011(9)：44-49.

④ 秦宣."中国模式"之概念辨析[J].前线，2010(2)：28-32.

1.2.4 社会照顾理论视角

在解释社会照顾理论视角之前，有必要理清范式与理论视角之间的关系。范式是科学史学家托马斯·库恩（Thomas S.Kuhn）提出的概念，他指出："一个范式就是一个公认的模型或模式（Pattern），在这一意义上，在我找不到更好的词汇的情况下，使用'Paradigm'（范式）一词似颇合适。"①在提出范式这个概念后，库恩并没有对范式做出十分明确的解释，他在《科学革命的结构》一书的序言中提道："我所谓的'范式'通常是指那些公认的科学成就，他们在一段时间里为实践共同体提供典型的问题和解答。"②随后，他又指出："我选择这个术语（即范式），意欲提示出某些实际科学实践的公认范例——它们包括定律、理论、应用和仪器在一起——为特定的连贯的科学研究的传统提供模型。"③英国学者玛斯特曼（Masterman）认为库恩在《科学革命的结构》中提到的范式至少包含21种含义，并将其归为3类，分别为：哲学范式或元范式，泛指一种形而上学的观念或实体；社会学范式，指一种公认的科学成就；人工范式或构造范式，指具体的工具、仪器设备，或具体的教科书、经典著作。④随着范式一词的广泛运用，人们对范式的概念和本质有了更广泛、更多元的理解，但是学术界达成了一个基本的共识，即认为范式是人们看待与处理特定现象和问题的基本理念和方法，既指一种科学传统观念或者说某种科学理论所表现出来的价值观，又指一种理论视角。本书认同学术界对范式这一概念所达成的基本共识，当其与社会保险或社会照顾一词连接在一起时，特

---

① 托马斯·库恩.科学革命的结构（第四版）[M].金吾伦，胡新和，译.北京：北京大学出版社，2012：19.

② 托马斯·库恩.科学革命的结构（第四版）[M].金吾伦，胡新和，译.北京：北京大学出版社，2012：4.

③ 托马斯·库恩.科学革命的结构（第四版）[M].金吾伦，胡新和，译.北京：北京大学出版社，2012：8.

④ 孙淑女.范式视阙下的跨文化适应理论[D].杭州：浙江大学，2015：48.

指以社会保险（社会照顾）和社会保险（社会照顾）背后的理论、理念、价值、政策手段为看待与处理社会问题的出发点和着眼点，既是一种价值观，又是一种理论视角。

社会保险制度起源于17世纪的欧洲，是市场经济发展到一定历史阶段的产物。随着市场经济的不断发展，福利国家应运而生，其以市场经济体制下的社会生产方式为基础，继承了市场经济体制下生产方式的特征，自然无法避免市场经济体制下生产方式自身固有的矛盾。而社会保险的出现，在很大程度上缓和了市场经济条件下的阶级矛盾。20世纪50年代，马歇尔（Geovge Gatlett Marshall）提出了社会权利概念，指出公民基于其公民身份，在遭遇失业、生病等不幸期间有获得社会保障的权利。然而艾斯平–安德森却提出，既然公民的社会权利是基于公民身份而非公民的能力获得，那么社会权利就带有非商品化性质。但是由于社会保险制度的设计带有严格的资格限制，它并非是基于公民身份的一种福利形式，而是与市场参与紧密相关，在很大程度上并不能达到非商品化的效果。

由此，社会保险范式是在市场经济条件下，以国家与市场关系下的公民身份为理论路径，以调整市场经济体制下的阶层关系为目的，以解决劳动力对市场的依赖为问题导向，以有偿劳动者为保障对象，以现金给付为主要政策工具的一种综合分析体系。

社会照顾是在既有的社会、经济、道德规范框架内被分配和执行并用以满足儿童及老年人、残疾人等需要别人照顾的成年人的物质与情感需要所开展的活动以及由此所形成的关系。

在传统社会下，男性处于统治地位，女性处于依赖地位。随着市场经济的产生和发展，家庭的生产功能被极大程度地削弱，男性进入了劳动市场，女性被排除在生产活动之外，无偿的家务劳动无法彰显出女性的价值。到了福利国家阶段，福利国家是在就业的假设上进行设计的，在任何一种社会保障制度下，福利的获取以及获取的多寡都同就业相关，这进一步强化了两性在社会权利上的不平等。社会照顾范式以中立的、包容的公民身份理论为理论基础，在承认两性差别的基础上，重新考虑公民身份，使有偿的劳动者和无偿的照顾者都能充分实现其社会权利，超越了国家与市场关系下的公民身份理论。照顾作为一种公民权利，一方面，可以保证照顾提供者在照顾提供的过程中，有获得来自其他主体的时间支持、经济支持和服务支持的权利；另一方面，可以保证照顾接受者有获得稳定的、高质量的照顾服务的权利。这有利于解决照顾依赖问题，进而调整传统社会性别规范下的照顾关系。

由此，社会照顾范式是以社会照顾为理论视角的一种综合分析体系和福利价值取向，它以中立的、包容的公民身份为理论路径，以无偿照顾者与接受照顾的弱势群体为保障对象，以时间支持、经济支持和服务支持为主要政策工具，目的在于解决照顾依赖问题。

1.3　研究设计

1.3.1　研究思路

本书从早期儿童照顾模式和早期儿童照顾模式的理论范式出发，探讨早期儿童照顾模式背后的部门关系和性别关系。以社会照顾为理论视角，探索中国早期儿童照顾的发展模式。

首先，在问题的提出部分，主要介绍了早期儿童照顾的重要作用，中国早期儿童照顾的发展状况，以及目前早期儿童照顾模式背后的理论范式并由此带来的性别不平等和阶层分化等问题，进而引出早期儿童照顾模式研究的理论意义和实践意义；对基本概念和基础理论进行了界定和解释，并详细说明了本书的研究方法；对国内外早期儿童照顾模式研究进行梳理，总结现有研究的特点并发现既有研究的不足之处。

其次，本书试图从现实问题出发，通过政策分析、参与式观察、深入访谈、量化研究的方式总结中国目前的早期儿童照顾模式，发现我国早期儿童照顾模式存在的困境，并对这种困境进行根源性分析；面对我国早期儿童照顾模式的困境，本书以社会照顾作为理论视角，即立足于社会照顾范式，提出“责任共担”模式，具体探讨社会照顾范式的理论构建、社会照顾范式的责任共担机制和社会照顾范式的社会效果；提出社会照顾范式下的早期儿童照顾模式，探讨社会照顾范式下早期儿童照顾的政策工具，社会照顾范式下早期儿童照顾的主体以及社会照顾范式下早期儿童照顾的社会效果；总结我国计划经济时期的早期儿童照顾模式、基础及问题；以北欧为例，借鉴社会照顾范式下早期儿童照顾的国外经验；在以上研究的基础上，提出有中国特色的早期儿童照顾的发展模式，并详细介绍这种模式的现实挑战和实现路径。

最后，在结尾部分，提出本研究的主要结论，总结本研究的创新和不足之处，并对接下来的研究提出展望。

1.3.2 研究方法

1.3.2.1 研究属性

研究属性指人们在面对社会问题时通过什么样的方式、手段来观察现象和处理问题。本书采取质性研究和量化研究相结合的研究方式。

（1）质性研究

质性研究，又被称为质的研究、定性研究，是一种相对于量化研究而言的研究方法。陈向明将质性研究定义为“以研究者本人作为研究工具，在自然情境下采用多种资料收集方法对社会现象进行整体性探究，使用归纳法分析资料和形成理论，通过与研究对象互动对其行为和意义建构获得解释性理解的一种活动。”[①]质性研究认为，个体的行为方式离不开社会文化情境的影响和限制，因此，质性研究强调将研究对象放在日常的、自然的生活情境之下进行观察和理解。而研究对象往往是复杂的，所以研究者一定要与研究对象进行多次的、频繁的接触、观察、交流、参与之后，才能得到全面的、深入的、复杂的、细致的信息。在得到这些信息后，研究者不可以将焦点仅仅放在信息本身，而是要整体地理解事件与事件、事件

① 陈向明.质的研究方法与社会科学研究[M].北京：教育科学出版社，2006：12.

与社会、历史、文化之间的关联。在把握好这些之后，研究者运用归纳的逻辑推理方法，从收集到的信息和资料中推断出一般结论或形成理论，进而对研究对象的行为、经验和意义建构进行“解释性理解”。

选择质性研究方法的原因在于质性研究方法契合本书的研究主题。本书的研究主题是早期儿童的照顾模式，其中不仅关注到“被照顾者”——早期儿童的照顾获取，同时也关注到“照顾者”本身，包括“照顾者”的日常生活、物质环境、人际关系、主观感受等，例如工作着的母亲如何协调工作与照顾孩子之间的冲突，全职妈妈在孩子上幼儿园后，寻找和开始一份新工作时遇到的困难和解决方式，爸爸和妈妈在养育孩子过程中对照顾工作的分配，以及产生的摩擦等，这些资料具有隐秘性、私下性、流动性等特点，是量化研究方法难以获取和分析的。而质性研究则具有很强的灵活性，研究者可以通过与研究对象的深入接触和交流获得这些资料。笔者从2016年开始，在C市BC社区进行了为期2年的参与式观察，并对18位参与早期儿童照顾的家长进行了深度访谈。在这一过程中，笔者收集到了大量的相关资料，构成了本次研究的主要资料来源。

（2）量化研究

量化研究，又被称为量的研究或定量研究，是一种对事物可以量化的部分进行测量和分析，以检验研究者自己关于该事物的某些理论假设的研究方法。[①]定量研究强调通过获取某一时间节点的可量化数据，运用标准化的操作方法和完备的操作技术，对这些数据进行数量上的计算，最终得到具有统计学意义的结果，因此定量研究适合对事物进行宏观层面的调查和预测，进而达到了解事物真相的目的。

本书以中国的早期儿童照顾模式为研究主题，这就需要有大量的相关数据作为支撑，通过运用技术手段，总结出目前中国早期儿童照顾的特点，并在相关理论和其他补充资料的佐证下，得到目前中国早期儿童照顾的模式和未来的模式选择，这需要定量研究方法的支持。值得注意的是，

① 陈向明.质的研究方法与社会科学研究［M］.北京：教育科学出版社，2006：10.

量化研究具有两个特点，一是以研究对象的可量化部分作为资料来源，二是以研究对象某一凝固时刻的状态作为资料来源。然而，早期儿童照顾不能被完全量化，并且早期儿童照顾是一个动态的过程。因此量化研究无法还原早期儿童照顾的全部真相，在量化研究之外，需要质性研究的支撑。

值得说明的是，本书借用2012年中国综合社会调查①的问卷和数据，获取全国范围内城市和农村地区拥有6岁以内儿童照顾需求的样本的信息，以概括中国早期儿童照顾的基本特征，并为探索中国早期儿童照顾的当前模式及其困境提供客观的量化资料支持。尽管本书的质性资料和量化资料有一定的时间差，但是结合我国经济、社会的发展情况和同早期儿童照顾相关的政策发展情况来看，对于我国普通家庭的早期儿童来说，2012年至2016年的4年间，他们成长、发展所处的社会、经济、文化、教育等背景情况并没有发生太大的改变。因此，在一个稳定的社会背景下，研究所依据的质性资料和量化资料之间的时间差，不会对研究结果造成过大的影响。

1.3.2.2 信息收集方法

对于社会科学研究来说，不论是实证主义的研究还是非实证主义的研究，都需要一系列的资料与数据对研究者的论点加以支撑，这种对“资料与数据”的收集方法就是信息收集方法。

早期儿童照顾与人们的生活息息相关，不仅涉及家庭的生存和发展，更牵涉社会的稳定、发展、进步。早期儿童照顾的研究具有复杂性的特点：首先，早期儿童照顾的责任主体复杂，从部门角度分析，包括国家、家庭、市场、社会；从性别角度分析，包括男性和女性。其次，早期儿童照顾所属的学科领域复杂，包括社会保障学、社会学、经济性、人类学等。再次，早期儿童照顾的研究视角复杂，既包括社会福利和社会政策视角，又包括女性主义视角。最后，中国早期儿童照顾模式的探索和构建，既要有一般性的早期儿童照顾理论作为研究基础，又要结合中国的具体国

① 由于2012年中国综合社会调查加入了妇女问题专项调查，其中涉及了早期儿童照顾的相关问题，而其他年份的调查并未加入此部分内容，所以未选择使用最新数据。

情，体现出中国的本土性特征。

鉴于早期儿童照顾模式研究的复杂性，单一的信息收集方法显然无法满足本研究的需要，因此本书在信息收集方法上采取了文献法、参与式观察法、深度访谈法。

（1）文献法

文献法可以说是最古老，也最被经常使用的一种资料收集方法。它是指根据研究主题来搜集相关的文献，并对这些文献进行整理、分析和归纳，在这些文献的基础上来论证研究者自己的观点。通过研究前人的成果，来启发自己的思考，是一种站在前人的肩膀上来思考问题的方法，这对社会科学研究者来说，也是一种最省时省力的信息收集方法。

尽管社会照顾范式下的早期儿童照顾还是个空白领域，但是近四五十年来国外学者对早期儿童照顾模式进行了广泛和深刻的研究，产生了丰硕的成果。国内学者也就早期儿童照顾的相关问题进行了讨论，这些已有的文献为本书提供了研究思路和理论参考。

此外，政策是本书的现实依据之一，国内和国外的早期儿童照顾政策为本书提供了重要的文献参考。通过分析早期儿童照顾的相关政策文献和相关政策文献内容变化，对于探索早期儿童照顾的发展模式，总结早期儿童照顾的历史发展沿革，以及分析早期儿童照顾的未来发展趋势有重要意义。

（2）参与式观察法

参与式观察法，也叫田野方法，是质性研究的重要组成部分，其核心在于参与式观察，要求研究者亲身参与到调查对象的生活中来，同他们共同生活、共同经历、共同感受，进而了解他们的生活方式和社会文化。一方面，参与式观察法是最接近调查对象真实生活的一种信息收集方式，它适用于研究人类生活的各个方面，研究者通过参与式观察法收集到的资料是最直观、最全面的。另一方面，参与式观察法对研究者的洞察能力和理论基础要求非常高，若研究者的洞察能力不够强，理论基础不够深厚，那么他通过参与式观察法收集到的也只是表面信息，而看不到更深层次的一面。

笔者通过对C市BC社区拥有0至6岁儿童的家庭进行为期2年（2016—2018年）的参与式观察，深入了解了早期儿童照顾的日常生活情境、早期儿童家长在进行儿童照顾时遇到的困难、主观感受等，为探索中国早期儿童照顾的当前模式和构建社会照顾范式下的早期儿童照顾模式提供了最全面、直接、隐秘的实证信息。

（3）深度访谈法

深度访谈法是质性研究的重要组成部分，研究者通过与被访问对象进行深入交谈，以了解被访问对象的生活经历、生活方式，探讨特定社会现象的形成过程，并提出解决问题的思路和方法。[①]深度访谈要求研究者在访谈之前，根据研究的主题设计访谈的框架和提纲。在访谈的过程中，研究者要仔细聆听被访问对象的叙述，并对其叙述进行积极的回应，以获取更深入、详细的信息。与此同时，研究者要根据被访问对象的状态、态度等实际情况，及时调整访问的方式、问题的顺序、问题的表述方式、访问的重点等，以主动把握访谈的方向和进程。此外，深度访谈也要求研究者对访谈的主题有深入的了解，以及时感知被访问对象所透露的细节内容，并将细节内容与事实有意义地连接起来，以丰富获取的信息内容。

作者对C市拥有6岁以内儿童的10位母亲、5位父亲和参与照顾的3位老人，共18人进行了31次深度访谈，其中对每位母亲都进行了2次面对面访谈，之后又对其中3位母亲追加了电话访谈；对5位父亲分别进行了1次面对面访谈；对3位参与照顾的老人分别进行了1次面对面访谈。访谈的内容主要围绕早期儿童照顾的具体生活情境、早期儿童照顾的具体家庭分工、早期儿童照顾过程中面临的问题和解决方式、早期儿童照顾过程中的主观感受等进行。

① 孙晓娥.深度访谈研究方法的实证论析[J].西安交通大学学报（社会科学版），2012（3）：101-106.

第2章　国内外研究文献述评

社会照顾是一个年轻理论，国内外以社会照顾范式研究早期儿童照顾问题的理论研究相当少，甚至可以说这一研究领域尚属空白。而早期儿童照顾模式是一个传统话题，国内外已经形成了较为丰富的同早期儿童照顾模式相关的理论和研究。

西方国家的早期儿童照顾政策发展较为充分，不同的照顾政策形成了不同的照顾实践。再加上整个欧洲国家地理分布较为紧凑，这种地理位置往往会形成相似的文化和社会规则，但具体到每个国家又各有其独特之处。这种特点促使西方学者倾向和习惯于对不同国家的照顾政策实践进行归纳，形成照顾模式加以研究和比较。而中国的早期儿童照顾政策发展尚不充分，早期儿童照顾实践存在着许多的问题，国内学者多倾向于提出具体的发展建议。因此，整体而言，西方学者有关早期儿童照顾模式的研究倾向于归纳式研究，而中国学者有关早期儿童照顾模式的研究则倾向于建议式研究。

2.1　国外相关文献研究

在过去的几十年中，欧洲一些国家的早期儿童照顾实践引起了西方学者的广泛关注。西方学者对早期儿童照顾实践的研究通常集中在不同国家的早期儿童照顾模式的比较，不同的早期儿童照顾政策形成了不同的早期儿童照顾模式。福利国家由于自身的政治、经济、文化、社会背景和需要的不同，往往会采取不同的照顾政策措施，这种照顾措施的不同组合形成了不同的照顾模式。

2.1.1 关于国家—市场关系下的早期儿童照顾模式研究

学者们从不同角度出发对早期儿童照顾模式进行分类，其中被西方学者最为接受的划分方式是在艾斯平-安德森对福利资本主义世界的划分的基础上，将早期儿童照顾模式分为社会民主模式、保守主义模式和自由主义模式。其中索尼娅和瑞安（Sonya&Rianne）便借鉴艾斯平-安德森对福利制度的经典三分法，对早期儿童照顾模式进行分类。①

他们认为社会民主模式对家庭提供普遍性的高水平津贴支持、高水平的产假、陪产假、育婴假等假期政策支持和高水平的早期儿童照顾服务支持，这种高水平的早期儿童照顾支持政策对于减轻儿童贫困和实现性别平等有积极意义，代表国家是丹麦、瑞典等斯堪的纳维亚国家。索尼娅和瑞安在研究瑞典的儿童公共服务问题时发现，从1975年到1990年，瑞典的儿童公共照顾服务不断发展。例如，1975年只有17%的1至6岁儿童进入公共儿童照顾机构，而到了1990年这个数字已经增长到57%。②社会民主模式的早期儿童照顾实践强调性别平等的儿童照顾责任安排。莱拉（Leira）指出，在过去的几十年，北欧福利国家一直在探索两种不同的照顾实践路径，一种是在照顾责任方面强调传统的性别安排，另一种是挑战传统照顾性别责任并试图改变它。在政策安排上，第一种强调扩大非正式照顾提供者的社会权利，如对非正式的照顾提供者提供现金支付（照顾工资）和社会保障福利。第二种强调父母双方均为挣工资者和照顾提供者，通过建立国家资助的儿童照顾中心，普遍的产假、陪产假和育婴假制度等来保证男女性别的平等。随着经济的发展、家庭结构的不断变化以及女性主义的发

---

① Sonya Michel, Rianne Mahon (eds). Child Care Policy at the Crossroads: Gender and Welfare States Restructing [M] .New York: Routledge, 2002: 16–18.

② Sonya Michel, Rianne Mahon (eds).Child Care Policy at the Crossroads: Gender and Welfare States Restructing [M] , New York: Routledge, 2002: 289.

展，北欧国家已经通过立法来整合父亲照顾孩子的权利和义务，因此北欧国家照顾路径的选择不言而喻。①

保守主义模式同样认为政府有责任为儿童提供照顾，但是保守主义模式强调“男主外、女主内”的传统家庭模式，其早期儿童照顾体系建立在传统家庭模式之上。因此保守主义模式提供中等水平的津贴支持、有限的儿童照顾公共服务支持和高水平的产假、陪产假、育婴假等假期政策支持，以维系“男人养家，女人持家”的传统家庭模式，代表国家为德国和法国等欧洲大陆国家。保守主义模式认为早期儿童照顾是母亲的责任，母亲可以为儿童提供最好的照顾服务，因此保守主义模式的公共儿童照顾十分有限，尤其是托幼服务明显不足。瑟弯嫩（Thevenon）指出保守主义模式的传统支持方式是向有孩子的家庭提供津贴补助，以分担父母照顾孩子的成本。②

自由主义模式认为早期儿童照顾是家庭的责任，如果家庭不能满足儿童照顾的需求，可以向市场购买，国家只对处于困境的儿童提供照顾。因此，自由主义模式提供普遍低水平的津贴支持，只对处于困境的家庭提供相对较高的津贴支持。除此之外，自由主义模式提供低水平的假期政策和儿童照顾服务，代表国家为英国、美国等盎格鲁撒克逊国家。“自由主义模式国家提供的公共儿童照顾服务，在很长一段时间是出于关心生活在贫困线以下家庭中孩子的数量和比例，以及这些生活条件对孩子入学准备的不利影响。”③克雷默（Kremer）曾指出，英国的儿童照顾政策一直属于一种边缘的公共政策，在1990年，只有2%的3岁以下儿童能领取国家津贴，当地政府所提供的儿童服务会经过严格的审查，只对有特殊需要的儿童提

① Arnlaug Leira.Caring as Social Right: Cash for Child Care and Daddy Leave [J].Social Politics, 1998.

② Thevenon, O.Family Policies in Europe: Available Databases and Initial Comparisons [J].Vienna Yearbook of Population Research, 2008.

③ 科克伦著.王海英等译.儿童早期教育体系的政策研究[M].江苏教育出版社，2011: 30.

供。[①]据此，克雷默直言“保守党使儿童照顾成为个人和雇主的责任。市场和雇主应该满足人们对照顾的需求……保守党曾说雇主必须认识到拆除人口计时炸弹的唯一方法是主动支持自己员工的家庭生活和支持想要工作的母亲就业。这种自由放任模式的结果是非常失败的：日托中心变得十分昂贵，而日托中心的质量和可及程度取决于人们的居住区域。”[②]瑞安指出自由主义模式的儿童照顾有利于后工业时代的就业增长，代价是加剧阶层和种族的不平等。典型表现在儿童照顾服务提供中——富裕阶层的人雇佣保姆，这些保姆往往是移民女性或者“跨国母亲”，[③]其余的人则选择非正规的或灰色市场的早期儿童照顾服务，如不受监管的家庭或家庭托儿所。

瑟弯嫩超越了瑞安的早期儿童照顾模式三分法，他根据经济合作与发展组织（OECD）在2009年发布的家庭数据库，以儿童公共支出占平均收入的百分比和职业状态转化下工作—收入相关的有效边际税率为数据指标，将参与调查的28个成员国分为盎格鲁撒克逊模式（澳大利亚、加拿大、爱尔兰、新西兰、英国、美国）、北欧模式（丹麦、芬兰、冰岛、挪威、瑞典）、欧洲大陆模式（奥地利、比利时、法国、德国、卢森堡、荷兰、瑞士）、南欧模式（希腊、意大利、葡萄牙、西班牙）和亚洲模式（日本、韩国）。[④]

他指出，北欧模式的特点是为3岁以下儿童的父母在工作与家庭协调方面提供大量的帮助。通过分析北欧模式的早期儿童照顾政策，瑟弯嫩发现北欧模式的公共政策对在职父母的支持相当慷慨，尤其是在假期和服务层面。北欧模式国家不仅为父母提供较长的假期政策，而且为3岁以下的儿童

---

① Kremer, M. How Welfare States Care: culture, gender and parenting in Europe [M]. Amsterdam University Presss, 2007: 174.

② Kremer, M. How Welfare States Care: culture, gender and parenting in Europe [M]. Amsterdam University Presss, 2007: 174.

③ Hondagneu-Sotelo, Pierette, Ernestine Avila. I'm Here, But I'm There: The Meanings of Latina Transnational Motherhood [J].Gender and Society II, 1997 (5).

④ Thevenon.Family policies in OECD countries: Acomparative analysis [J], Population and Development Review, 2011: 87-100.

提供广泛的日间照顾服务。因此同大多数国家相比，北欧模式国家在这两个领域的投资更多，如平均每个孩子的父母休假支出占人均GDP的53%，其他国家的平均支出为21%，而盎格鲁萨克逊模式的平均支出仅为10%。除此之外，北欧模式在制定早期儿童照顾政策的过程中将性别平等放在重要的考量位置，因此父亲有权享有一段特定的产假，如芬兰、冰岛、挪威和瑞典制定的“父亲配额”政策，规定只能由父亲享有，目的是为了让父亲能够同母亲一样参与到儿童照顾中来。同其他模式相比，北欧模式的父亲假期要长得多，如瑞典和冰岛的父亲假期为10周，而经合组织成员国的平均假期仅为1.7周。在儿童公共服务上，他指出在北欧模式中，接受公共照顾的儿童的比例远高于其他模式的国家。他认为主要原因在于政府为年龄较小的儿童提供普遍的儿童照顾津贴，父母只需要支付较低的费用便可以使孩子享受公共儿童照顾服务。北欧模式对0至6岁儿童照顾和教育的投资占GDP的比例为1.5%，经合组织其他国家的平均值是0.7%，盎格鲁萨克逊模式仅为0.5%。

盎格鲁撒克逊模式的早期儿童照顾特点是支持贫困家庭、单亲家庭和有学龄前儿童的家庭。在盎格鲁撒克逊模式中，父母在孩子出生后享受带薪假期的法定权利相对较低，假期时间较短，而且带薪支付有限。然而同其他模式的不同之处在于，雇主提供的福利可以部分弥补这一低水平的法定权利。另外，政府提供的3岁以下儿童的公共照顾服务水平较低，因此父母支付的儿童照顾费用比较高。瑟弯嫩指出这种高水平的儿童照顾成本导致了个体家庭就业收益的降低。在津贴给付方面，盎格鲁撒克逊模式强调将现金支持的目标对准贫困家庭。经过资金支持后的低收入家庭的平均收入是一般双职工家庭的5倍。对于只有一个3岁孩子的单亲家庭提供的津贴水平是平均工资的16%，而经合组织的平均水平是10%。同其他国家相比，盎格鲁撒克逊模式更多采用转移支付手段来解决家庭贫困和儿童照顾不足的问题，并且这种财政和福利杠杆在促进父母参与劳动力市场方面发挥了很大的作用。同北欧模式和欧洲大陆模式相比，盎格鲁撒克逊模式的税率更低，尤其是对于单亲父母来说，而且为家庭的第二个挣钱者提供显著的税收优惠。

南欧模式和亚洲模式的早期儿童照顾十分有限。瑟弯嫩认为主要原因在于这些国家的税率较低，政府通过设定较低的税率来保证大家对工作的动力和热情，鼓励父母将工作和家庭生活结合起来。南欧模式的早期儿童照顾特点是有限的带薪育儿假期，而亚洲模式的带薪育儿假期较长。但是二者有相同之处在于父亲没有权利享有特定的育婴假。在津贴政策上，两种模式的共同特征是相当低的现金转移支付。在照顾服务上，二者的特点是有限的公共儿童照顾服务。但是葡萄牙同其他南欧模式国家相比略有不同，葡萄牙的女性就业率较高，伴随着较高的儿童照顾需求。因此，葡萄牙政府对3岁以下的儿童提供更广泛的公共照顾服务。而且葡萄牙公共儿童照顾服务的时间更长，每周超过40小时。

东欧模式的早期儿童照顾难以一言以蔽之。瑟弯嫩认为在过去的二十年，东欧国家经历了向市场经济的过渡，但是他们的早期儿童照顾政策却并非是统一发展的。不同国家的家庭政策和儿童照顾政策 的发展时机不同，而且遵循不同的模式，尤其在假期政策和儿童照顾政策上差别很大。例如，同东欧模式中的其他国家相比，匈牙利为有年幼子女的父母提供更全面的支持，约有10%的3岁以下儿童享有公共照顾服务，这一比例虽然低于经合组织的平均水平，但是同东欧其他国家相比是比较高的。

欧洲大陆模式的早期儿童照顾水平处于上述模式之间。欧洲大陆模式通过津贴和税收减免提供高水平的经济支持，以分担家庭的儿童照顾费用。但是欧洲大陆模式在税收设计上并非鼓励父母参与劳动力市场。欧洲大陆模式国家的职工实际税率较高，相对于单职工家庭而言，双职工家庭几乎没有税收优势。例如在法国和德国，传统的单职工家庭的实际税率比双职工家庭税率还要低。在假期和儿童照顾服务方面，各个国家有所不同。例如，奥地利、比利时和法国提供相当长时间的带薪假期，而荷兰的假期较短，且通常是不带薪的。尽管欧洲大陆模式在早期儿童照顾服务上的投资略高于经合组织的平均水平，但是在政策安排上各个国家的差异较大，在儿童照顾服务的投资水平、儿童照顾服务的覆盖范围和使用强度上均存在差异。尽管欧洲大陆模式向有子女的家庭的支出远远高于经合组织的平均水平，但由于这种支持并非以性别平等和“工作—家庭”平衡为政策制定的驱动力，因此欧洲大陆模式的早期儿童照顾依然伴随着“保守主义特征”。

2.1.2 关于国家—家庭关系下的早期儿童照顾模式研究

有许多学者从国家与家庭在早期儿童照顾责任的关系角度出发，来研究早期儿童照顾模式。

莱特纳（Leitner）[①]提出了“家庭主义”和“去家庭化”的概念，用来描述国家和家庭之间的福利责任分工。他认为“家庭主义”是指以家庭为主要照顾责任承担者的福利供给模式，通过对家庭的干预来强化家庭的照顾功能。“家庭主义”包括两种形式：一种是政府缺乏对儿童照顾的支持；另一种是政府鼓励父母在家照顾儿童并同时提供帮助。“去家庭化”是指以市场或社会服务组织来提供公共儿童照顾或相关的社会服务来减轻家庭的负担。去家庭化的程度越高，家庭承担的照顾责任越轻。莱特纳以家庭化结构（通过政策支持增强家庭的照顾功能）和去家庭化结构（通过照顾服务减轻家庭的照顾负担）为横纵坐标得出四种家庭主义模式：（1）可选择的家庭主义模式。在这种模式下，政府提供直接的儿童照顾服务和相关的儿童政策来支持家庭的儿童照顾功能，家庭成员有充分的选择权决定就业或者在家。（2）显性家庭主义模式。政府通过儿童照顾政策的支持，来增强家庭的照顾能力。（3）隐性家庭主义。政府既没有提供去家庭化服务，也没有为家庭提儿童照顾支持，而是让家庭自己承担儿童照顾活动。（4）去家庭化。政府、市场、社会组织多方共同提供儿童照顾服务以减轻家庭的照顾负担。

① Leither S.Conservative familialism reconsidered: the case of Belgium [J].Acta Politica, 2005(4).

高蒂尔[①]分析了22个不同工业国家进行家庭干预的主要形式和家庭政策，得出了国家和家庭在早期儿童照顾责任之间的四种关系模式。（1）支持—家庭/生育模式（pro-family/pro-natalist model）。政府以现金给付、假期和托幼服务为主要政策手段，通过缓解早期儿童照顾的物质和时间压力来提高生育率。代表国家为法国。（2）支持—传统模式（pro-traditional model）。政府通过提供中等水平的福利来保证男性养家女性持家的传统家庭模式，儿童在家中接受照顾，女性为照顾提供者，旨在通过家庭稳定来维护社会稳定。代表国家为德国。（3）支持—平等主义模式（pro-egalitarian model）。政府通过高水平的家庭政策和儿童照顾服务，来保证女性得以和男性拥有同样的就业机会，男女扮演着同样的工作者和照顾者角色，追求性别平等。代表国家为瑞典等北欧国家。（4）支持—家庭但非干预模式（pro-family but non-interventionist model）。政府对家庭不做过多干预，家庭需求通过市场来获得，只有当家庭发生崩溃无以为继时政府才出面给予支持。代表国家为美国。

福克斯·哈丁（Fox Harding）[②]根据国家介入儿童照顾的方式，区分出四种不同儿童照顾类型：（1）自由放任主义模型。认为家庭是一个有着自身固定边界的独立整体，具有很强的私密性，因此最大限度地限制国家对家庭生活的介入。支持“男主外，女主内”的传统家庭模式和传统亲子关系模式，只对处于困境的儿童提供必要救助。（2）国家家长主义模型。强调儿童的脆弱性和依赖性，认为国家有保护儿童和捍卫儿童权利的责任，国家应该对儿童实行普遍性福利，强调对儿童提供专业服务性福利。（3）父母权利中心模型。强调父母对儿童的监护、照顾权利。国家可以介入儿童照顾，但是应该以支持父母对儿童的照顾为介入方式，不可以轻易剥夺父母的监护权。（4）儿童权利中心模型。强调儿童的权利，所有有关

① 黄晓薇，刘一龙.生育、女性就业与儿童照顾支持方案——以南欧模式为例[J].台湾社会福利学刊，2009(8).

② Fox Harding. Family, State and Social Policy[M].Basingstoke: Macmillan, 1996.参考程福财.家庭、国家与儿童福利供给[J].青年研究，2012(1).

儿童的安排都应该让儿童参与。

安托尼和斯皮拉（Anttone&Sipila）①从政府分担照顾责任的视角提出了公共服务模式（public services model）、家庭照顾模式（family care model）和家计调查模式（means-tested model）。公共服务模式的主要代表国家为斯堪的纳维亚国家。这一模式为儿童提供广泛的照顾服务，主要由地方政府负责，志愿组织和家庭也在儿童照顾中起到一定的作用，市场几乎不参与儿童照顾服务。在公共服务模式中，儿童享有获得照顾的主观权利，普遍性地享有公共照顾服务。这种普遍性意味着服务标准的普遍性和人们通过同一系统获得普遍服务。一方面，普遍性服务能够最有效回应女性的社会权利和利益，表现为斯堪的纳维亚国家女性的劳动参与率高于世界上其他国家；另一方面，普遍性服务可以囊括中产阶级，使中产阶级成为服务对象，增强公共资金的筹措能力。家庭照顾模式的主要代表国家是西班牙、希腊、意大利。这种模式的公共儿童照顾十分有限，政府扮演着相当温和、保守的角色。女性的就业比例较低，但是在职女性大部分都从事全职工作。家计调查模式的代表国家是英国。在这种模式中，国家承担着社会照顾服务的责任，但是与此同时也在积极寻求淡化其责任和减少公共服务的方法。这种模式的社会照顾服务只针对那些收入有限的人，并且需要经过严格的家计调查。因此，家计调查模式的儿童照顾相当有限，而且主要针对那些有问题的个体。

戴利和刘易斯（Daly and Lewis）②从国家、家庭、市场和志愿组织在照顾活动、照顾责任以及照顾支出的关系角度出发，以照顾的概念、有关照顾的实际经验和发展轨迹作为分析框架，将欧洲国家的儿童照顾分为斯堪的纳维亚模式、地中海模式和俾斯麦模式。她们认为尽管没有单一或简单的方法来在这方面划分福利国家，但是我们可以通过运用这个框架，来

---

① Anttone, A, Sipila, J.Europen Social Care Services: Is It Possible to Identify Models? [J].Journal of European Social Policy, 1996(2).

② Mary Daly, Jane Lewis.The concept of social care and the analysis of contemporary welfare states.British [J].Journal of Sociology, 2006(6).

识别某些福利国家有关照顾的发展趋势。

斯堪的纳维亚模式是唯一的一种集中照顾模式。汉森（Hanssen）指出，斯堪的纳维亚国家倾向于对老人和儿童进行集中照顾，超过一半的学龄前儿童参加公共日托中心。[①]戴利和刘易斯认为这种服务供给模式的压力，主要来自公共资金的短缺和某种程度上人们对公共服务模式不再抱有幻想。同北欧国家不同，欧洲中部和南部国家受天主教的影响，因此在儿童照顾上呈现出“私有化”特点。“乍一看，欧洲大陆中部和南部国家似乎都支持‘私有化’。然而，这是一个庞大而多样的福利国家群体。他们既有俾斯麦福利国家模式，也有地中海福利国家模式。不同模式的国家在照顾方面存在着相当大的差异，这种差异主要集中在‘私有化’的本质上。”[②]地中海模式倾向于将儿童照顾私有化给家庭。除意大利以外，地中海国家的公共儿童照顾服务非常有限，而且市场化的照顾服务也相当不发达。而俾斯麦模式对照顾的私有化却有所不同。在俾斯麦模式中，照顾并非被私有化给家庭，而是认为家庭以外的志愿组织十分适合提供照顾服务。戴利和刘易斯观察到，在德国，志愿服务组织被认为是最适合承担家庭以外的照顾活动的主体。也就是说，德国的公共儿童照顾主要由志愿服务组织来承担，由志愿部门为儿童提供照顾服务，这种志愿部门由公共财政进行经济支持，在管理方式上采取准自治式管理。

2.1.3 性别关系下的早期儿童照顾模式研究

传统的早期儿童照顾模式的划分，忽略了早期儿童照顾活动中的性别层面。帕森斯（Parsons）认为男女的性别差异决定了女性要承担其生物职责，即生儿育女，而男性则不用，男性应该养家糊口。男性的价值实现场所是公共领域，女性的价值实现场所是私领域。帕森斯认为这种劳动性别

① Hanssen, J–I.The Scandinavian Model as Seen from a Local Perspective [J].The analysis of contemporary welfare, 2000 (6).

② Mary Daly, Jane Lewis.The concept of social care and the analysis of contemporary welfare states.British [J].Journal of Sociology, 2006 (6).

划分不仅符合男女的生物本性，而且对于维护家庭稳定和社会稳定具有重要意义，对这种劳动性别划分的不断复制是资本主义工业社会稳定发展的要求。[①]这种性别偏见造成女性深陷儿童照顾等家务活动中并且难以脱身，不利于女性职业的发展以及社会权利的充分实现。父权主义文化下的早期儿童照顾模式研究，在很长一段时间内并未将性别问题考虑在内，这引起了女性主义者的不满。她们开始从性别角度出发，来探索照顾模式的分类。

南茜·芙瑞泽（Nancy Fraser）指出福利国家的构建，是以损害女性、儿童的社会权利和社会保障为前提的，这是阻碍女性就业的根本性原因。而照顾责任的重新分配，成为女性摆脱沉重照顾负担的有效解决方法。她提出了普遍养家者模式（Universal Bread Winner Model）、照顾者等同模式（Care Giver-parity Model）和普遍照顾者模式（Universal Care Giver Model）。其中普遍养家者模式认为劳动力市场平等，使男性和女性普遍成为劳动力市场参与者，是实现女性解放的前提条件。因此，普遍养家者模式主张把家庭内的照顾工作转移到市场和社会，实现家务劳动的市场化和社会化，而公共政策的重点内容是促进男女平等就业。代表国家为美国。照顾者等同模式则认为女性应该留在家中进行照顾工作，家庭内的照顾工作并非没有价值，而是和市场中的劳动等同的。因此，照顾者等同模式主张通过公共政策将女性留在家中。但是同时，要运用经济政策手段对她们进行补偿，并使她们和劳动者一样有机会参加社会保障计划，以此来降低女性作为私领域内照顾者所受到的经济损害。代表国家是德国。普遍照顾者模式认为在照顾问题上不应该有性别之分，男性和女性都应该是私领域内的照顾者和劳动力市场中的参与者。因此，普遍照顾者模式主张在政策层面上承认私领域内照顾的价值，并通过政策手段鼓励男女参与劳动力市

① 贝蒂·弗里丹.女性的奥秘[M].哈尔滨：北方文艺出版社，1999：152.

场和分担家庭内的照顾工作。代表国家是瑞典。①②

沃尔特·科皮（Walter Korpi）③提出一般家庭支持模型、双职工支持模型和市场导向政策模型。这种政策模型的划分，可以涵盖与性别相关的公共政策的核心内容，表明性别关系下的政策目标和政策强度的差异。一般家庭支持模型的衡量指标包括三点：（1）为未成年子女提供儿童津贴；（2）为有未成年子女和经济不活跃配偶的家庭提供税收优惠；（3）为3至6岁的儿童提供公共照顾服务。其中儿童津贴是一种中立政策，同配偶是否参与劳动力市场无关。而税收优惠政策则鼓励配偶留在家中。双职工支持模型的基本问题在于公共部门如何将照顾工作由无偿转变为有偿，换言之由家庭照顾逐渐转变为非家庭照顾，以使女性有机会从事一种体面的、可持续的职业。鉴于此，双职工支持模型的衡量指标包括以下三点：（1）对0至2岁的儿童提供公共日间照顾服务；（2）带薪产假；（3）带薪陪产假。双职工支持模型的核心服务支持政策是为0至2岁的儿童提供持续的公共日间照顾服务。而核心经济支持政策是提供带薪产假，鼓励年轻女性在维持职业生涯的同时有时间照顾孩子。有一些国家为父亲提供带薪陪产假，这种陪产假政策有利于改变核心家庭的照顾角色。

根据上述衡量指标，科皮对1985至1990年间18个国家的家庭政策进行权重分析，得出一般家庭支持模式和双职工支持模式的排列顺序。其中比利时、德国、法国排在一般家庭支持模式中的前三位；瑞典、丹麦、芬兰排在双职工支持模式的前三位；而澳大利亚、加拿大、日本、新西兰、瑞士、英国和美国在两种模式中均排在最后，因此将这七个国家视为市场导向模式。在市场导向模式中，美国和加拿大的儿童照顾服务主要依靠市

① Fraser, N.After the Family Wage: Gender Equity and the Welfare State［J］.Political Theory, 1994（4）.

② Naffine, N., Fraser, N.After the Family Wage: A Postindustrial Thought Experiment［J］.In Gender and Justice［M］.London: Routledge, 2018.

③ Walter Koppi.Faces of Inequality: Gender, Class and Patterns of Inequalities in Different Typesof Welfare States［J］. Social Politics, 2000（2）.

场来提供，而其他国家则主要依靠家庭亲属网络提供非正式的儿童照顾服务。

除了从国家与市场关系、国家与家庭关系、性别关系的角度研究早期儿童照顾模式外，有学者从非正式部门的角度，来探索非正式的儿童照顾服务。如注重亲属网络、社区和志愿组织等非正式部门提供的儿童照顾服务，由此提出社区为本的儿童公共政策模式。①也有学者从综合的角度出发，以家庭意识形态、社会权利、福利主体、税收体系、提供照顾的领域等为划分依据，提出男性养家模式（Breadwinner Model）和个体模式（Individual Model）。②

2.2 国内相关文献研究

中国有关早期儿童照顾模式的研究倾向于建议式研究，主要包括两种建议模式：一种是工作—家庭平衡模式，另一种是国家—家庭分担模式。这两种建议模式包含着两种视角，其中工作—家庭平衡模式从女性视角出发，探讨女性在早期儿童照顾与工作之间的平衡，进而提出早期儿童照顾的政策建议。而国家—家庭分担模式则从部门视角出发，探讨早期儿童照顾责任如何在国家和家庭之间分配。

2.2.1 关于工作—家庭平衡模式研究

杨菊华、佟新和苏杭红、和建花和蒋永萍等提出工作—家庭平衡模式来减轻女性的早期儿童照顾责任。

① Pecora, etal.The child welfare challenge: policy, practice, and research［M］.New Brunswick Transaction Publishers, 2009.

② Sainsbury, D. Women' s and Men' s Social Rights: Gendering Dimmensions of Welfare States［C］.In D.Sainsbury (eds).Gendering Welfare States.London: Sage, 1994.

杨菊华[1]认为职业女性承担着工作和家庭的双重责任，在一胎政策下我国女性尚且不能在职场和男性并驾齐驱，而二胎政策的开放会更加增加女性平衡家庭和工作的挑战。由此，她提出要健全托幼服务，推进工作与家庭平衡。她认为托幼服务是一项系统工程，托幼服务的健全应该从以下四方面入手。首先，要立足社区建造多样托幼机构。既要整合社区资源，建立和完善社区托幼机制，又要鼓励社会资本进入，鼓励私立托幼机构的发展。其次，要立足企业，打造福利性托幼服务，鼓励有条件的企业在企业内部开办托幼机构，以解决女性员工的哺乳和幼儿无人照看问题。再次，推行老幼日托服务并举模式，以降低两类机构的运营成本，实现资源整合。最后，倡导政府购买服务，实现正规机构照料和非正规机构照料的相互补充。

佟新和苏杭红[2]提出将学龄前的照顾和教育纳入义务教育体系中来，以解决早期儿童的照顾问题。她们建议要积极倡导孩子既是父母的、家庭的，也是国家建设接班人的理念。要求国家介入儿童抚育，提供儿童公共照顾。与此同时，要重新建立公共托儿所和幼儿园，将学龄前儿童纳入义务教育中来。并提出将托儿所的制度建设交给公共领域，将托儿所的运作交给市场。

和建花和蒋永萍[3]从支持妇女就业、平衡妇女家庭与工作矛盾的角度出发，认为托幼事业不仅是一项社会公益事业，也对妇女的就业和发展有着积极的作用。因此，中国政府在制定托幼政策时应该将性别考虑在内，在促进儿童发展的同时，也要提高女性在劳动力市场中的参与和表现。首先，要意识到托幼事业的发展对于女性的意义，托幼事业不仅关系到早期儿童的教育问题，也关系到工作着的妇女如何解决自己的后顾之忧。因

---

① 杨菊华.健全托幼服务推动女性工作与家庭平衡[J].妇女研究论丛，2016（2）：11-14.

② 佟新，杭苏红.学龄前儿童抚育模式的转型与工作着的母亲[J].中华女子学院学报，2011（1）：74-79.

③ 和建花，蒋永萍.从支持妇女平衡家庭工作视角看中国托幼政策及现状[J].学前教育研究，2008（8）：3-29.

此，政府在制定托幼政策时应该将家庭和女性纳入政策考量中。其次，要认识到托幼事业对于政府而言是社会公益事业，政府要强化自身对托幼事业的责任。最后，托幼事业的发展应该以满足家长的基本需求为导向，既要满足家长对托幼机构在数量和质量方面的需求，也要满足家长对托幼机构在收费和时间方面的需求，使全体有幼儿的家庭都能相对公平地享受公共托幼服务。

2.2.2 关于国家—家庭分担模式研究

马春华、张亮、程福财等以国家和家庭在儿童照顾中的关系为研究视角，提出了国家—家庭分担模式。

马春华[①]从成本收益的角度分析国家为什么要承担儿童照顾责任。他认为儿童照顾的收益由全社会共享，而儿童照顾的成本却由家庭独自承担，如此不合理的经济分配会使许多家庭放弃生育孩子。要想解决儿童养育成本私人化和收益社会化之间脱节的问题，需要国家参与到儿童照顾中来，分担儿童照顾的责任，实现儿童照顾成本社会化和收益社会化的可持续循环。在他看来，中国的福利体系主要关注贫困、养老和医疗，儿童和家庭没有被纳入社会政策议题，如此一来使得儿童收益社会化，但是国家却没有分担儿童的照顾责任。为了减少女性的就业障碍和儿童照顾的沉重负担，保证所有儿童享有平等的机会，国家应该重新设计福利制度，进一步分担父母照顾儿童的成本和责任，在国家和青年之间重新建构儿童养育契约，这种新的契约可以把儿童看作（准）公共产品或社会投资品。若将儿童看作（准）公共产品，各级政府应该采取普惠性儿童津贴制度或税收优惠政策来分担儿童照顾成本。若把儿童看作社会投资品，可以采用假期制度和儿童照顾服务来分担儿童照顾的间接成本。

张亮[②]从经济角度出发，提出政府应该提高对公共照顾服务的投入比

① 马春华.重构国家和青年家庭之间的契约：儿童养育责任的集体分担[J].青年研究，2015（4）：66–96.

② 张亮.中国儿童照顾政策研究[D].上海：复旦大学，2014.

重。他指出国家在儿童照顾上负有首要投资责任，国家应该逐渐加大对儿童公共服务的投入。在全面建成小康社会之前，公共儿童照顾服务的投入应该赶上OECD标准。一方面，他建议要建立由中央和地方共同分担成本的儿童照顾投入体系，改变目前由地方政府负责儿童照顾服务投入的状态，加入中央政府对儿童照顾服务的投资份额。另一方面，他建议应该减轻低收入家庭的负担，使贫困家庭的儿童能够接受早期照顾和教育。

程福财①从国家责任的角度说明国家介入儿童照顾的合法性。他认为改革开放以后，家庭、扩大家庭和邻里社区在儿童抚育上的互助功能逐渐减弱，再加上育儿成本的不断增加以及无人照顾儿童的增多，国家作为儿童的终极监护人，不得不出面采取有效措施，来介入儿童照顾事务。他基于家庭与国家在儿童福利供给中的关系提出了选择性福利政策模式。他认为儿童福利体系与模式的改革与完善，实际上是要调整好家庭、国家和社会在儿童福利供给过程中的关系模式与角色定位。而关系模式的构建关系到人们对儿童问题的看法、儿童照顾责任的归属和国家在社会经济发展中的作用。在传统观念中，儿童照顾由家庭负责。但是当以家庭为主的非正式抚育模式失灵时，国家有责任介入到私领域中来，并主动承担儿童照顾责任。由此，他提出选择性福利政策模式，即面向困境儿童——得不到家庭充分照顾与教养的儿童的社会福利服务体系。选择性福利政策模式一方面强调家庭在儿童照顾过程中的作用，另一方面强调国家介入那些无法从家庭中获得必要照顾与教养服务的儿童。选择性福利政策模式包括资金支持和照顾服务，为缺乏经济能力的家庭提供儿童照顾补贴，以保证困境家庭儿童的发展机会。为临时或长期不能照顾孩子的家庭提供儿童照顾服务，以确保和提高儿童的福利水平。

① 程福财.家庭、国家与儿童福利供给［J］.青年研究，2012（1）：50−95.

2.3 现有研究评价

国内外有关早期儿童照顾模式的研究已经取得了一定的成果。但是在对国内外有关早期儿童照顾模式的研究文献进行整理和分析的过程中，依然能够发现既有研究的不足之处。

首先，国内外学者对早期儿童照顾模式的研究视野狭窄，存在碎片化问题。有关儿童照顾模式的研究视野主要存在两种分类，一种是性别视野，主要集中于从女性角度出发对儿童照顾模式进行性别化分类以及提出女性友好的儿童照顾模式。另一种是部门视野，从部门的角度出发探讨早期儿童照顾责任在不同部门之间的分配问题，进而对早期儿童照顾进行模式归类并提出建议模式。这种研究视野分类会限制早期儿童照顾的责任主体概念，使早期儿童照顾责任主体范围狭窄，使福利国家早期儿童照顾的主要责任主体以及责任主体的活动内容碎片化，进一步会影响政府对早期儿童照顾责任主体议题的全面考量。本书试图克服这种研究视野碎片化问题，借由社会照顾范式，从性别角度和部门角度综合考察早期儿童的照顾问题。

其次，既有研究表明，国外学者在对早期儿童照顾模式进行分类时，多倾向于从不同部门在早期儿童照顾上的关系角度出发进行模式划分，仅有少部分学者将性别视角考虑在内，这种模式划分忽视了照顾的微观层面，未将女性的权益考虑在内，是父权主义影响下的一种性别权利掠夺式的福利模式划分。而国内学者提出的早期儿童照顾建议模式，多是维护传统社会性别分工所进行的政策性建议，很少有研究从根本上打破传统的性别分工秩序来解决早期儿童照顾问题。多数学者认为早期儿童照顾是女性的前提条件，在这个条件基础上去思考如何平衡女性的家庭和工作，而忽视了男性在早期儿童照顾方面的责任，这种方式必然导致早期儿童照顾的不足。本书试图突破这种性别偏见壁垒，综合考虑国家—家庭—市场—社会、男性—女性在早期儿童照顾上的关系，构建一种责任共担模式，在保证儿童福利的同时提高女性福利。

再次，目前几乎所有的国内学者都肯定了国家在早期儿童照顾方面的责任，但有关具体操作上的研究依旧不足，如国家如何介入到早期儿童照顾中来，国家、家庭、市场、社会这四者在早期儿童照顾上如何进行责任分配等问题仍需要广泛讨论。

最后，早期儿童照顾既是儿童福利问题，也是性别关系问题。性别关系问题相当复杂，关系到政治制度、经济结构和公民身份。当代社会随着人口结构转变、家庭动态变化、就业和照顾模式的多样性使女性在工作与家庭角色的双重压力下感到困扰，而满足女性需要的早期儿童照顾政策在很大程度上缓解了家庭内部因照顾责任而导致的冲突。早期儿童照顾政策的核心问题在于探讨照顾和早期儿童照顾的合法性，而国内外很少有学者涉及于此。因此，本书运用社会照顾范式，通过认可照顾的合法性来改变早期儿童照顾政策的假定，使人们重新认识女性照顾的价值所在，进一步推动女性公民身份理论的构建。

第3章　中国早期儿童照顾的当前模式及其困境

在改革开放以后的很长一段时间内，从中国的人口结构和中国所处的社会经济发展阶段来看，由家庭和个人全面承担早期儿童照顾责任并未成为一个社会问题，因此也没有引起社会上的广泛关注。而随着社会主义市场经济的不断发展，人口结构和家庭结构发生了改变，越来越多的家庭在早期儿童照顾中面临着难以承担的压力和无法靠个体能力解决的困难。从2016年起，中国开始全面实施一对夫妇可以生育两个孩子的政策，然而在经过一段时间的试点和调研后发现，很多年轻的夫妇（特别是母亲）无力承担在养育孩子的过程中所要消耗的时间成本和经济成本，这极大地影响了他们生育二胎的意愿。面对这种社会现象，两会代表在两会期间频频提出要重视早期儿童照顾的问题，至此早期儿童照顾超越了个体家庭问题，成为一项广受关注的社会政策议题。

3.1　中国早期儿童照顾的政策进程（1978—2018）

照顾可以作为公共政策时代管理生命历程和分析经济社会关系的框架，提供照顾主要为了满足人们的三种需求：服务需求、时间需求和经济需求，相对应地，照顾政策措施包括服务政策、时间政策和经济支持政策①。因此，对早期儿童照顾政策的分析也应该以服务政策、时间政策和经

① Mary Daly. Care as a good for social policy [J] .Journal of Social Policy, 2002 (2): 251–270.

济政策作为基本的分析框架。

3.1.1 服务政策

改革开放至今，中国早期儿童照顾服务政策的特点主要表现为以下两方面。

第一，以3周岁以上的儿童为主要服务对象，服务部门的照顾属性减弱，教育属性增强。改革开放以后，女性解放这个公共议题已被大众广为接受，女性的就业率也得到了很大的提高，再加上市场经济下劳动力遵循市场规律自由分配，劳动力不再短缺，因此托幼服务不再同解放妇女和促进妇女就业联系在一起，关于托幼服务的政策视角和政策目标也发生了变化。国家将更多的关注放到了同儿童成长质量相关的问题上面，如儿童教育、儿童发展等政策议题，而解决女性工作和照顾儿童之间的冲突不再被认为是社会议题，更多地被看作是个人需要。

1982年，习仲勋在全国妇联四届四次执委会（扩大）会议上的讲话中指出，全国妇联工作的重点是培养和教育好三亿以上的儿童和少年，而发展幼儿教育工作是其中的一项重要工作。[①]1983年，《关于发展农村幼儿教育的几点意见》肯定了幼儿教育的重要意义，并指出当前幼儿教育工作的重点是发展学前一年教育，要逐步创造条件使3至5岁的儿童接受学前教育。[②]1986年，国家教育委员会发布了《关于进一步办好幼儿学前班的意见》，指出幼儿学前班是为5至6周岁（或7周岁）的儿童入小学前的准备教育，肯定了幼儿学前班在学前教育体系中的重要意义。[③]1987年，国务院办公厅转发国家教委等部门《关于明确幼儿教育事业领导管理职责分工的请示的通知》明确了教育部门是幼儿园的主要管理部门，负责幼儿园的规划、发展、培训、监督等，从领导部门的角度强调了幼儿园以教育功能为

① 和建花.中国托幼政策与事业发展回顾［EB/OL］.http://www.wsic.ac.cn/academicnews/88521.htm.

② 国家教育委员会.关于发展农村幼儿教育的几点意见：教发［1983］011号［A］.

③ 国家教育委员会.关于进一步办好幼儿学前班的意见：教发［1986］006号［A］.

主。[①]1989年，国务院发布了《幼儿园管理条例》，明确指出幼儿园的招生范围是三周岁以上的幼儿。[②]可见，这一时期中国早期儿童照顾服务政策的重点是为3周岁以上的儿童提供教育服务。

第二，改革开放以后，随着市场经济的确立，单位的福利功能逐渐衰弱，为了获得经济的快速发展，由政府全面干预的公共服务政策和福利体系转向以社会保险为主，是国家补偿型的福利模式。与之相对应的托幼服务体系也开始由计划经济时期的公共托幼服务体系转向社会化托幼服务体系，托幼服务形式由集体式托幼服务转向以家庭和市场为主的托幼服务。

1988年，国家教委、国家计委、财政部、人事部、劳动部、建设部、卫生部、物价局联合发布《关于加强幼儿教育工作的意见》，提出幼儿教育应该由国家、集体和个人共同承担。

幼儿教育事业具有地方性和群众性。发展这项事业不可能也不应该由国家包起来，要依靠国家、集体和公民个人一起来办。在地方人民政府举办幼儿园的同时，主要依靠各部门、各单位和社会各方面的力量来办。幼儿园不仅有全民性质的，大量应属集体性质的，以及由公民个人依照国家法律及有关规定举办的。

养育子女是儿童家长依照法律规定应尽的社会义务，幼儿教育不属义务教育，家长送子女入园理应负担一定的保育、教育费用。[③]

1992年，国务院下达了《九十年代中国儿童发展规划纲要》，进一步指出发展学前教育要坚持“动员社会力量，多渠道、多形式地发展幼儿教

① 国务院.国务院办公厅转发国家教委等部门关于明确幼儿教育事业领导管理职责分工的请示的通知：国办发［1987］69号［A］.

② 幼儿园管理条例［Z］.1989-09-11

③ 国务院办公厅转发国家教委等部门.关于加强幼儿教育工作意见的通知：国办发［1988］38号［A］.

育”的方针[①]。到了1995年，国家教委联合全国妇联等部门发布了《关于企业办幼儿园的若干意见》，提出幼儿教育社会化的改革方向：

深化改革，积极稳妥地推进幼儿教育逐步走向社会化。对于部分确不具备独立办园条件和具备了分离幼儿园条件的企业，本着平稳过渡的原则，可在政府统筹下，将所办的幼儿园交给当地教育行政部门规划，以多种形式继续办好，或由社区办，或由具备条件的团体、个人承办。[②]

2003年，国办发布了《关于幼儿教育改革与发展的指导意见》，明确了今后5年（2003—2007年）幼儿教育改革和发展的总体方针与目标。

继续坚持动员全社会力量，发展幼儿教育。今后5年（2003—2007年）幼儿教育改革的总目标是：形成以公办幼儿园为骨干和示范，以社会力量兴办幼儿园为主体，公办与民办、正规与非正规教育相结合的发展格局。[③]

2010年，中共中央、国务院发布了《国家中长期教育改革和发展规划纲要（2010—2020年）》，首次提出要基本普及学前教育，强调了政府在发展学前教育事业中的职责，要求建立政府主导、社会参与、公办民办并举的办园体制。明确提出在发展公办幼儿园的同时，积极扶持民办幼儿园。[④]

3.1.2 时间政策

改革开放以后，中国同早期儿童照顾相关的时间政策得到了发展。

第一，为了适应市场经济，我国对产假制度进行了改革。一方面，

① 国务院.九十年代中国儿童发展规划纲要：国发［1992］9号［A］.

② 国家教委等.关于企业办幼儿园的若干意见：教基［1995］21号［A］.

③ 国务院办公厅转发教育部等部门（单位）.关于幼儿教育改革与发展指导意见的通知：国办发［2003］13号［A］.

④ 国家中长期教育改革和发展规划纲要（2010—2020年）［Z］.2010-05-05

延长了计划经济时期女职工的产假时间，由计划经济时期的56天延长至90天，继而又延长至98天，并且增加了哺乳假。

1988年，国务院发布的《女职工劳动保护规定》将产假延长至90天，增加了哺乳时间并对此做出了具体规定。

女职工产假为九十天，其中产前休假十五天。难产的，增加产假十五天。多胞胎生育的，每多生育一个婴儿，增加产假十五大。

有不满一周岁婴儿的女职工，其所在单位应当在每班劳动时间内给予其两次哺乳（含人工喂养）时间，每次三十分钟。多胞胎生育的，每多哺乳一个婴儿，每次哺乳时间增加三十分钟。女职工每班劳动时间内的两次哺乳时间，可以合并使用。哺乳时间和在本单位内哺乳往返途中的时间，算作劳动时间。[①]

2012年，国务院发布的《女职工劳动保护特别规定》将产假延长至98天，并对哺乳时间进行了新的规定。

女职工生育享受98天产假，其中产前可以休假15天；难产的，应增加产假15天；生育多胞胎的，每多生育1个婴儿，可增加产假15天。

对哺乳未满1周岁婴儿的女职工，用人单位不得延长劳动时间或者安排夜班劳动。用人单位应当在每天的劳动时间内为哺乳期女职工安排1小时哺乳时间；女职工生育多胞胎的，每多哺乳1个婴儿每天增加1小时哺乳时间。[②]

另一方面，改革了生育津贴的支付方式。计划经济时期，女性职工产假期间的工资由所在单位支付，这是由当时的福利生产模式决定的，并

① 国务院.女职工劳动保护规定：中华人民共和国国务院令第9号[A].

② 国务院.女职工劳动保护特别规定：中华人民共和国国务院令第619号[A].

且同当时的经济生产方式相适应。到了市场经济时期，伴随着经济制度和企业制度的改革，传统的生育津贴制度对女性的就业造成了极其不利的影响，国家开始对此进行改革，建立生育保险制度，在资金上实行社会统筹，在管理上实行属地管理，在支付标准上由“工资照发”改为企业上年度职工月平均工资。

1994年，劳动部《企业职工生育保险试行办法》规定：

生育保险按属地原则组织。生育保险费用实行社会统筹。

生育保险根据‘以支定收，收支基本平衡’的原则筹集资金，由企业按照其工资总额的一定比例向社会保险经办机构缴纳生育保险费，建立生育保险基金。

女职工生育按照法律、法规的规定享受产假。产假期间的生育津贴按照本企业上年度职工月平均工资计发，由生育保险基金支付。

女职工生育的检查费、接生费、手术费、住院费和药费由生育保险基金支付。超出规定的医疗服务费和药费（含自费药品和营养药品的药费）由职工个人负担。[①]

第二，我国大部分地区建立了陪产假和生育奖励假制度，部分地区正在探索建立育婴假制度。

1982年，国务院颁布《中共中央、国务院关于进一步做好计划生育工作的指示》，提出为了保证计划生育工作的顺利开展，应该实行必要的奖励和限制。[②]2001年，《中华人民共和国人口与计划生育法》规定“公民晚婚晚育，可以获得延长婚假、生育假的奖励或者其他福利待遇。”[③]2015年12月27日，第十二届全国人民代表大会常务委员会第十八次会议对《中华人民共和国人口与计划生育法》进行了修正。各地方人大及其常委会根据

① 劳动部.关于发布《企业职工生育保险试行办法》的通知：劳部发［1994］504号［A］.

② 国务院.中共中央、国务院关于进一步做好计划生育工作的指示：中发［1982］11号［A］.

③ 中华人民共和国人口与计划生育法［Z］.2001-12-29

《中华人民共和国人口与计划生育法》的指示，并结合本地实际情况对陪产假和生育奖励假的内容进行具体规定。除西藏自治区外，中国各地均对陪产假和生育奖励假政策做出规定，陪产假假期长度在7至30天，假期期间工资和福利待遇不变；生育奖励假假期长度在30至90天，假期期间工资和福利待遇不变。北京、吉林、重庆、海南、陕西5个地区做出了类似育婴假制度的规定，女职工产假结束后，在同单位商议并经单位批准后，可给予1至6个月的假期。中国内地31个省市地区陪产假、生育奖励假和育婴假具体规定见表3.1，相关的政策详细情况见附录1。

表3.1　中国内地31个省市地区陪产假、生育奖励假、育婴假政策规定

地区	陪产假（天）	生育奖励假（天）	育婴假（天）	育婴假期间待遇
北京	15	30	30～90	—
天津	7	30	—	—
河北	15	30	—	—
山西	15	60	—	—
内蒙古	25	60	—	—
辽宁	15	60	—	—
吉林	15	60	至孩子1周岁	工资原额的75%
安徽	10/20	60	—	—
福建	15	60～82	—	—
江西	15	60	—	—
山东	7	60	—	—
河南	30	90	—	—
上海	10	30	—	—
重庆	15	30	至孩子1周岁	不低于本人基本工资的75%，且不低于当年本市最低工资标准
广东	15	80	—	—

续表

地区	陪产假（天）	生育奖励假（天）	育婴假（天）	育婴假期间待遇
广西	25	50	—	—
贵州	15	60	—	—
新疆	15	60	—	—
西藏	—	—	—	—
湖南	20	60	—	—
湖北	15	30	—	—
四川	20	60	—	—
甘肃	30	90	—	—
青海	15	60	—	—
云南	30	60	—	—
宁夏	25	60	—	—
海南	15	90	至孩子1周岁	不低于本人基本工资的80%
浙江	15	30	—	—
江苏	15	30	—	—
陕西	15/20	60	90～180	比照生育津贴标准
黑龙江	15	82	—	—

资料来源：作者根据各地方计划生育条例整理

3.1.3 经济政策

改革开放后，我国同儿童照顾相关的经济政策主要包括两方面。

一是针对所有儿童的免费保健政策。1982年，卫生部发布《全国计划免疫工作条例》，规定我国实行儿童基础免疫政策，免疫制品包括“百日咳菌苗、白喉类毒素、破伤风类毒素混合制剂（简称百白破混合制剂），卡介苗，脊髓灰质炎活疫苗，麻疹活疫苗”，“所需生物制品经费、接种器材消耗补助费和劳务补贴费，由各级卫生行政部门统筹安排”。[①]2001年，卫生部、财政部发布《关于将乙肝疫苗纳入儿童计划免疫的通知》，规定将乙肝疫苗纳入儿童基础免疫计划，所需费用由各省、自治区、直辖市人民政府安排。[②]2007年卫生部发布《扩大国家免疫规划实施方案的通知》，规定在现行的儿童免疫疫苗基础上，“将甲肝疫苗、流脑疫苗、乙脑疫苗、麻腮风疫苗纳入国家免疫规划，对适龄儿童进行常规接种”[③]。2008年，卫生部、国家发展和改革委员会、教育部、财政部、国家食品药品监督管理局联合发布《关于实施扩大国家免疫规划的通知》，规定从2007年起扩大儿童免疫规划疫苗范围，所需费用由中央财政承担。[④]

二是针对困境儿童的经济救助政策。2003年，国务院办公厅转发教育部等部门（单位）《关于幼儿教育改革与发展的指导意见》，提出要保证低收入家庭和流动家庭的幼儿也能够享受到早期照顾和教育。

各地区要采取切实措施确保低收入家庭和流动人口的子女享有接受幼儿教育的机会。对社会福利机构，流浪儿童救助保护机构的适龄儿童，要给予照顾，有关费用予以减免。[⑤]

2006年，国务院发布了《艾滋病防治条例》，要求对艾滋病病人遗留的孤儿和感染艾滋病病毒的未成年人进行经济救助，对处于接受义务教育阶段的儿童，免收书本费和学杂费，对处于学前教育和高中阶段的儿童，减免学费。[⑥]

---

① 全国计划免疫工作条例［Z］.1982-11-29.

② 卫生部，财政部.关于将乙肝疫苗纳入儿童计划免疫的通知：卫疾控发［2001］339号［A］.

③ 卫生部.关于印发《扩大国家免疫规划实施方案》的通知：卫疾控发［2007］305号［A］.

④ 卫生部等.关于实施扩大国家免疫规划的通知：卫疾控发［2008］16号［A］.

⑤ 国务院办公厅转发教育部等部门（单位）.关于幼儿教育改革与发展指导意见的通知：国办发［2003］13号［A］.

⑥ 艾滋病防治条例［Z］.2006-1-29

2006年，民政部发布了《关于加强孤儿救助工作的意见》，要求财政部门将孤儿救助资金纳入社会救助和社会福利发展需求，通过对资金的统筹安排和多方筹措，来保障孤儿的基本生活不低于当地平均生活水平。①

2010年，国务院发布了《关于当前发展学前教育的若干意见》，规定建立学前教育资助制度，要求对困境儿童、偏远地区和贫困地区儿童的学前教育进行经济支持。

建立学前教育资助制度，资助家庭经济困难儿童、孤儿和残疾儿童接受普惠性学前教育。发展残疾儿童学前康复教育。中央财政设立专项经费，支持中西部农村地区、少数民族地区和边疆地区发展学前教育和学前双语教育。地方政府要加大投入，重点支持边远贫困地区和少数民族地区发展学前教育。②

2014年，国务院办公厅发布了《国家贫困地区儿童发展规划（2014—2020年）》，提出到2020年，集中连片特殊困难地区儿童的发展水平要基本达到全国水平，并从新生儿出生健康、儿童营养改善、儿童医疗卫生保健、儿童教育保障、特殊困难儿童教育和关爱5个方面进一步加大中央政府的经济投入，特别提到要完善特殊困难儿童的福利制度，加强对这部分儿童的经济救助。

落实好为孤儿、艾滋病病毒感染儿童发放基本生活费的政策，探索建立其他困境儿童基本生活保障制度。为0—6岁残疾儿童提供康复补贴。保证适龄孤儿进入相应的学校就读，将义务教育阶段的孤儿寄宿生全面纳入生活补助范围。③

---

① 民政部.关于加强孤儿救助工作的意见：民部发［2006］52号［A］.

② 国务院.关于当前发展学前教育的若干意见：国发［2010］41号［A］.

③ 国务院办公厅.关于印发国家贫困地区儿童发展规划（2014—2020年）的通知：国办发［2014］67号［A］.

2018年，国务院颁布了《残疾儿童康复救助制度》，提出对符合条件的0至6岁残疾儿童进行经济救助和服务援助。[①]

可见，当前我国同早期儿童照顾相关的经济政策，主要集中在对困境儿童的经济救助上，这在很大程度上缓解了困境儿童的生存压力。但是这种政策带有强烈的补偿性特点，针对的是有特殊经济需求的家庭和儿童，而对于一般家庭在早期儿童照顾方面的经济需求，我国却缺少相应的政策回应。

3.2　中国早期儿童照顾的实践状况

在中国早期儿童照顾政策的指导下，中国的早期儿童照顾实践呈现出什么样的现实状态？本节试图通过参与式观察、深度访谈、量化研究相结合的方法，来全面考察中国早期儿童照顾的现状，还原中国早期儿童照顾的真相，为接下来的理论分析提供现实依据。

3.2.1　基于C市的田野研究

3.2.1.1　田野地点选择

之所以将C市作为研究的地点，主要出于以下两方面的考量。一方面，本次田野研究的主题是探索当前中国早期儿童照顾的一般模式，目的在于考察当下中国一般家庭早期儿童的照顾方式、照顾资源的获取、照顾责任的分担等，因此要求考察的地点能够代表当前中国发展的一般水平。C市属于北方二线省会城市，在经济方面，C市的经济居于全国中上等水平，近年来经济稳步发展；在社会发展方面，C市基本公共设施健全，教育水平良好；在文化方面，C市以全国主流文化为主，地域文化色彩不强烈。因此，C市具有较强的代表性，能代表当前中国经济、社会、文化发展

① 残疾儿童康复救助制度［Z］.2018-06-21.

的一般水平。另一方面，笔者目前生活在C市，对C市比较熟悉，拥有相应的人脉资源，这有利于笔者快速、顺利地接近和融入研究对象的生活中，对笔者后续研究工作的开展可以起到积极的促进作用。

笔者选择了C市的BC小区作为具体的田野地点。BC小区是一个普通住宅小区，属于中档小区，建成于2010年，共有19栋住宅楼，400多户家庭。在BC小区内，有较多拥有0至6岁儿童的家庭，因此将BC小区作为具体的田野调查地点，可以满足本次研究主题的需要。

3.2.1.2　田野资料来源

2016年10月，在确定了博士论文的研究主题后，笔者便开始了在BC小区的田野考察，考察的主要内容包括在BC小区进行参与式观察，以融入研究对象的具体生活中，以及与研究对象进行无结构式和半结构式的深度访谈。

2016年10月至2017年5月，在田野考察伊始，为了取得早期儿童家长的信任，笔者采取渐进的方式，短时、多次地出现在早期儿童及其家长出现频繁的地点，如小区广场、儿童游乐设施和健身器材处，通过与家长互相介绍、简单交谈、交流育儿话题、陪孩子一起玩耍等方式，与家长逐渐熟络，并互相交换了联系方式。在这个过程中，笔者与多位早期儿童家长建立了联系。

2017年7月，笔者建立了一个微信聊天群，将取得联系的早期儿童家长拉入群内，经过这些家长的介绍，笔者又在微信上结识了小区内其他几位早期儿童家长，并与她们建立了线下交流。其中，笔者分别与2位母亲约喝了咖啡，与1位母亲一起购物，与1对父母相约去了儿童城堡，每次约会的时间不少于2个小时。

在经过与BC小区内的早期儿童家长密切的、频繁的接触后，笔者与多位家长建立了亲密、友好的关系。2017年8月至2018年10月，笔者亲自拜访了BC小区内10个拥有早期儿童的家庭，在每个家庭参与观察的时间不低于6个小时。分别邀请了6个家庭的主要照顾者带着孩子来笔者家作客，每次停留的时间不低于3个小时。2018年5月和2018年10月，笔者参与了2个家庭的亲子旅行，参与时间分别为2天和5天。

在以上的参与式观察中，笔者尽量以参与者自居，尽量不影响他们的日常生活，以真实、全面地考察早期儿童家庭的日常生活情境。在当时的情境下，笔者与相关研究对象的谈话都是以一种无结构的、看似随意的、即兴的方式慢慢切入研究主题，这种介入方式在当下是没有被录音和记录的，需要笔者在事件结束后及时回忆并补录。通过这种方式，笔者可以看到早期儿童家长的真实生活状态，并感受到他们内心真正的想法。

除参与式观察外，深度访谈是获取本次田野资料的另一个重要来源。在2017年8月至2018年5月，笔者完成了对18位家长至少31次的深度访谈。在对方允许的前提下，笔者以录音和笔记的形式记录了访谈的过程。本次访谈采取的是半结构式深度访谈（访谈提纲见附件二），访谈对象包括10位母亲、5位父亲、3位参与照顾的老人，访谈地点包括笔者家、对方家、小区、饭店、咖啡厅。具体而言，笔者对10位母亲进行了至少2次以上的面对面访谈，每次访谈的时间为2～3小时。在面对面访谈后，为了收集到更细致、更具体的信息，笔者又分别对3位母亲追加了电话访谈，每次访谈的时间为30分钟至2个小时。对5位父亲分别进行了1次面对面访谈，每次访谈的时间在2个小时左右。此外，还对参与照顾的3位老人分别进行了1次面对面访谈，访谈时间为1.5～2个小时。

3.2.1.3　典型家庭案例的基本信息

通过对C市BC小区早期儿童家庭的参与式观察和深度访谈，本书获取了10个典型的家庭案例。在这些家庭中，他们都拥有6岁以下的孩子，孩子都是独生子女，目前都居住在C市。在所有的家庭中，有5个家庭的孩子在0至3岁之间，5个家庭的孩子在3至6岁之间；父母的年龄在25至45岁之间，其中有3个家庭的母亲年龄在25至30岁之间，7个家庭的母亲年龄在30岁以上；有2个家庭的父亲年龄在30岁以下，8个家庭的父亲年龄在30岁以上。有9个家庭的父母拥有大专以上的学历，1个家庭的父母拥有高中学历。父母普遍在政府、事业单位和国企工作，有2个家庭的父亲从事个体工作，有3个家庭的母亲没有工作。有9个家庭年收入在10万元以上，1个家庭的年收入在10万元以内。有6个家庭的祖辈参与儿童照顾，有4个家庭的祖辈提供了经济帮助。10个家庭案例的基本信息见表3.2。

表3.2　10个家庭案例的基本信息

家庭编号	儿童姓名	儿童年龄（月）	家长姓名	家长年龄（岁）	家长学历	家长职业	家庭年收入（万元）	祖辈是否参与照顾	祖辈是否提供经济帮助
1	嘉嘉	6	嘉嘉妈妈	26	大学本科	个体	15~20	是	否
			嘉嘉爸爸	29	大学本科	个体			
2	来来	42	来来妈妈	29	硕士	公务员	12	是	是
			来来爸爸	29	硕士	公务员			
3	北北	31	北北妈妈	36	大学本科	国企员工	20	是	否
			北北爸爸	37	大学本科	大学老师			
4	宏宏	37	宏宏妈妈	36	大学专科	无	25	否	否
			宏宏爸爸	44	硕士	医生			
5	松松	18	松松妈妈	29	硕士	无	15	否	是
			松松爸爸	33	博士	大学老师			
6	英英	38	英英妈妈	36	硕士	事业单位员工	18	是	否
			英英爸爸	40	大学本科	私企员工			
7	卜卜	40	卜卜妈妈	31	大学本科	事业单位员工	35	是	否
			卜卜爸爸	33	大学本科	国企员工			
8	豆豆	9	豆豆妈妈	33	大学本科	公务员	18	否	是
			豆豆爸爸	32	大学本科	国企员工			
9	妍妍	29	妍妍妈妈	32	大学本科	国企员工	30	是	是
			妍妍爸爸	34	大学本科	国企员工			
10	蛋蛋	45	蛋蛋妈妈	30	高中	无	7~8	否	否
			蛋蛋爸爸	32	高中	个体			

资料来源：根据访谈资料整理

3.2.1.4　北北家个案的选择

在整理出的10个早期儿童照顾的案例中，本书选择了其中1个案例——

北北[①]家的照顾实践来具体展开论述。之所以选择北北家，主要出于以下两点考虑。

第一，北北家的早期儿童照顾实践具有典型性特征。本书以0～6岁的儿童照顾作为研究主题，研究对象是普遍的0～6岁儿童，研究的目的在于探索普通家庭的早期儿童照顾实践方式，在照顾儿童的过程中各方家庭成员，特别是主要的照顾者所遇到的困难、他的主观感受，以及采取的解决措施等。北北的父母是普通的上班族，有房贷、车贷，祖辈均已退休并有养老、医疗保险，因此北北家所代表的是城市中的普通中产阶级家庭。

此外，早期儿童照顾是一个流动性过程，本书所研究的并非是一瞬间的照顾工作，而是长期以来的照顾体验。北北31个月，刚上幼儿园不到半年，正处于早期儿童的中间年龄阶段，而照顾者刚刚经历过上幼儿园之前最困难的考验期。所以北北家的儿童照顾实践，不仅在时间上具有代表性，而且北北家这3年来所累计的照顾过程和半年来的幼儿园体验，也具有代表性。

第二，笔者与北北家的接触、交流最为密切。笔者与北北妈妈进行过4次深入访谈，每次访谈都间隔半年。与北北爸爸和北北姥姥分别进行过1次深入访谈。另外，笔者亲自去北北家拜访过两次，在拜访的过程中，北北的爸爸、妈妈、姥姥都在场。除此之外，笔者还亲自参与了北北家为期5天的亲子旅行，旅行时姥姥并不在场，笔者特意观察了在没有祖辈参与照顾时，父母如何协商和分配早期儿童照顾工作。

3.2.1.5　北北家的照顾实践

北北31个月，男孩子。北北的爸爸妈妈都是“80后”，爸爸是大学老师，妈妈在一家国有控股企业上班，是部门经理。

北北爸爸的老家在N省的农村，距离他们现居住地1000多公里，5年前北北的爷爷车祸去世，之后北北奶奶一直独居在农村老家。北北的姥姥和姥爷在北北妈妈3岁的时候就离异了，离异后北北姥姥一个人去了S省生

---

① 为保护研究对象的隐私，本文所用的名称均为化名

活，和北北妈妈联络很少。北北妈妈跟着北北姥爷生活，但是姥爷在离异后结过两次婚，所以北北妈妈一直在自己的爷爷奶奶身边长大，和姥爷并不亲密。北北妈妈有一个同父异母的妹妹，姥爷目前和这个妹妹在B省一起生活。

一直以来，北北妈妈都处于亚健康的状态，主要表现为身体肥胖，内分泌混乱，结婚后很长时间都没要上孩子，直到33岁那年才生下北北。在北北妈妈生产和坐月子期间，北北姥姥、奶奶和姥爷去看望和照顾过妈妈和北北一段时间，但是由于长期以来都在不同省份生活，彼此的生活习惯差异较大，再加上北北妈妈和姥姥、姥爷、奶奶之间情感并不深厚，所以没等满月，他们就都回去了。

从北北出生至妈妈产假结束的这段时间，北北主要由妈妈照顾。妈妈倡导科学育儿，在北北还没出生之前就看各种育儿书籍，包括美国儿科学会的《育儿百科》《新生儿婴儿护理百科全书》《宝贝健康公开课》等。在照顾北北的过程中，随着问题的出现，妈妈通过查看书籍、上网查询、咨询专家、和其他妈妈交流等，来获得解决办法。在照顾北北的过程中，妈妈形成了一套自己的育儿理论和育儿方法，比如在北北6个月之前不给北北喂水、不抱睡、不给北北睡头型、不把尿等。

北北爸爸作为大学老师尽管看似在时间上比较自由，但实际上爸爸并不能给予太多的帮助。爸爸白天几乎都在学校，即便晚上可以较早下班，也只能抽出1到2个小时的时间给北北洗洗澡，陪北北玩一会儿，给妈妈空出做饭的时间，吃过晚饭爸爸又一头钻进书房。晚上，为了不打扰爸爸睡觉，妈妈陪着北北单独睡在另一个屋子。

北北妈妈产假快要结束时，爸爸妈妈想让奶奶过来照顾北北，但是奶奶觉得在城市里生活不习惯，更何况离老家太远了，不放心家里，所以奶奶拒绝了。北北妈妈想过雇保姆来照顾北北，她曾去家政公司打听过情况，专门照顾孩子的育婴师每月5000～6000不等。她也打听过私立的托儿所，条件稍微好一些的，每月费用需要4000元以上。尽管北北的爸爸妈妈每月收入加起来1万多，但是由于要还车贷和房贷，所以对于北北家来说，他们并没有雇保姆或把孩子送到私立的托儿所照顾的经济条件。北北妈妈曾一度考虑辞职当全职妈妈，但是由于妈妈挣的工资比爸爸多，如果妈妈辞职那么家里将会面临比较严重的经济危机，而且妈妈工作能力较强，有较大的发展前景。

面对这种困难，北北妈妈不得不求助姥姥，让姥姥过来照顾北北。离婚后，北北姥姥并没有再婚，也没有另生孩子，一直和自己的姐姐在一起生活。姥姥觉得自己没有尽到妈妈的职责，对北北妈妈心存愧疚，并且也觉得自己年纪大了，希望在晚年可以和女儿生活在一起，所以姥姥同意过来帮忙照顾北北，但要求和他们住在一起。

北北妈妈产假结束后，便回去上班，白天由姥姥照顾北北，晚上北北和妈妈一起睡。周末的时候姥姥休息，爸爸和妈妈一起照顾北北，但是在大多数情况下，都是由妈妈一个人照顾北北，爸爸在旁边玩手机，北北妈妈形容北北爸爸“起着吉祥物的作用”。为了增加爸爸和北北的接触时间，北北妈妈强制爸爸必须陪北北上早教课，爸爸认为妈妈这么做是形式主义，多此一举。

在姥姥照顾北北的这段时间，家里大小矛盾不断。由于在过去的三十年里，北北妈妈和北北姥姥长期不在一起生活，每年最多只见两面，所以对于她们来说，彼此都是对方最熟悉的陌生人。双方对彼此的性格、习惯、喜好等都不了解，且缺少亲密情感的维系，常常会因为一些鸡毛蒜皮的小事争吵不休。例如，北北姥姥是个慢性子，做事情比较慢，而且有轻微洁癖，给北北做一顿辅食需要2个小时左右，而孩子等不了，饿得哇哇大哭。北北妈妈在监控录像中看到这种情况后，非常生气，找姥姥理论，希望姥姥做饭可以快一些。而姥姥也觉得自己很委屈，自己也缺少照顾孩子的经验，而且做饭慢也不是一天两天就能改好的，何况姥姥心脏不好，照顾一天孩子后常常心脏不舒服，北北妈妈非但不体谅反而还经常责怪自己，这让姥姥感觉心寒。类似这样的争吵，北北家几乎每天都上演。北北姥姥觉得长期照顾北北，自己的身体难以承受，再加上和北北妈妈争执不断，心情郁闷，于是给北北奶奶打电话，希望两个人可以轮流照顾北北，每人休息半年，攒点精力，但是北北奶奶依然以生活不习惯为理由拒绝了。北北姥姥觉得心里非常不平衡，自己辛苦地照顾孩子吃力不讨好，而北北奶奶却在家享受生活。于是在北北15个月的时候，姥姥以身体不适为理由回了老家。

一开始，北北姥姥说只回去休息几天，于是北北妈妈和公司请了几天假来照顾北北。但是眼看假期快要结束，姥姥还没有回来的打算，妈妈开始慌乱。如果自己继续请假的话，领导一定非常不满意，甚至有可能连工作都保不住，爸爸那段时间又恰好带学生到外地去采风，而将孩子带到公司去又显然很不现实，无奈之下她只好请求自己退休的大姑帮忙照顾几天。早上上班之前，把北北送过去，晚上下班之后再把北北接回来，这样经过了十多天之后，大姑委婉地表达了不愿意再帮忙照顾北北的意思。无奈之下，北北妈妈又紧急求助了自己的二叔，二叔又帮忙照顾了半个月。每次去到一个新亲戚家，北北都表现出强烈的不适应，除了大哭大闹外，原本就不怎么爱吃饭的北北，在亲戚家就更不好好吃饭了，这么折腾了一个来月，北北比以前瘦了两斤。另外，原本在家养成的好习惯，到了亲戚家也通通破坏了。例如，在家时，北北每天只被允许看20分钟的动画片，而到了亲戚家，为了安抚北北，每天给北北看动画片的时间超过了60分钟，甚至等到晚上回到自己家时，北北也要吵着看动画片而不去睡觉。北北妈妈觉得这样下去不是办法，只好再次恳求姥姥，希望姥姥可以回来照顾北北。在北北妈妈不断的请求下，姥姥终于答应回来照顾北北。

这次回来之后，北北妈妈对待姥姥的态度有了很大的转变。以前在养育北北的过程中，妈妈的态度比较强硬，姥姥主要听妈妈的。而现在，妈妈害怕姥姥不再照顾北北，在遇到矛盾时，妈妈开始不再要求姥姥有所改变，而是尝试自己改变或妥协。例如，妈妈不再要求姥姥加快做辅食的速度，为了让北北能按时吃上饭，北北妈妈每天下班把北北哄睡后，利用自己休息的时间提前把北北第二天的辅食做好，白天的时候姥姥只需要把辅食热一下就好，尽管这样让北北妈妈感到更加疲惫，但是却解决了姥姥做饭慢的问题。

在北北28个月时，妈妈便将北北送到了私立幼儿园。私立幼儿园一个月3000，对北北家来说是一笔不小的开支，但是由于公立幼儿园不接收3岁以下的儿童，而且北北家附近也没有公立幼儿园可以选择，于是本着尽早入学的原则和就近原则，北北妈妈选择了附近的私立幼儿园。姥姥平时负责接送北北上下学，白天没事的时候打扫打扫卫生，北北家终于结束了鸡飞狗跳的生活，过上了平静的日子。

北北妈妈表示，在北北上幼儿园之前，自己真的身心疲惫，有好几次，一个人躲在卫生间号啕大哭。她向我描述了她一天的生活。

我下班买完菜到家后常常已经晚上6点多了，吃过晚饭，陪北北玩一会儿就要哄北北睡觉。（笔者提问：不能爸爸哄或姥姥哄吗？）北北从小到大基本没跟爸爸一起睡过觉，他爸爸根本哄不睡他。北北一直吃母乳到2岁，基本上我一回家他除了我以外，谁也不跟。而且姥姥带了一天孩子已经很累了，我想着我下班后就让她好好休息。而等北北睡着后，我还要换着花样做北北的辅食，有时候包饺子，有时候包包子、蒸馒头，做辅食的同时还要打扫卫生，结束后往往已经10点多了。在北北2岁之前，他晚上经常起夜，我经常在半夜还要陪北北玩1个小时，再把北北哄睡。而早上5点来钟北北就已经醒了，我也要跟着起来照顾北北，做早餐，等姥姥起床后，我急急忙忙整理一下就要赶去上班。没生孩子的时候，我每天上班前都会给自己化好妆，搭配好衣服，生了孩子之后早上和打仗一样，哪有时间化妆，能洗把脸都不错了，衣服也是随便找一件就套上。

长期的睡眠不足，使北北妈妈常常精神恍惚，而疲惫的生活，使北北妈妈变得暴躁不堪。在这两年多来，在家里，北北妈妈不仅和姥姥争吵，和爸爸争吵的次数加起来比生孩子前的次数都多。北北妈妈在谈到和爸爸的争吵时流了眼泪。

我从小缺少爸爸妈妈的关爱和家庭的温暖，在和XXX（北北爸爸）结婚之后，我真以为我找到了全世界最理解我的人，他不光是我的丈夫，我一直认为他是我最好的朋友。我不知道为什么，在有了孩子之后，我们之间的矛盾越来越多。他不理解我为什么每天都看他不顺眼，叫他做这做那，而我不理解他怎么就不能帮我分担一点呢？（虽然）他下班就回家，周末也在家，但他就像一个透明人一样，北北冷了、饿了、拉了、哭了，他就在那像座山似的，一动不动，喊我或姥姥过来。平时在家里，北北和爸爸在一起的时间就是爸爸躺在沙发上刷手机，北北在旁边跟着一起看。每次我看到他很悠闲地躺在那刷手机或者看电视时，我就气不打一处来，心里非常不平衡，经常跟他吵，甚至有一段时间，我都不知道怎么心平气和地和他聊天了，这其实特别伤害我们之间的夫妻感情。

这种情况一直到北北上幼儿园才有所好转，北北上幼儿园后，妈妈不再那么辛苦了，两个人的关系也比之前好了很多。

在生孩子之前，北北妈妈工作非常努力，是公司里的加班达人和出差达人，领导对她非常满意。而生了北北之后，北北妈妈每天准时甚至提前下班回家，拒绝领导的出差要求，经常性请假，领导多次表达过对她的不满。北北妈妈内心也无比的焦虑和无奈。在工作上，北北妈妈一直对自己要求很高，而现实里她分身乏术，无奈之下只能选择优先照顾孩子，将工作排在第二位。这极大地影响了北北妈妈在工作中的表现，甚至这两年多来，北北妈妈在事业上停滞不前，打击了她的自信心。北北上幼儿园后，北北妈妈打算将更多的精力投入到工作中。

3.2.2 基于中国综合社会调查（CGSS）的研究

3.2.2.1 量化资料来源

中国综合社会调查（Chinese General Social Survey，CGSS）是由中国人民大学中国调查与数据中心组织实施，通过从个体层面、家庭层面、社区层面、社会层面全面收集数据，以社会人口属性、居民身心健康、生活方式、社会态度、劳动力参与、社会保障、人口流动、家庭经济等作为调查主题，来反映中国社会、经济、人口、教育变迁的一项全国性的大型社会调查项目，是中国最早的全国性、综合性、连续性学术调查项目。自2003年起，中国综合社会调查便每年从全国各地抽取一万多户家庭进行社会调查，其中2012年进行的社会调查加入了妇女问题专项调查，涉及了有关早期儿童照顾的责任承担和责任分配问题，因此本书选择2012年的中国综合社会调查作为量化资料来源。研究选择Stata 15.0作为统计和分析软件，根据调查问卷中“家庭成员姓名或称呼”“请问这些家庭成员的关系是？”和“年龄”问题，提取有0至6岁儿童照顾需求的样本作为分析样本，在剔除关键变量和缺失的样本后，得到了642个有效样本。

3.2.2.2 中国早期儿童照顾的基本特征

表3.3展示了拥有0至6岁儿童照顾需求的样本的基本特征。我们发现，拥有早期儿童照顾需求的样本的平均年龄为39岁，2011年的年均总收入为26174元，平均每周的家务照顾时间为37小时。在性别分布上，女性占比较大，为50.62%，男性为49.38%；在教育水平上，拥有初中及初中以下学历的比例为57.32%，拥有高中及高中以上学历的为42.68%，其中文盲的比例是4.67%，拥有小学、初中、高中学历的比例分别为18.38%、34.27%、17.29%，拥有大专、本科、研究生以上学历的比例分别为13.86%、10.90%、0.62%；在就业方面，目前正在就业的占比较大，为79.13%，目前未就业的比例为20.87%；在婚姻状态上，绝大部分处于已婚状态，比例高达96.73%，未婚的比例为1.25%，丧偶或离婚的比例为2.02%；在拥有未成年子女数量上，大多数只拥有一个未成年子女，比例为60.90%，拥有2个未成年子女的比例为34.11%，拥有3个及3个以上的未成年子女的比例仅为4.98%；在健康状况方面，大多数健康状况良好，其中比较健康的占比为42.83%，很健康的占比为32.71%。

表3.3 样本基本特征

变量	频次	比例（%）	变量	频次	比例（%）
性别			婚姻		
男	317	49.38	未婚	8	1.25
女	325	50.62	已婚（初婚、再婚）	621	96.73
教育水平			离婚/丧偶	13	2.02
文盲	30	4.67	未成年子女数		
小学	118	18.38	1个	391	60.90
初中	220	34.27	2个	219	34.11
高中（职业高中、普通高中、中专、技校）	111	17.29	3个及以上	32	4.98
大专	89	13.86	健康情况		
本科	70	10.90	很不健康	2	0.31
研究生以上	4	0.62	比较不健康	34	5.30
就业情况			一般	121	18.85
未就业	134	20.87	比较健康	275	42.83
就业（务农、非农工作）	508	79.13	很健康	210	32.71
年龄均值（岁）			39		
全年总收入均值（元）			26174		
每周家务照顾时间均值（时）			37		
样本数			642		

根据对样本的描述性分析，可以归纳出中国早期儿童照顾的基本特征。

第一，中国女性承担着更多的照顾责任。尽管从性别分布上来看，男性和女性都有0至6岁的儿童需要照顾，而且二者的比例相差不大，仅为1.24%。但是通过进一步分析早期儿童照顾在性别上的差异，可以发现男性花费的家务照顾时间明显比女性的低（$t=-14.517$，$p<0.001$）。女性每周的家务照顾时间为51个小时，男性每周的家务照顾时间仅为22个小时，其中

男性每周用于家务照顾的时间，比全样本中平均每周的家务照顾时间少15个小时，不足女性的一半。这说明中国女性花费更多的时间在家务劳动和照顾家庭成员上，中国女性承担着更多的照顾责任。

第二，在中国，26至40岁的人承担着更多的照顾责任。数据显示，拥有0至6岁儿童的家长的平均年龄是39岁（标准差为6.6岁），一半以上的早期儿童家长的年龄在31至40岁之间，其中24.61%的早期儿童家长的年龄在31至35岁之间，33.49%的早期儿童家长的年龄在36至40岁之间，说明31至40岁的人有更多的早期儿童照顾需求。尽管只有5.16%的早期儿童家长的年龄在26至30岁之间，但是通过进一步分析照顾时间在年龄上的差异，可以发现26至30岁这一年龄段平均每周花费的照顾时间最多，为41个小时，其次是31至35岁的年龄组，平均每周花费在照顾上的时间为27个小时，再次是36至40岁的，每周的平均照顾时间是23小时，这说明26至40岁的人花费更多的时间在照顾上，他们承担更多的照顾责任。

第三，在中国，大多数的家长承受着就业和照顾的双重压力。在所有拥有0至6岁儿童的家长中，将近80%的家长处于就业状态，他们一方面要外出工作，另一方面承担着照顾早期儿童的责任。有20.87%的家长处于未就业的状态，其中男性占12.69%，女性占87.31%。未就业的家长平均每周所花费的家务照顾时间为62小时，就业家长每周所花费的家务照顾时间为30小时，未就业家长每周所花费的家务照顾时间，比就业家长每周所花费的家务照顾时间多32个小时（$t=12.7447$，$p<0.001$）。这说明，大多数早期儿童家长面临着工作和儿童照顾的双重压力，在二者出现冲突时，女性更倾向于选择不工作。

第四，中国早期儿童照顾者的整体素质较低。总体而言，超过5成的0至6岁儿童的家长仅受过初中及初中以下的教育，其中教育水平为初中的家长所占比例最多，为34.27%，其次是小学，占比为18.38%。只有不到一半的家长接受过高中及高中以上教育，其中教育水平为高中的家长占17.29%，教育水平为大专的家长占13.86%，接受过大学本科以上教育的家长所占比例仅为11.52%。因此整体而言，我国0至6岁儿童家长的教育程度较低，这在一定程度上说明了我国早期儿童照顾者的整体素质较低。

第五，中国早期儿童照顾者的经济水平较低。数据显示，拥有0至6岁儿童的家长，2011年其年均总收入为26174元。而根据2011年联合国发布的人类发展报告，2011年中国的人均国民总收入（GNI）为7476美元，[①]折合人民币约为51441元。2011年中国人均GDP为10057美元（PPP法），[②]折合人民币约为69200元。可见，拥有0至6岁儿童家长的年均总收入低于人均国民总收入（$t=-19.2888$，$p<0.001$）和人均GDP（$t=-32.846$，$p<0.001$），说明早期儿童照顾者的经济水平较低。

3.3 中国早期儿童照顾的“责任分离”模式

中国的早期儿童照顾呈现出“责任分离”的特点。所谓“责任分离”指的是责任主体对责任的不完全承担，和不同责任主体之间责任的不合理分担。早期儿童照顾的“责任分离”模式包括两个层面的分析维度，一是从部门分担的角度来看，当前我国的早期儿童照顾倾向于家庭责任；二是从性别分担的角度来看，当前我国的早期儿童照顾倾向于女性责任。

3.3.1 早期儿童照顾的部门责任分离

目前中国的福利模式属于国家加市场的福利模式，强调以市场为主，国家在一定程度上起补充作用。家庭是社会的基本单位，国家不应该过多地干涉家庭生活，以免干扰家庭对其责任的承担。国家对家庭的支持应该以维护传统家庭模式为重点，是莱特纳所说的“家庭主义”，也兼具高蒂尔所说的“支持—传统”模式和“支持—家庭但非干预”模式的特点，在儿童照顾上

① The United Nations Programme.Human Development Report 2011［R］.New York: The United Nations Programme, 2011: 128.

② 余芳东.金砖国家价格水平和经济实力的比较研究——基于世界银行2011年国际比较项目结果的分析［J］.调研世界，2015（1）：3-8.

表现为坚持以私领域的儿童照顾提供为主。通过解析中国的早期儿童照顾的服务、经济政策，并结合北北家的案例，可以看出，我国的早期儿童照顾模式呈现出明显的以家庭为主的部门分配特点，并带有独特的中国化特征。

从中国的早期儿童照顾政策上来看，在服务政策上方面，当前中国的早期儿童照顾服务不再被认为是应该由单位和国家负责的一种公共服务，而是强调社会力量。这一时期的早期儿童照顾服务出现“重市场轻公益”“重社会轻政府”的倾向，儿童照顾更多地被看作是家庭的责任，当家庭有需要时可以向市场购买。如此一来，中国的早期儿童照顾服务体系由计划经济时期的公共托幼服务体系，转向了市场经济时期的以家庭和市场为主的社会化托幼服务体系。尽管2010年的《国家中长期教育改革和发展规划纲要（2010—2020年）》和2011年的《中国儿童发展纲要（2011—2020年）》提出要明确政府职责，建立政府主导、社会参与、公办民办并举的办园体制，重新强调了公共性的回归，但市场经济时期中国的早期儿童照顾仍然存在着家庭责任明显，政府参与不足的特点，依旧无法满足家庭的实际需求。正如北北家，在北北上幼儿园之前存在着家庭照顾资源不足的困境。北北日常照顾活动的提供完全依赖于祖辈，一旦祖辈停止提供照顾帮助，北北将面临无人照顾的窘境，而出现窘境的原因在于我国缺乏0至3岁儿童的公共照顾服务。

在经济政策方面，目前中国早期儿童照顾的支持范围和支持力度十分有限。就儿童基础免疫政策而言，虽然它面对的是所有儿童，具有普遍性特点，但是仅仅涉及0至6岁儿童有关医疗保健的一部分，而0至6岁儿童发展涉及的其他方面，包括衣、食、住、行等费用则完全由家庭承担。就针对困境儿童的照顾政策而言，具有明显“剩余型”特点，它所针对的对象是处于困境中的儿童，而非所有儿童，是一种社会救助式的政策。

在这样的政策导向下，家庭理所应当担负起早期儿童照顾的责任，国家或者政府只是起补充照顾的作用，对于额外的早期儿童照顾服务的需要，家庭应该自己解决。只有当家庭生活发生崩溃无法维持下去时，国家才会出面承担早期儿童照顾的责任。

北北家作为典型案例，生动地体现了早期儿童照顾以家庭为主的部门分配特点，具体表现在以下三方面。

首先，年轻夫妇承认父母是早期儿童照顾的第一责任主体，并积极承担早期儿童的照顾工作。尽管父母有承担早期儿童照顾的责任和义务，是一个不容争辩的事实，并且自人类社会产生以来便一直如此。但是，传统父母认为儿童不仅为父母所有，也为家族所有，儿童的成长、发展关系着整个家族的前途和命运，因此早期儿童的照顾和教育不只是父母的责任，也是整个家族的责任。而现代父母认为儿童是父母爱的结晶，是父母将他们带到这个世界上来，自己生的孩子理应要自己来养，其他人没有帮忙照顾的义务；儿童照顾是一个私人的事情，父母在照顾和教育儿童的过程中占主导，其他人不应该插手干预。因此，现代父母认为，父母是早期儿童照顾的第一责任主体，有责任为早期儿童提供好的照顾和教育。

此外，现代父母积极主动学习早期儿童照顾的相关知识，通过看书、上网查询、咨询专家意见、听取前辈经验、同辈交流等方式，获得大量的信息，对这些信息进行分析和加工后，形成一套自己的早期儿童照顾理念。所以现代父母的照顾工作，包括从基本的日常生活照料到照顾服务的选择，并非是盲目进行的，而是在早期儿童照顾理念的指导下进行的。例如什么阶段给孩子戒母乳、戒纸尿裤、戒奶瓶，为孩子挑选什么品牌的奶粉、纸尿裤、辅食、衣服、玩具，鼓励孩子自己睡还是让孩子和父母一起睡，孩子感冒生病时要不要吃药，如何安排孩子的出行，是否带孩子进行小儿推拿、游泳、上早教，孩子什么时候上幼儿园，上什么类型的幼儿园等。

其次，当父母的照顾资源不足时，通常向祖辈求助。尽管现代父母认为，祖辈并没有帮助他们进行早期儿童照顾的义务，但是在面临着夫妻双方都要工作，孩子无人照顾的现实难题时，他们不得不向祖辈寻求帮助。正如北北妈妈面临的生活困境那样，北北妈妈与姥姥多年不生活在一起，关系并不亲密，但是在北北无人照顾时，北北妈妈只能放下心中芥蒂，请姥姥过来帮忙照顾北北。在一起生活的过程中，妈妈和姥姥的冲突不断。然而一旦姥姥“罢工”，妈妈只能四处求亲戚帮忙。

祖辈提供帮助的形式有两种，一是提供经济帮助，二是提供照顾帮助。在10个家庭的案例中，有4个家庭的祖辈提供了经济帮助，有6个家庭的祖辈提供了照顾帮助。通过访谈，笔者发现在经济条件允许的情况下，祖辈更愿意提供经济帮助，而非照顾帮助，并且提供经济帮助的祖辈能得到子女更高的认可和更大程度的话语权。比如，来来奶奶是大学教授，尽管已经退休在家赋闲，但是因为不愿意和子女生活在一起，所以没有办法帮助他们照顾来来，于是出钱帮来来雇了一个育婴师，每月5000元。来来妈妈认为奶奶帮助他们解决了一个大难题，既避免了婆媳矛盾，又解决了没人照看孩子的问题，是一个非常英明的决定，奶奶是一个“拎得清”的人，于是家里有什么问题都愿意和奶奶商量。

而祖辈在提供照顾帮助时，他们不仅要承担大量的日常照料工作和家务劳动，而且在照顾孩子的过程中，他们并没有话语权，他们通常是“命令”的服从者，要听从孩子父母的“指挥”。例如，北北添加辅食后，每天吃什么要由妈妈决定，在尝试一个新食物之前，要取得妈妈的同意，姥姥只是做饭的“厨师”，妈妈才是点菜的“顾客”。嘉嘉6个月，从出生起就由姥姥照顾，尽管嘉嘉妈妈每个月给姥姥1000元“零花钱”，但是姥姥仍然希望奶奶能代替自己来照顾嘉嘉。

奶奶照顾孙子天经地义！别人家都是奶奶带孩子，我们家倒好，孩子奶奶在家享清福，等现成的，我在这累死累活的，还吃力不讨好，每天这不行那不行的。（嘉嘉姥姥）

最后，市场成为早期儿童照顾和教育服务的重要来源。由于家庭内照顾资源的不足，以及对专业照顾和教育服务的认可，中产阶级父母倾向于向市场购买相关服务，包括从新生儿的护理到学前儿童的照顾和教育。例如，卜卜姥姥在外地工作，没有时间照顾“月子”，并且卜卜奶奶自称没有照顾产妇和新生儿的经验，于是卜卜爸爸和妈妈在咨询了月嫂和月子中心的价格后，经过比较，最终选择在一家性价比高的月子中心坐月子。豆豆的爸爸妈妈是双职工，奶奶刚退休，希望拥有自己的休闲时间，姥姥、姥爷刚带大另一个孩子，需要休息，于是豆豆妈妈、奶奶、姥姥每月各出1000元，请了一个远房亲戚来帮忙照顾豆豆的生活。嘉嘉刚满月，就患上了肠绞痛，经常半夜痛得哇哇大哭，看过了医生后也没有好转。妈妈看到网友说小儿推拿可以治疗肠绞痛，便带嘉嘉去做了小儿推拿，并办了张卡，此后嘉嘉身体有什么不舒服，就带嘉嘉过去推拿。

根据当前我国的早期儿童照顾政策和具体的案例，可以看出在部门分担方面，目前我国的早期儿童照顾以家庭为主。但是通过对量化资料的分析，发现我国早期儿童家长的就业率超过70%。高水平的就业率使得家庭内的早期儿童照顾资源严重不足，而在公共早期儿童照顾服务短缺的情况下，隔代照顾和向市场购买服务成为常态。

3.3.2 早期儿童照顾的性别责任分离

根据对2012年中国综合社会调查的样本资料进行简单的描述性分析，我们得到了中国女性承担着更多的照顾责任这一结论，并指明这是中国早期儿童照顾的基本特征之一。在此基础上，我们通过进一步的分析，并结合中国早期儿童照顾的时间政策和具体的案例，来探索中国的早期儿童照顾是否存在着性别上的责任分离。

从中国的早期儿童照顾政策上来看，我国通过时间政策确立了以女性为主的早期儿童照顾的性别分担方式。目前，我国同早期儿童照顾相关的时间政策主要包括产假政策、陪产假政策、生育奖励假政策，和部分地区的育婴假政策。其中，产假、生育奖励假和育婴假针对的均是女性职工，只有陪产假针对的是男性职工。产假和生育奖励假的假期长度加起来为128至188天，部分地区建立的育婴假制度，其假期长度通常大于一个月，小于一年，而陪产假的假期长度仅为7～30天。可见，我国男性职工获得的早期儿童照顾时间远远低于女性。这种政策要求女性花费更多的时间在早期儿童照顾上，而男性花费的时间较少。因此，我国的早期儿童照顾政策赋予了女性更多的照顾责任，这在立法层面上确立了以女性为主的早期儿童照顾模式，并导致女性在实际生活中承担着大部分的早期儿童照顾工作。

如图3.1显示，在2012年，早期儿童家长中有90.5%的男性家长在上周为了取得收入而从事了一小时以上的劳动，2.5%的男性家长处于带薪休假的状态，4.1%的男性家长处于停薪休假的状态，只有2.8%的男性家长未从事任何以获取经济收入为目的的工作。相比较而言，仅有58.2%的女性家长在上周为了取得收入而从事了一小时以上的劳动，3.1%的女性家长处于带薪休假的状态，3.7%的女性家长处于停薪休假的状态，有35.1%的女性家长未从事任何以获取经济为目的的工作。这说明，有41.9%的0～6岁儿童的母亲选择留在家中，而相对来说，仅有9.5%的0～6岁儿童的父亲选择留在家中，留在家中女性的比例比男性的比例高了32.4%。

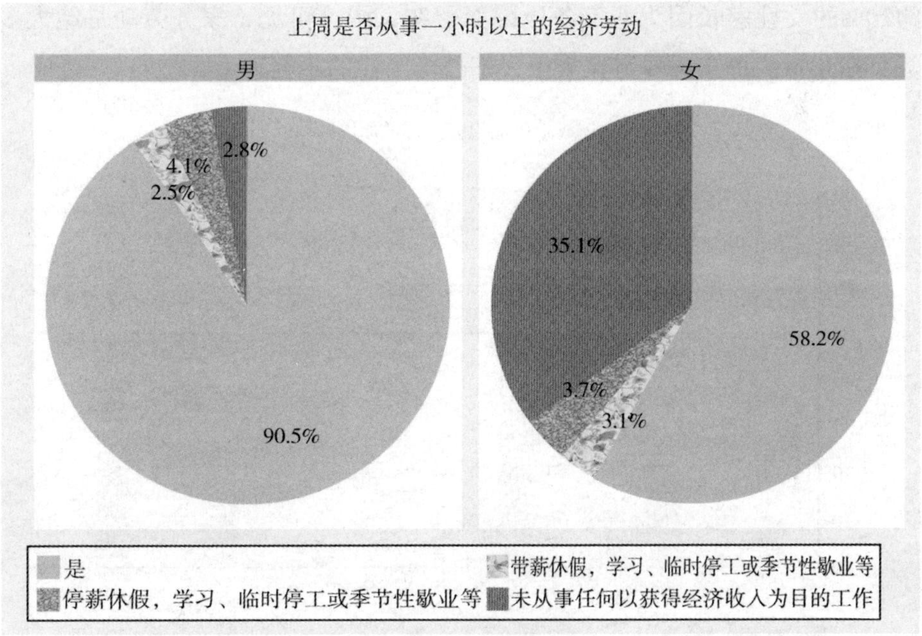

图3.1 2012年性别0～6岁儿童家长上周是否从事一小时以上的经济劳动

（2012年中国综合社会调查）

当进一步探究，上一周没有外出工作的原因时，如图3.2所示，约有11%的男性家长是因为在校学习、丧失劳动力、因个人原因失去原工作、离退休而未外出工作，约22%的男性家长是因为单位原因而失去原工作，不到35%的男性家长是因为料理家务而未外出工作。同男性家长相比，绝大部分（约78%）的女性家长由于料理家务而未外出工作，约14%的女性家长因为个人原因失去工作，约3%的女性家长因为丧失劳动力和其他原因而留在家中，不到1%的女性家长选择毕业后未工作和因单位原因失去原工作。尽管无论男性家长还是女性家长，因料理家务而未外出工作的比例都是所有原因中占比最高的，但是很显然，同女性家长相比，男性家长未外出工作的原因的分布更均匀。这说明，男性家长未外出工作的原因较为复杂，料理家务只是原因之一，仅有约三分之一的男性家长是由于料理家务而选择在家，剩下的男性家长都是由于其他非家务原因而未外出工作。而女性家长则不同，将近八成的女性家长因为家务原因而未外出工作，仅有约20%的女性家长因为非家务原因而留在家中。可见，家务劳动是绝大多数早期儿童的母亲选择留在家中，不外出工作的主要理由。

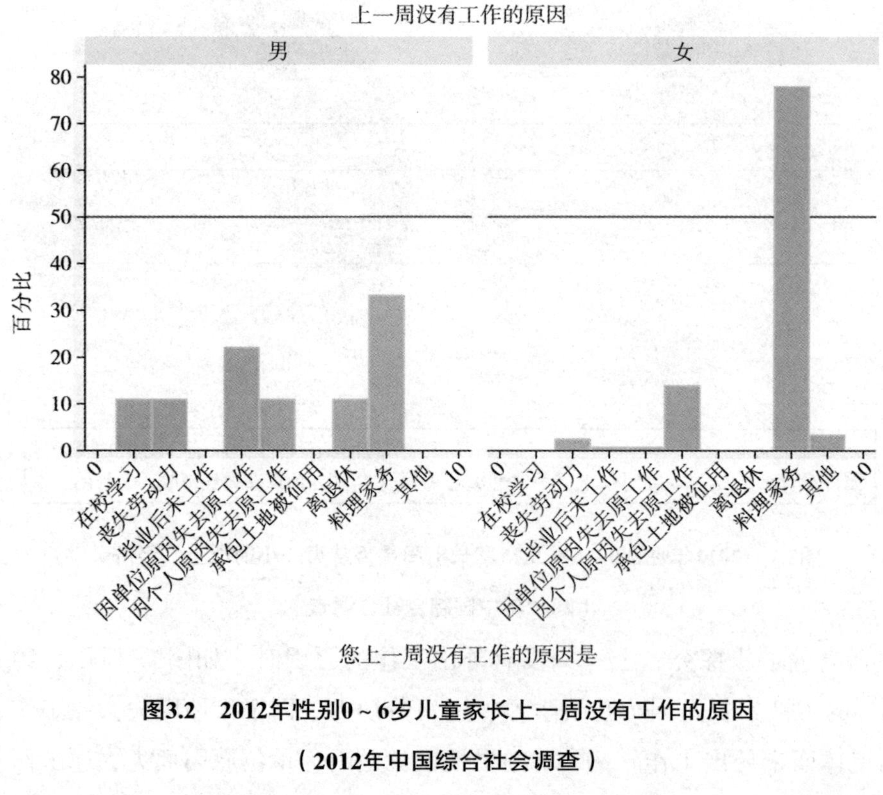

图3.2　2012年性别0～6岁儿童家长上一周没有工作的原因

（2012年中国综合社会调查）

早期儿童的家长每周花费的家务和照顾时间，可以更直观地反映父亲和母亲在早期儿童照顾上的责任分配。如图3.3，展示了2012年0～6岁儿童家长平均每周花费的家务、照顾时间。据显示，0～6岁儿童的父亲的平均家务时间为每周8个小时，平均照顾时间为每周14个小时，其配偶的平均家务时间为每周19个小时，平均照顾时间为每周30个小时；0～6岁儿童的母亲的平均家务时间为每周18个小时，平均照顾时间为每周34个小时，其配偶的平均家务时间为每周6个小时，平均照顾时间为每周12个小时。数据表明，无论是对样本进行分性别对比，还是对样本的配偶进行分性别对比，早期儿童父亲的平均家务时间和平均照顾时间都不及母亲的一半，早期儿童的母亲花费更多的时间在家务劳动和儿童照顾上。2010年第三期中国妇女社会地位调查全国主要数据报告支持了这一结论，报告指出超过72%的女性承担着大部分甚至全部的家务劳动和儿童照顾工作，而仅有不到16%的男性承担着同女性同样的家务劳动和儿童照顾责任。①

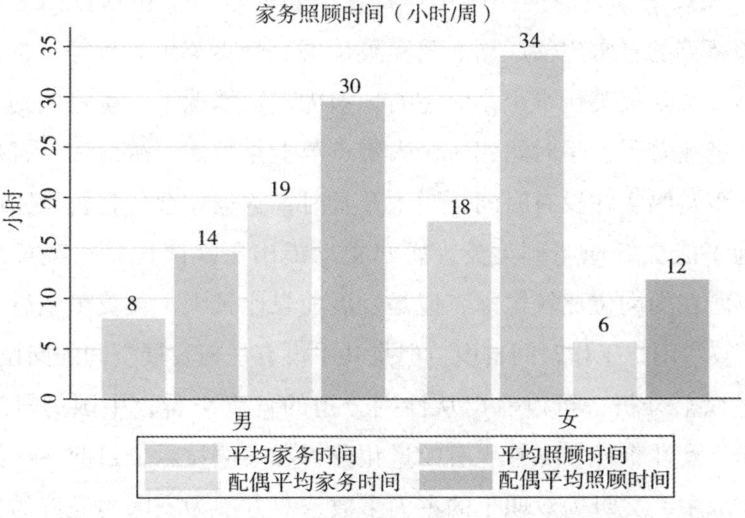

图3.3　2012年性别0～6岁儿童家长及其配偶平均家务、照顾时间

（2012年中国综合社会调查）

① 第三期中国妇女社会地位调查课题组.第三期中国妇女社会地位调查主要数据报告[J].妇女研究论丛，2011(6)：5-15.

以上说明，中国0～6岁儿童的母亲往往要承担大量的家务劳动和儿童照顾工作，平均每天约花费7个小时在家务劳动和儿童照顾上，一旦家庭与工作出现冲突时，母亲通常会优先考虑家庭。

在田野调查的过程中，笔者发现每一个家庭的母亲，都承担着繁重的家务劳动和儿童照顾工作，即使在双职工家庭，母亲承担的家务劳动和儿童照顾工作也远比父亲多。北北家的案例展现了我国的早期儿童照顾以女性为主的性别分配特点，具体表现为母亲承担着大部分的日常照顾工作，包括生活上的日常照料、亲密关系的建立、知识的启蒙、良好习惯的培养、性格的训练等，而父亲只是承担着偶然性的照顾工作，比如下班后有限时间的陪玩，妈妈做家务时临时照看一下孩子，妈妈脱不开身时带孩子上早教、上医院等。例如，英英的父母都是双职工，在工作日的时候，上班前妈妈把英英送到奶奶家，由奶奶照顾，下班后妈妈再把英英接回来。爸爸的工作非常忙碌，每天早出晚归，并且下班时间不固定，因此家里的所有家务和孩子在家时的照顾工作都由妈妈来承担，包括打扫卫生、做饭、照顾英英的日常生活起居、陪英英读书、带英英出去玩等。爸爸有时候下班早，会陪英英玩半个小时左右，但大多数情况下，爸爸回到家的时候英英已经睡着了。平时妈妈一个人带英英上早教课、游泳课、打疫苗、看医生，当妈妈实在没有时间，脱不开身时，爸爸才会代替妈妈完成这些工作。为了能更好地照顾英英，妈妈主动提出更换岗位。在英英出生之前，妈妈所在的岗位比较忙碌，但是发展前景比较大，英英出生后，妈妈换到了比较清闲，工作时间自由，但是几乎没有任何发展空间的岗位上。

通过以上分析，可以看出从性别分担的角度来看，中国的早期儿童照顾倾向于女性责任。尽管现有的量化分析和案例显示，目前在中国的早期儿童家庭中，父母为双职工的占大多数，双方都为家庭内经济的提高做出了贡献，但是在现有的社会规范下，男性更多地被赋予“养家糊口”的责任，无论现实情况如何，男性被视为家庭财富的主要创造者。而女性，无论在职与否，都要承担家务劳动和儿童照顾的责任。即便有个别的模范父亲参与了更多的早期儿童照顾，但这种做法大部分父亲是出于对自己爱人的关心，和被爱人强制要求，只有少部分父亲是因为对自己父职工作的正确认识。比如松松爸爸就参与了很多早期儿童照顾工作，他说："带孩子实在是太累了，孩子小的时候晚上得起来喝3、4遍奶，我们家孩子喝奶粉，有时候我看她困得实在不行了，就让她睡会儿，我帮她弄。一开始也不会，什么先加水后加奶粉，水温多少度都不知道，慢慢地就都明白了。我媳妇看我晚上也能弄，她就打上我的主意了。晚上孩子哭，她就闭着眼睛踹我，让我起来给孩子冲奶。"可见，早期儿童照顾责任的这顶帽子，自孩子出生的那一刻起，便被直接扣到了中国女性的头上，大部分男性常常手持着"养家人"这块令牌，等待着关键时刻向女性伸出援助之手。因此，我们说中国的早期儿童照顾，存在着性别责任分离的特点。

3.4　当前中国早期儿童照顾模式的困境

当前中国的早期儿童照顾模式存在着两种困境。一是照顾活动与女性关系认识的困境：对照顾活动与性别之间关系的认识不清晰，不利于女性社会权利的充分实现。二是照顾活动与国家关系认识的困境：对照顾活动与国家—家庭之间关系的认识不清晰，使得国家干预不足。

3.4.1　照顾活动与女性关系认识的困境

3.4.1.1　对照顾活动与性别关系的模糊认识

我国的早期儿童照顾模式强调女性责任，相关的儿童照顾支持政策也是在女性作为第一早期儿童照顾责任主体的假设基础上制定的。不仅国内如此，早期儿童照顾责任高度女性化是人类历史的既有经验和人类社会的道德规范。

心理学家约翰·鲍尔比（John Bowlby）通过研究母爱剥夺对儿童心理发展的影响，提出依恋理论，肯定了母亲对儿童进行照顾的重要意义，暗示照顾活动与女性天然相关。所谓依恋是指"儿童与照料者（通常是母亲）之间强烈、持久的情感联结。它使儿童接近和依赖照料者，唯恐照料者离开。这种情感联结通常发生在母婴之间，其质量受儿童与照料者（通常是母亲）的交往方式的影响，并影响其以后的人际交往模式和心理发展”。[①]鲍尔比认为依恋是一种个体与具有特殊意义的他人形成牢固情感纽带关系的倾向，他提出内部工作模型，通过与父母或主要照顾者之间的互动体验，儿童会形成有关自我或他人的认知。个体在婴幼儿时期的情感体验会影响内部工作模型的形成，如果父母或主要照顾者对婴儿的需求做出及时准确的回应，那么会形成一种安全的健康的依恋，这种依恋不仅建立在母亲和孩子之间，随着孩子逐渐成长会影响他和其他人之间的情感联结，对他的一生有重要影响。鲍尔比认为婴儿选择母亲作为依恋对象是一种潜在的本能行为。对于依恋客体的选择，依恋理论认为儿童的依恋对象者往往指向母亲，女性的生物性本能使得女性对孩子有更高的情感依恋需求，而这种情感依恋需求唯有通过亲自照顾孩子才能实现。克劳斯（Klaus）和柯尼尔（Kennell）认为女性在生育后荷尔蒙（激素）水平增加使得女性对她的孩子会产生一种保护欲和占有欲，这会增强母亲和孩子的情感联结，母亲很容易成为孩子的依恋对象。[②]肯里克（Kenrick）认为女性在孕育和生育孩子时付出极大的代价，而且每次生育孩子的数量有限，为了不使自己的付出浪费，女性会花费更多的时间在养育和照顾孩子上，因此容易和孩子形成依恋关系。[③]依恋理论认为生儿育女是女性的生物本能，而这种生物本能是由两性的天然性别差异决定的。

然而人类中的性别不仅具有生物学上的意义，也具有社会意义。人的

① Bowlby, J.Grief and mourning in infancy and early childhood [J].The Psychoanalytic Study of the Child, 1960: 9-52.

② Klaus, M.H, Kennell, J.H.Bonding: the Begginnings of Parent-infant Attachment [M]. New York: Plume, 1983.引自谷传华，王美萍.儿童依恋理论述评.山东师大学报（社会科学版），2000（1）：65-68.

③ Kenrick, D.T.Evolutionary social psychology: from sexcual selection cognition [J].Advances in Experimental Social Psychology, 1994（26）.引自谷传华，王美萍.儿童依恋理论述评.山东师大学报（社会科学版），2000（1）：65-68.

生理性别一旦被确定，便需要发展出满足社会所期待的性别角色。社会对男人和女人分别设置了一套行为规范和评价体系，从出生开始就应该按照这套行为规范行事，以满足社会对既定性别的期待。因此，性别角色不仅单纯地归属于生理性别，更是从社会文化中获得的。女性人类学者玛格丽特·米德（Margaret Mead）对阿拉佩什、蒙杜古马和德昌布利三个部落进行长期考察，发现三个部落的男女“气质”迥异：阿拉佩什在双亲角色上是母性的，表现在性别特征上，将其归入“女性”的名下；蒙杜古马的男人和女人几乎都近似于一个人格类型，而这种人格类型在我们社会文化中，只有在缺少教养、野蛮暴烈的男子身上才能发现；德昌布利属于父系社会，且一夫多妻，但是在这里女人占统治地位。同传统文化中的性别态度相反，这里的男人没有责任心、多愁善感，主要担任养育儿童的工作，而女人出门捕鱼，决定经济安排，结成牢固的群体，并且群体团结丝毫不受个人情绪影响。[①]通过对三个部落的考察和分析，玛格丽特·米德提出性别角色具有可塑性，它并非先天获得，而是后天形成的，是在特定文化氛围中被不断社会化所形成的。

不同的社会环境和文化氛围会形成不同的性别角色。传统的父权主义文化下，男性被设定为具备勇敢、坚毅、豁达、理智的性格和品质，他们应该以事业为重心，担任“工具性”角色，成为“养家糊口”者。女性被设定为具备温柔、善良、细致、感性的性格和品质，她们应该以家庭为重心，担任“情感性”角色，成为家庭的主要照顾者。如表3.4所示，当被问到是否同意“男人应该负责挣钱，女人应该负责顾家”时，共有超过45%受访者表示同意这种观点，33.96%的受访者不同意这种观点，这说明传统的性别角色分类为多数人所接受。而这种性别角色分类和社会对性别角色的期待会影响男女对自身角色定位的认知，由于外在对女性特质的不断强调，她们往往会承受来自外界的压力，为了缓解外界的压力，符合社会对

① 玛格丽特·米德.三个原始部落的性别与气质[M].宋践，译.杭州：浙江人民出版社，1988：265-266.

女性照顾者角色的期待，她们去认可和学习这种角色身份，并慢慢将这些态度、动机和行为内在化。因此女性担任照顾者的角色是女性被社会不断强调、训练的结果。

表3.4 您在多大程度上同意“男人应该负责挣钱，女人应该负责顾家”

男人应该负责挣钱，女人应该负责顾家	频数	百分比	累计百分比
非常同意	50	7.79	7.79
同意	240	37.38	45.17
无所谓同意不同意	128	19.94	65.11
不同意	203	31.62	96.73
非常不同意	15	2.34	99.07
无法选择	6	0.93	100.00
总计	642	100.00	

量化资料来源：2012年中国综合社会调查

性别角色差异源自劳动性别分工。所谓劳动是人们为创造财富进行的有意识、有目的的活动。[①]马克思说：“整个所谓世界历史不外是人通过人的劳动而诞生的过程，是自然界对人来说的生成过程。”[②]劳动创造了人类，而劳动分工极大地增加了社会财富进而推动了人类的进步。著名经济学家亚当·斯密（Adam Smish）在《国富论》中提道：“由于实行劳动分工的所有不同行业的产量成倍增长，在一个治理很好的社会里出现普遍的富裕，推广到最底层的人民，每个工人自己的劳动产品，除了供应自己的需求外，还可以大量出售；每一个其他人也完全一样，能够用自己的产品去交换他人的大量产品或等价品。他对他们的需要做出丰富的供应，他们也对他的需要做出同样丰富的供应，于是社会的所有不同阶级都变得富裕起来。”[③]劳动分工分为自然分工，即以人的自然生理条件差异为基础而自

① 马克思，恩格斯.马克思恩格斯选集第4卷[M].北京：人民出版社，1995：373.

② 马克思.1844年经济学哲学手稿[M].北京：人民出版社，2000：92.

③ 亚当·斯密.国富论[M].杨敬年，译.西安：陕西人民出版社，2001：14.

然形成的分工；和社会分工，即以社会经济活动被划分为不同的生产功能和劳动方式为基础的分工。而依照性别进行的分工属于自然分工，是人类社会最普遍的现象。最初的劳动性别分工以男女两性之间的生理差异为基础，形成男性狩猎、女性采集和育儿的分工形式。马克思在《资本论》中提道："最初的分工是由于性别和年龄的差别，也就是纯生理的基础上产生了一种自然的分工。"[①]生理差异导致的劳动性别分工是适应当时生产力水平而形成的，它不仅提高了劳动效率，而且是一种自然、平等的分工形式。但是在人类群体文化形成的过程中，自然的劳动性别分工也逐渐打上了社会文化的烙印，由一种自然平等的分工形式演变成一种等级化、压迫的分工形式。在这种条件下，劳动性别分工不仅单纯地具备其自然属性和自然意义，而成为女性被囿于家庭领域从事家务劳动和照顾孩子的一道屏障，男女两性的分工领域有严格的准入限制，并且被赋予不同的价值。美国社会学家帕森斯（Talcott Parsons）对劳动性别分工进行了理论阐释，尽管他将女性考虑在内超越了以往社会学家对女性的忽视，但是他依然没能超越既有的经验和传统的社会性别规范视角。他认为男女的性别差异决定了女性要承担其生物职责，即生儿育女，而男性则不用，男性应该养家糊口。男性的价值实现场所是公共领域，扮演工具性角色。女性的价值实现场所是私领域，应该做好妻子和母亲的本职工作，扮演表意性角色。

社会性别分工和社会性别角色规范将照顾活动和女性牢牢地捆绑在一起，并逐渐将女性的照顾责任合法化，使女性长期扮演着家庭内部无偿照顾者的角色，尤其是早期儿童照顾被理所当然地当作女性应该承担的家庭内部工作。据量化资料显示，如果一个家里有6岁以内的儿童，那么一半以上的家庭会选择让妈妈待在家里，爸爸出去做全职工作，有28.04%的家庭会选择让妈妈做兼职工作，爸爸做全职工作，有不到10%的家庭选择夫妻双方都做全职工作，只有不到1%的家庭支持爸爸待在家里，妈妈做全职工作（如表3.5）。社会普遍认为早期儿童照顾是女性的分内工作，一旦女性

① 马克思.资本论第1卷［M］.北京：人民出版社，1975：390.

难以胜任便会受到来自社会的指责，长久的性别角色规范灌输甚至会使女性自己产生愧疚之情。

表3.5　如果一个家里有早期儿童，夫妻双方应该怎样安排家庭和工作

若家里有早期儿童，夫妻应如何安排家庭和工作	频数	百分比	累计百分比
妈妈待在家里，爸爸做全职工作	362	56.39	56.39
妈妈做兼职工作，爸爸做全职工作	180	28.04	84.42
夫妻双方都做全职工作	53	8.26	92.68
夫妻双方都做兼职工作	16	2.49	95.17
爸爸做兼职工作，妈妈做全职工作	5	0.78	95.95
爸爸待在家里，妈妈做全职工作	2	0.31	96.26
无法选择	24	3.74	100.00
总计	642	100.00	

量化资料来源：2012年中国综合社会调查

3.4.1.2　不利于女性社会权利的充分实现

从法学意义上来看，社会权是公民从社会中获得基本生活条件和保障的权利，主要包括生存权、劳动权、受教育权、社会保障权等。本书从劳动力市场参与和劳动收入两个维度，来探究女性社会权的实现情况。利用logistic模型和OLS模型来考察家庭照顾工作、照顾性别意识对早期儿童母亲劳动力市场参与和劳动收入的影响。

被解释变量。包括两个，一是“您的工作经历及状况”，选项包括“目前从事非农工作”“目前务农，曾经有过非农工作”“目前务农，没有过非农工作”“目前没有工作，而且只务过农”“目前没有工作，曾经有过非农工作”“从未工作过”。本书将其转化为劳动力市场参与情况，并将“目前没有工作，而且只务过农”“目前没有工作，曾经有过非农工作”“从未工作过”赋值为0，表示当前没有进行劳动力市场参与；将“目前从事非农工作”“目前务农，曾经有过非农工作”“目前务农，没有过非农工作”赋值为1，表示目前正在进行劳动力市场参与。二是用“上一年度的劳动收入”指标测量早期儿童母亲的劳动收入水平，并对其进行对数化处理，以对数年收入作为因变量。

解释变量。研究的核心解释变量包括照顾工作和照顾性别意识。

照顾工作：包括家庭人口数量、未成年子女数量、平均每周花费在家务劳动上的时间，平均每周花费在照顾家人上的时间，以上变量均为连续变量。

照顾性别认识：是指受访者对照顾活动与性别关系的认识，包括对早期儿童成长与母亲工作之间关系的认识（“如果小孩没上学，妈妈出去工作会影响小孩成长”）、照顾性别责任认识（“在家里有个小孩没上学，妈妈应该在家还是工作”）、性别分工认识（“夫妻双方都应该挣钱养家”），以上均为二分类变量。

控制变量：参考现有的实证研究，本书引入个体情况作为控制变量，主要涉及年龄、户口性质、教育程度、健康情况、婚姻状况、和伴侣同居情况，以上变量均被操作为分类变量。

为了保证模型的稳健性，本书采用递进回归的方式，先将照顾工作纳入解释变量，然后分步将照顾性别意识和控制变量纳入解释变量，来考察家庭照顾工作和照顾性别意识对早期儿童母亲劳动力市场参与和工资水平的影响，分别得到了六个模型，如表3.6所示。

表3.6　照顾工作、照顾性别意识对早期儿童母亲劳动力市场参与及其劳动收入的影响

	劳动力市场参与情况（Logistic模型）						劳动收入（OLS模型）					
	模型一		模型二		模型三		模型四		模型五		模型六	
	Exp（B）	SE	Exp（B）	SE	Exp（B）	SE	B	SE	B	SE	B	SE
照顾工作												
家庭规模（人）	0.846	0.090	0.829^{*}	0.091	0.785^{*}	0.993	-0.276	0.184	-0.290	0.178	-0.356^{*}	0.185
子女数量（人）	1.509^{*}	0.335	1.679^{**}	0.393	1.795^{**}	0.483	0.138	0.385	0.376	0.375	0.604	0.397
家务时间（小时）	0.975^{**}	0.011	0.980^{*}	0.113	0.984	0.132	-0.041^{**}	0.020	-0.027	0.020	-0.021	0.021
照顾时间（小时）	0.968^{***}	0.005	0.967^{***}	0.005	0.996^{***}	0.006	-0.077^{***}	0.009	-0.075^{***}	0.009	-0.070^{***}	0.009
照顾性别认识												
如果小孩没上学，妈妈出去工作会影响小孩成长（参照组：不同意）												
同意			0.640	0.182	0.515	0.167			-0.608	0.469	-0.305	0.480
在家里有个小孩没上学，妈妈应该在家还是工作（参照组：不工作）												
工作			2.087^{***}	0.560	1.791^{**}	0.531			2.058^{***}	0.452	1.617^{***}	0.456

续表

	劳动力市场参与情况（Logistic模型）						劳动收入（OLS模型）					
	模型一		模型二		模型三		模型四		模型五		模型六	
	Exp（B）	SE	Exp（B）	SE	Exp（B）	SE	B	SE	B	SE	B	SE
夫妻双方都应该挣钱												
养家（参照组：不同意）												
同意			2.084	0.934	2.941**	1.457			0.847	0.813	0.997	0.817
个体情况												
年龄（参照组：26～30岁）												
31～40岁					3.774***	1.879					1.282	0.810
41～50岁					3.627**	2.113					1.087	0.920
51～60岁					3.661	3.535					0.283	1.566
61～66岁											1.597	2.942
户口性质（参照组：农村）												
城市					0.355***	0.124					-1.073**	0.524
教育程度（参照组：小学及以下）												
初中					0.447	0.178					-0.670	0.606
高中或中专					0.639	0.350					1.252	0.827

续表

	劳动力市场参与情况（Logistic模型）						劳动收入（OLS模型）					
	模型一		模型二		模型三		模型四		模型五		模型六	
	Exp（B）	SE	Exp（B）	SE	Exp（B）	SE	B	SE	B	SE	B	SE
大专及以上					1.836	0.989					2.099***	0.789
健康情况（参照组：不健康）												
一般					7.490***	5.109					1.082	1.042
健康					3.343**	2.063					-0.026	0.982
婚姻状况（参照组：未婚）												
已婚					0.416	0.340					2.049*	1.199
是否和伴侣住在一起（参照组：否）												
是					2.522**	0.967					0.284	0.595
常数项	9.892***	5.176	3.988**	2.820	0.864	1.162	10.650***	0.884	8.566***	1.209	4.748**	2.093
Pseudo R^2（Adj R^2）	0.1338		0.1702		0.2635		0.1978		0.2544		0.3367	
Log Likelihood（F）	-183.94467		-176.21692		-154.89539		20.97		16.79		8.15	
LR chi2（R^2）	56.83		72.29		110.82		0.2077		0.2705		0.3367	
样本量	325		325		323		325		325		325	

注：*表示p<0.1，**表示p<0.05，***表示p<0.01

模型1中，未成年子女数量、平均每周家务时间、平均每周照顾时间对早期儿童母亲的劳动力市场参与产生了显著的影响。第一，未成年子女数量对早期儿童母亲的劳动力市场参与有一定的影响，未成年子女数量越多，早期儿童母亲劳动力市场参与的概率越大。这可能由于未成年子女数量越多，家里的经济开支越大，越需要母亲外出工作。第二，平均每周家务时间是影响早期儿童母亲是否工作的重要因素，早期儿童母亲的平均家务时间每多一小时，其外出工作的可能性降低2.5%。第三，平均每周照顾时间对早期儿童母亲的劳动力市场参与影响显著，早期儿童母亲的平均照顾时间每多一小时，其劳动力市场参与率降低3.2%。

模型2在模型1的基础上加入了照顾性别认识变量。第一，家庭规模由模型1中对早期儿童母亲的劳动力市场参与没有显著影响，变为对早期儿童母亲的劳动力市场参与有一定程度的影响，家庭规模越大，早期儿童母亲的劳动力市场参与率越低。这可能由于家庭成员越多，早期儿童母亲要承担的照顾责任越多，越无暇外出工作。第二，早期儿童成长与母亲工作之间关系的认识和性别分工认识对早期儿童母亲的劳动力市场参与无显著影响。而照顾性别责任认识对早期儿童母亲的劳动力市场参与影响显著。同意“在家里有个小孩没上学，妈妈应该工作”的母亲的劳动力市场参与率是同意“在家里有个小孩没上学，妈妈应该在家”的母亲的劳动力市场参与率的2倍。

模型3在模型2的基础上加入了个体情况变量。除家务时间和性别分工认识外，照顾工作和照顾性别认识的其他变量始终保持着与因变量稳健的显著相关或不相关，说明照顾工作和照顾性别认识变量受个体情况变量的影响较小。回归结果显示，第一，就照顾工作来看，未成年子女数量对早期儿童母亲的劳动力市场参与有着显著的正向影响，而家庭规模和照顾时间对早期儿童母亲的劳动力市场参与起着显著的负向影响。第二，就照顾性别认识来看，照顾性别责任认识和性别分工认识对早期儿童母亲的劳动力市场参与有着显著的正向影响，早期儿童母亲的性别平等观念越强，其劳动力市场参与的可能性越大。第三，就控制变量而言，年龄、健康情况、和伴侣同居情况对早期儿童母亲的劳动力市场参与均有着显著的正向影响，户口性质对早期儿童母亲的劳动力市场参与情况有着显著的负向影响。其中，和26～30岁的早期儿童母亲相比，31～40岁和41～50岁的早期儿童母亲的劳动力市场参与率更高；和身体不健康的早期儿童母亲相比，身体情况一般和健康的早期儿童母亲的劳动力市场参与率更高；和未和伴侣住在一起的早期儿童母亲相比，和伴侣住在一起的早期儿童母亲的劳动力市场参与率更高；和户口性质为农村的早期儿童母亲相比，户口性质为城市的早期儿童母亲的劳动力市场参与率更低。

模型4中，平均每周家务时间和平均每周照顾时间对早期儿童母亲的劳动收入产生了显著的影响。第一，平均每周家务时间对早期儿童母亲的劳动收入有着负向影响，平均每周家务时间每增加一小时，其劳动收入减少4.1%。第二，平均每周照顾时间对早期儿童母亲的劳动收入有着负向影响，平均每周照顾时间每增加一小时，其劳动收入减少7.7%。

模型5在模型4的基础上加入了照顾性别意识变量。模型5中，第一，平均每周照顾时间对早期儿童母亲的劳动收入有显著的负向影响。第二，早期儿童成长与母亲工作之间关系的认识和性别分工认识对早期儿童母亲的劳动收入无显著影响。而照顾性别责任认识对早期儿童母亲的劳动收入影响显著，同意“在家里有个小孩没上学，妈妈应该工作”的母亲的劳动收入比同意“在家里有个小孩没上学，妈妈应该在家”的母亲的劳动收入高2倍。

模型6在模型5的基础上加入了个体情况变量。在模型6中，第一，平均每周照顾时间和照顾性别责任认识这两个变量对早期儿童母亲的劳动收入影响显著。第二，户口性质对早期儿童母亲的劳动收入有着显著的负向影响，城市户口的早期儿童母亲的劳动收入比农村户口的早期儿童母亲的劳动收入低1倍。模型3显示，和农村户口的早期儿童母亲相比，城市户口的早期儿童母亲的劳动力市场参与率更低，这是因为农村户口的早期儿童母亲可以以务农为工作，并通过务农获得劳动收入，工作时间比较灵活，能够协调家庭照顾和工作，而城市户口的早期儿童母亲则没有这个选择，因此城市户口的早期儿童母亲的劳动收入低于农村户口的早期儿童母亲。第三，教育程度对早期儿童母亲的劳动收入影响显著，教育程度为大专及以上的早期儿童母亲，其劳动收入是小学及以下的早期儿童母亲的2倍。第四，婚姻状况对早期儿童母亲的劳动收入有着显著的正向影响，已婚的早期儿童母亲的劳动收入是未婚的早期儿童母亲的2倍。

结果表明，照顾工作和照顾性别认识对早期儿童母亲的劳动力市场参与和劳动收入影响显著。其中，照顾时间和照顾性别责任认识对早期儿童母亲的劳动力市场参与和劳动收入有着显著且稳健的影响。平均每周花费的照顾时间越久，早期儿童母亲的劳动力市场率和劳动收入越低；照顾性别责任意识越平等，早期儿童母亲的劳动力市场参与率和劳动收入越高。因此，照顾责任的高度女性化，极大地影响了女性的劳动力市场参与和女性在劳动力市场中的表现，在事实上不利于女性社会权利的充分实现，对女性的经济和社会地位产生了相当不利的影响，这会进一步巩固女性在社会中的弱势地位。

3.4.2 照顾活动与国家关系认识的困境

3.4.2.1 对照顾活动与国家—家庭关系的模糊认识

从部门的角度来看，当前中国早期儿童照顾模式表现为照顾责任主要由家庭来承担，当家庭的照顾能力不足时，市场成为提供照顾服务的补充力量。在2010年以后，中国政府试图更多地介入到儿童照顾中来，但对于大多数中国家庭来说，早期儿童照顾依旧是家庭责任，政府只对困境儿童和处于困境家庭的儿童提供基本的照顾服务。政府行为的背后蕴含着对照顾活动与国家—家庭关系认识的价值取向，早期儿童照顾究竟是国家责任还是家庭责任是问题的关键所在。

家庭是由婚姻、血缘、领养关系组成的社会组织，是社会的基本组成单位，承载着一定的社会功能，其中包括抚养子女和教育子女的功能。家庭被认为是儿童照顾的最好场所，大卫·切尔（David Cheal）认为家庭能够为幼儿提供一个亲密且全面的照顾环境，这在其他的社会组织中是很难做到的。[①]

① 大卫·切尔.家庭生活的社会学[M].彭铟旎，译.北京：中华书局，2005：117.

一直以来，家庭被看作是私领域，具有封闭性。市场被认为是公领域，代表着国家权力空间，具有开放性。公私领域具有明确的划分，自由、平等、正义、理性等原则属于公领域范畴，私领域应该是温暖且私密的，它既不受社会规则所支配，也不应该被外界侵入和打扰。关于国家和家庭之间的关系，向来有两种声音：自由主义以自由为导向，强调家庭的私人性，认为国家对家庭的过多干涉会影响家庭的结构并且危害家庭的传统价值规范，国家应该避免对家庭生活的介入，个人可以通过市场和家庭来满足对福利的需要；社会民主主义以社会公正为导向，认为国家应该积极介入家庭生活，通过物质支持和服务供给对家庭生活进行全面干预。

在传统社会中，家庭的结构形式是带有庞大亲属群体的父系扩大家庭，在经济上完全依赖于亲属网络，心理上相互寄托，生活上相互照顾依靠，在决策上是独断的家长式的。随着工业化的发展和人口的变迁，家庭结构形式由扩大家庭变为核心家庭，即由父母和未婚子女所组成的家庭，在经济上完全自理，心理上彼此隔离，生活上较少来往，在决策上完全自治，不受其他亲属的影响。帕森斯（Parsons T）认为核心家庭是工业社会不可避免的家庭模式，家庭领域和公共领域的男女分工可以保证整个社会的正常运行。[①]斯泰西（Stacey）认为现代家庭出现于19世纪末，现代家庭模式是一个挣钱的老公加一个全职的太太和一群孩子。[②]

到了20世纪下半叶，随着整个经济的快速发展和社会的急剧变革，家庭结构形式开始有了新的变化，离婚率和非婚生子增多，单亲家庭逐渐成为一种不容忽略的家庭模式。根据经济合作与发展组织在2014年发布的数据，欧盟平均的离婚率由1970年的0.09%增长到2008年的0.21%。在非婚生子上，英国1970年的非婚生子比例是8%，到了2009年增长到了45.4%；瑞典由1970年的18.6%，增长到2009年的54.7%；德国由1970年的7.2%增长

① Parsons, T&Bales, R., eds.Family, Socialization and Interaction Process［M］.New York: Free Press, 1955.

② Stacey, Judith. Brave New Families.Stories of Domstic Upheaval in Later-Twentieth-CenturyAmerica［M］.New York: Basic Books, 1990.

到2009年的32.1%。在单亲家庭的比例上，英国为9.8%，其中86.7%的单亲家庭是由母亲单独带着孩子；德国是5.9%，其中母亲单独带孩子的比例为84.5%。[①]与此同时，女性就业率的上升对“男性养家，女性持家”的家庭模式构成了冲击，到了1978年，只有27%的美国家庭是“男主外，女主内”的传统美国式家庭。[②]

家庭结构的缩小、亲属关系的弱化、“男主外、女主内”分工安排的改变削弱了家庭的早期儿童照顾功能，于是人们开始寻找家庭以外的儿童照顾资源，围绕着国家与家庭的关系以及国家和家庭在早期儿童照顾责任上的讨论开始成为热门话题。到了福利国家阶段，尽管不同国家采取了不同的早期儿童照顾政策安排，但是几乎所有的福利国家都在一定程度上承担起了早期儿童照顾责任。在鼎盛时期，福利国家通过大量的经济手段来确保女性留在家中提供照顾。对于提供照顾的母亲，福利国家提供了不同形式的经济补偿，包括工资、单身挣工资者的税收优惠、母亲和寡妇养老金以及社会救助等。因此，对于福利国家来说问题的关键不在于福利国家是否应该承担起照顾责任，而在于在多大的程度下，以多大的代价，在什么样的假设基础上和在什么条件下承担照顾责任。

中国的家庭文化强调“家本位”观念，这一观念是维持中国家庭凝聚力的核心，家庭凝聚力越强，家庭的抚幼养老功能就越强。[③]在中国，早期儿童照顾一直被认为是家庭的责任。程福财曾指出，中国属于家本位社会，早期儿童照顾以家庭照顾、父母责任为主。当父母没有能力提供早期儿童照顾时，照顾责任便落在了亲属关系网内。当亲属照顾失灵时，儿童所在的邻里社区会在一定程度上为早期儿童提供照顾安排，这是中国历朝历代政府所强调的。[④]

---

① OECD.OCED Family Database［P/OL］. www.oecd.org/social/family/database.

② 文新译.柯夫校.社会政策和家庭［J］.现代外国哲学社会科学文摘，1982（12）：51–53.

③ 李树茁，王欢.家庭变迁、家庭政策演进与中国家庭政策构建［J］.人口与经济，2016（6）：1–9.

④ 程福财.家庭、国家与儿童福利供给［J］.青年研究，2012（1）：50–95.

中国几千年传承下来的“家本位”观念，深刻影响着大众对早期儿童照顾与家庭—国家之间关系的认识。量化资料显示，当被问到“您认为早期儿童最主要应该由谁照顾”时，绝大部分（87.38%）的受访者认为早期儿童最主要应该由家庭成员照顾，有8.72%的受访者认为早期儿童最主要应该由收费的机构或个人照顾，仅有2.65%的受访者选择政府机关（如表3.7）。当被进一步问到“您认为照顾早期儿童的费用最主要应该由谁出”时，79.44%的受访者选择了家庭，只有18.22%的受访者选择由政府或公共资金承担早期儿童照顾的费用（如表3.8）。这说明，在中国人的观念里，“生儿育女”是个人和家庭的责任，养育孩子过程中所花费的时间、经济、服务等成本应该由个体家庭承担，国家不需要参与其中。

表3.7　您认为早期儿童最主要应该由谁照顾

早期儿童最主要应该由谁照顾	频数	百分比	累计百分比
家庭成员	561	87.38	87.38
政府机关	17	2.65	90.03
非营利组织	2	0.31	90.34
收费的机构或个人	56	8.72	99.07
用人单位	4	0.62	99.69
无法选择	2	0.31	100.00
总计	642	100.00	

量化资料来源：2012年中国综合社会调查

表3.8　您认为照顾早期儿童的费用最主要应该由谁出

照顾早期儿童的费用最主要应该由谁出	频数	百分比	累计百分比
家庭	510	79.44	79.44
政府/公共资金	117	18.22	97.66
用人单位	4	0.62	98.29
无法选择	11	1.71	100.00
总计	642	100.00	

量化资料来源：2012年中国综合社会调查

然而，随着社会主义市场经济的发展和社会的深刻变迁，传统的非正式早期儿童照顾模式逐渐失灵，家庭、扩大家庭和邻里社区在早期儿童照顾上的互助功能逐渐减弱。此外，随着育儿成本的不断增加，早期儿童照顾的成本由家庭独自承担，而早期儿童照顾的收益却由全社会共享，如此不合理的经济分配使许多家庭放弃生育孩子。要想解决家庭抚育功能的不足和儿童养育成本私人化与收益社会化之间脱节的问题，需要国家参与到早期儿童照顾中来，分担早期儿童照顾的责任，以弥补家庭照顾资源的不足，并实现早期儿童照顾成本社会化和收益社会化的可持续循环。但是，中国的“家本位”文化传统形塑了中国人对照顾活动与国家—家庭关系的认知，这种认知不仅影响着社会的道德规范，也影响着国家的价值规范，政府制定的早期儿童照顾政策不可避免地带有中国家庭文化的价值特征，这便导致了国家对早期儿童照顾的干预性不足。

3.4.2.2 国家对早期儿童照顾的干预性不足

在对照顾活动与国家—家庭关系的认识的基础上，我国提出了“适度普惠、分层推进”原则，作为儿童福利政策发展导向。2013年6月，民政部发布《关于开展适度普惠型儿童福利制度建设试点工作的通知》，提出以“适度普惠、分层次、分类型、分标准、分区域”为理念，以“分层推进、分类立标、分地立制、分标施保”为要求来安排和设计儿童福利制度。其中“适度普惠”，是指逐步建立覆盖全体儿童的普惠性福利制度；“分层推进”是指将儿童群体分为孤儿、困境儿童、困境家庭儿童、普通儿童四个层次，以处于困境中的儿童为首要工作对象。尽管“适度普惠”“分层推进”被作为并列概念同时提出，然而我国的儿童福利政策内含着二者在实践过程中的先后顺序，即先“分层推进”，后“适度普惠”。[①]在“适度普惠、分层推进”原则的引导下，中国的早期儿童照顾政策强调以困境儿童为主要照顾对象，对于那些普通的早期儿童来说，家庭是他们最主要的责任主体，由此影响了国家对早期儿童照顾的介入程度，

① 李文祥，翟宁.中国儿童社会工作发展的范式冲突与路径选择[J].河北学刊，2019(3).

造成了国家对普通早期儿童照顾干预性不足的问题。国家的干预性不足，使普通家庭在进行早期儿童照顾时，承受着多方面的压力，以嘉嘉家为例。

嘉嘉的爸爸、妈妈都是“90后”。2015年美术学院毕业后，嘉嘉的爸爸、妈妈回到C市开了间美术培训班。爸爸负责美术培训班的主营业务，以教学为主，偶尔也接画画的订单；妈妈负责培训班的其他一切事务，包括教学、招生、财务、后勤等工作。目前，这个培训班已经开业4年了，在附近小有名气，嘉嘉的爸爸、妈妈年收入为15万~20万左右。

嘉嘉的姥姥、姥爷在年轻的时候都没有正式工作，现在姥姥每个月领取1000出头的养老金，姥爷没有养老保险。嘉嘉有个亲舅舅，上初中三年级。在嘉嘉出生之前，靠姥姥、姥爷榨豆油为一家三口的主要生活来源，年收入约为3万元。嘉嘉出生后，由于姥姥要照顾嘉嘉，姥爷一人无力承担，便关闭了榨豆油的工坊。为了维持生计，姥爷到小区打扫卫生，一个月有1500元的收入。嘉嘉的奶奶每个月领取2000元的退休金，嘉嘉的爷爷没有退休金。嘉嘉爷爷的身体不好，并且没有医疗保险，需要嘉嘉爸爸、妈妈的经济资助，每年大概需要资助2万元左右。嘉嘉妈妈和嘉嘉爷爷、奶奶关系紧张，嘉嘉一出生便由姥姥帮忙照顾。

为了美术培训班的正常运营，嘉嘉妈妈在嘉嘉刚满月时就回去上班了。现在，嘉嘉白天主要由姥姥照顾。姥姥每天早上8点过来做早饭、打扫卫生，嘉嘉爸爸、妈妈吃完早饭去上班，姥姥开始照顾嘉嘉的日常生活，包括冲奶粉、做辅食、换尿不湿、哄嘉嘉睡觉、陪嘉嘉玩等。一般情况下，姥姥中午不吃饭。到了晚上，嘉嘉爸爸、妈妈回来之后，妈妈开始接手照顾嘉嘉，姥姥去做晚饭，等嘉嘉姥爷和舅舅一起过来吃晚饭。吃过晚饭，姥姥、姥爷、舅舅回家，妈妈给嘉嘉洗澡。洗完澡后，爸爸陪嘉嘉玩半个小时左右。晚上妈妈陪嘉嘉一起睡，爸爸睡在另一个屋子。早上嘉嘉通常4点起床，妈妈照顾嘉嘉，等待姥姥过来，开始新的一天。

由于嘉嘉姥姥关闭了榨豆油的工坊，收入急剧减少，而嘉嘉舅舅还在上中学，正是需要用钱的时候，姥姥一家的生活难以维系。姥姥曾多次提出不能帮忙照顾嘉嘉，让嘉嘉妈妈向奶奶寻求帮助，或者雇人帮忙看孩子。嘉嘉妈妈表示，嘉嘉奶奶有抽烟的习惯，即使自己和嘉嘉奶奶没有矛盾，也不会找嘉嘉奶奶来照顾嘉嘉，而自己又没有经济实力雇人看孩子。

我婆婆抽烟，都抽了好几十年了。本来在怀孕的时候，她嚷着要照顾大孙子，我跟她说你可以照顾，但是得戒掉烟才行。一开始说行，行，肯定戒。后来我都快生了，她和我公公来我家住，我看她和我公公在那抽烟，而且不去外边抽，就在屋里抽。我一出卧室呛得不行，她身上、手上全是烟味，我一个大人都受不了，你说那么小的孩子能受得了吗？如果她来帮我看孩子的话，她和我公公肯定要在我家住，那么两个“大烟枪”，一天好几十根（烟），不得把嘉嘉熏坏了，所以我肯定不能同意让她来看我儿子。

雇人看孩子对我们家来说太不现实了。我打听过，保姆还行，一个月两三千，但是人家只打扫卫生和做饭，不给看孩子，我找保姆也没用啊。专门看孩子的贼贵，最便宜的一个月也得4000，我哪有那么钱啊！你别看我俩挣的还行，但是我俩爸妈家太差，一点忙都帮不上。买房、买车的首付和结婚的钱都是我俩办班一点儿一点儿攒的，每个月房贷、车贷得还4000多。我没奶，我儿子一生下来就喝奶粉。你说不喝特别好的吧，也不能喝太差的呀，我们喝的都算便宜的了，200多一罐，一个月得喝6罐。还有尿不湿也是大头，我都成箱批发。除了这些，花钱的地方多了去了，什么婴儿床、婴儿车、安全座椅、爬行垫、餐椅，还有什么DHA、维生素D啥的都不便宜，剩下的衣服、玩具啥的都是小钱，都不算了。对了，我儿子现在才开始吃辅食，等能正常吃饭之后，这些还得算上。你说养一个孩子对我们来说，压力都那么大，还得贴补他们。我爸妈家还行，一年到头给不了多少钱，但是我公公婆婆家不行，结婚到现在一分钱没给我俩，我俩还得每年给他俩不少钱。我生孩子的时候，我婆婆一分钱都没给，我知道她家条件不好，但是也不至于1000块钱都出不出来吧。你不出钱，出点人也行啊，这倒好，看孩子也指不上。唉，不说了，一说我就生气。

为了留住嘉嘉姥姥，嘉嘉妈妈除了每月给姥姥1000元用来买菜，还额外每月给1000元，作为帮忙照顾孩子的费用。另外，嘉嘉妈妈平时还给姥姥买衣服、化妆品来哄姥姥开心，偶尔也给嘉嘉舅舅点零花钱。在照顾孩子上，嘉嘉妈妈和嘉嘉姥姥经常出现矛盾。例如，姥姥怕孩子饿着，经常孩子一哭就给孩子喂奶粉。但是妈妈认为这样不对，会把孩子喂撑着。而且这样一来，孩子晚上会更难照顾，嘉嘉妈妈经常需要一晚上抱着孩子来安抚他。对于嘉嘉妈妈的观点，姥姥一般不同意，认为嘉嘉妈妈没有照顾孩子的经验，从书上看来的不一定都是对的，甚至有时候当着嘉嘉妈妈的面儿是一样，嘉嘉妈妈不在是另外一个样。面对这种问题，嘉嘉妈妈也很无奈，她不能和姥姥产生严重的争执，一是她确实体谅姥姥照顾孩子的辛苦，二是她担心姥姥一气之下不再给她照顾孩子，这样就没有人能帮她，她也就无法上班了。

作为新手妈妈，嘉嘉妈妈在照顾孩子上非常地不自信，碰到问题时常常不知道如何解决。例如，嘉嘉出生在冬天，北方冬天屋子里很暖和，温度可以达到26度。嘉嘉姥姥怕孩子冻着，给嘉嘉盖厚棉被睡觉，导致嘉嘉出了很多湿疹。嘉嘉妈妈上网查治疗湿疹的方法时，看到网友说小孩子不能捂着，看孩子冷不冷不是以他手脚的温度为准，而是以他后脖子的温度为准，于是嘉嘉妈妈提议给嘉嘉穿薄衣服，盖薄被子睡觉。但是姥姥强烈反对，她认为男孩子最怕着凉，一旦着凉了就麻烦了，严重的话甚至会影响生育。嘉嘉妈妈认为网上说的有一定科学依据，但是一旦真正实施起来，摸到孩子手脚冰凉，她又害怕自己的坚持会给孩子带来不好的后果。嘉嘉妈妈立场不坚定，而姥姥又态度强势，最后还是听从姥姥的意见，导致嘉嘉脸上、脖子上、身上湿疹非常严重，嘉嘉常常因为湿疹哭闹不止，甚至有时候为了给自己止痒会抓伤自己。

从嘉嘉出生到现在，嘉嘉妈妈除了上班之外，没有任何一点自己的时间，每天下班就急急忙忙回家，在家里甚至连好好上厕所的时间都没有。

没生孩子之前，我过的特别潇洒，下了班要么去逛逛街，要么和我老公出去吃个饭、看个电影，要么约朋友一起聊聊天，晚上就备备课、学学英语。嘉嘉现在虽然才半岁，但是我觉得这种生活好像是上辈子的事了。我现在除了上班，就是在家，根本没时间出去，也没有朋友。备课的时候，就打个小台灯，大气都不敢出，翻页也不敢大声，怕把他吵醒了。我现在每天最幸福的时候就是备完课，玩一会手机，就算已经困得不行了，但是还是舍不得睡。

由于嘉嘉妈妈晚上严重的睡眠不足，造成她白天精神恍惚，在工作上经常犯错，这影响了她在工作上的自信心。

嘉嘉家在早期儿童照顾的过程中，面临着来自经济上、服务上和时间上的多重压力。首先，高昂的早期儿童照顾成本及其衍生成本，为嘉嘉家带来了不可忽视的经济压力。不算从市场中获得其他照顾服务的费用，嘉嘉每个月的奶粉、纸尿裤、衣服、玩具等其他日常消耗品的费用约为2000元，由于照顾所产生的衍生费用约为2000元，这些费用占据了嘉嘉家月收入的30%左右。在嘉嘉家有房贷、车贷和老人供养的前提下，30%的育儿成本对于嘉嘉的父母来说，是十分沉重的经济负担。其次，非正式的、不稳定的早期儿童照顾，为嘉嘉家带来了严峻的早期儿童照顾服务压力。嘉嘉妈妈为了能够继续工作，通过主动给嘉嘉姥姥照顾费用、给姥姥买衣服和化妆品、给舅舅零花钱、让渡嘉嘉的照顾处置权等方式，来留住姥姥帮忙照顾孩子。但是姥姥家面临的经济压力，使姥姥只能暂时帮忙，而无法长期照顾嘉嘉。嘉嘉姥姥说："他们这种夫妻一起做生意的，和上班的不一样。我跟XXX（嘉嘉妈妈）说，她不能什么都不管让她老公自己弄，她必须得管着钱才行。她婆婆不帮忙，只能我抛家撇业帮她一把。但是我已经跟她说了，我最多帮你看到1岁，剩下的你是让你婆婆来看，还是自己看，还是雇人看，我就管不了了。这没办法，我也有儿子，他马上就中考了，考不考得上高中还不一定，到处都是用钱的地方，我得趁着还能动，赶紧出去挣钱。"嘉嘉姥姥对嘉嘉的照顾是非正式的、暂时的、不稳定的，一旦失去姥姥的帮助，嘉嘉家将会出现早期儿童照顾缺失的危机。再次，早期儿童照顾培训和咨询服务不到位，使嘉嘉妈妈在早期儿童照顾过程中缺乏专业指导，不利于家长对早期儿童进行正确的护理保健。嘉嘉妈妈说："我带嘉嘉第一次去社区建档打疫苗的时候，社区的工作人员让我记住一个电话和一个大夫的名字，说如果有人打电话问我给没给你指导，你就说指导过了就行了，这不是糊弄人吗，给我指导啥了？"最后，早期儿童照顾占据了嘉嘉妈妈的自我时间和空间，给嘉嘉妈妈带来了很大的时间压力。嘉嘉妈妈上班之余的所有时间，都用来照顾嘉嘉，这使她感觉压抑。嘉嘉妈妈说："我觉得我现在最缺的，是没有自己的时间。我希望嘉嘉能快点长大，我妈总说别盼着孩子长大，孩子长大你就老了。可是说真的，我宁愿自己老了，也想快点把这段时间熬过去。"

第4章　困境的根源与超越：基于理论视角转换的思考

4.1　“责任分离”模式：基于社会保险范式的制度安排

4.1.1　社会保险范式及其市场体制基础

20世纪70年代以前，从社会福利的角度讨论照顾和照顾政策时，大多数学者都是以社会保险作为研究范式来探讨福利国家的照顾供给和照顾服务。社会保险范式是指以社会保险以及社会保险背后的理念、价值和政策手段作为看待社会问题的出发点和着眼点。改革开放以后，我国建立起市场经济体制。为了实现经济的快速发展，我国的福利模式由政府全面干预的公共服务政策和福利体系，转向以社会保险为主，国家补偿型的福利模式。随着社会保险制度的全面建立，社会保险范式成为我国福利体系的主要指导范式。而社会保险范式及其市场体制基础是中国早期儿童照顾模式困境的根源。

社会保险制度的起源，可以追溯到17世纪的欧洲。17世纪英国进入工业化时期，圈地运动使得很多农民流离失所、无家可归，甚至连最基本的生存权利也无法得到保障，这一时期的英国社会矛盾极其严重。为了解决这一问题，1601年伊丽莎白颁布了《济贫法》，《济贫法》的颁布代表社会保险制度的萌芽就此产生。到了19世纪，德国完成了统一，结束了长久以来封建割据的局面，加速了市场经济的发展。与此同时，经济的不断扩张加强了资本家对工人的剥削，劳资关系持续恶化，工人运动日益高涨。为了稳定国内政治局面，德国首相俾斯麦（Otto Eduard Leopold von Bismarck）先后发布了三项法案，即1883年《疾病保险法》、1884年《工伤事故保险法》和1889年《老年和残障保险法》，至此社会保险制度正式形成。通过追溯社会保险制度的起源可以看出，社会保险并非自古就有，而是市场经济发展到一定阶段的产物，因此可以说社会保险范式是在市场经济假设的基础上进行的，福利国家处于市场经济条件下是社会保险范式的前提。

社会保险范式假设福利国家处于市场经济环境下，而福利国家是市场经济发展到某个阶段的产物，它以市场经济体制下的生产方式为基础，继承了市场经济体制下生产方式的特征，自然也无法避免市场经济体制下生产方式自身固有的矛盾。在市场经济条件下，生产资料集中在少数资本家手里，资本家为了获得更多的资本积累，不断压榨工人的剩余价值，以此来扩大资本规模，这样一来生产资料的私有化程度越来越高。与此同时，随着资本积累程度的不断增高，企业不断扩张以及生产现代化程度的提升，使得生产部门之间的配合越来越紧密，社会分工程度越来越高，因此生产资料私有制和社会化大生产之间的矛盾也就更加无法调和，表现在阶级关系上是资产阶级和无产阶级之间的矛盾。而社会保险的出现，在很大程度上使劳动力市场达到最大化，进而缓和资本主义的阶级矛盾，因此社会保险的目的在于调整市场经济体制下的阶级关系。

在市场经济出现的早期，生产方式和阶级关系上的矛盾尚不明显，在这一时期，国家和市场的关系是国家主要充当“守夜人”的角色，市场奉行自由、竞争的原则进行发展，国家奉行“消极权利”的原则，不对市场做出过多干预，以彰显个人自由。这一时期，如果个人遭遇到困境，则被认为是懒惰或者是不努力造成的结果，国家不应该对处于困境的个人进行帮助。到了20世纪二三十年代，随着资本的极速扩张，垄断开始形成。与此同时，失业率不断升高，贫富差距越来越大，生产方式上的矛盾以及阶级之间的矛盾越来越突出，这时国家不得不出面对市场经济进行干预，因此这一时期“政府的作用和规模也得到了迅速扩张”[①]，懒惰不再被认为是人们处于困境的唯一理由，学者们开始纷纷探究国家对公民进行福利干预的理论支撑。

20世纪50年代，马歇尔（T.H.Marshall）提出公民身份理论，他认为“公民身份是一种地位，一种共同体的所有成员都享有的地位，所拥有这种地位的人，在这一地位所赋予的权利和义务上都是平等的。”[②]他将公民身份分为三个方面，一是公民权利，其出现在18世纪并通过司法系统得到保护；二是政治权利，在19世纪得到扩展；三是社会权利，随着公民权利和政治权利的确立，人们开始对公民的社会权利有所要求，于是到了20世纪公民社会权得以确立，并“取得与公民身份中其他两个方面平起平坐的地位。”[③]公民的社会权利要素指的是“从某种程度的经济福利与安全到充分享有社会遗产并依据社会通行标准享受文明生活的权利等一系列权利。”[④]公民的社会身份要求公民在遭遇失业、生病等不幸期间有获得社会保障的权利，可以体面地渡过难关。

艾斯平-安德森认为，既然公民的社会权利与公民权利和政治权利一样，是基于公民身份而非公民的能力获得并进而受到法律保护的，那么社会权利就带有非商品化性质。换言之，公民的社会身份会赋予公民一种获得福利的权利，这种福利权利相对地既独立于其收入之外又不受其购买力的影响。在这种定义下，可以看出社会保险在很大程度上并不能达到非商品化的效果，主要原因在于社会保险制度的设计带有严格的资格限制，它并非是基于公民身份的一种福利形式，而是与市场参与紧密相关，也就是说社会保险的福利对象实质上是有偿的劳动者。

社会保险范式是一种综合分析体系和福利价值取向。它是在市场经济

① 郭忠华.资本主义困境与福利国家矛盾的双重变奏［J］.中山大学学报（社会科学版），2007（5）：77-127.

② T.H.马歇尔.公民身份和社会阶级［M］.南京：江苏人民出版社，2007：23.

③ T.H.马歇尔.公民身份和社会阶级［M］.南京：江苏人民出版社，2007：22.

④ T.H.马歇尔.公民身份和社会阶级［M］.南京：江苏人民出版社，2007：21

条件下，以解决劳动力对市场的依赖为问题导向，以有偿劳动者为研究对象，以现金给付为主要政策工具，以调整市场经济体制下的阶层关系为目的，以国家与市场关系下的公民身份为理论路径。社会保险范式下的福利模式是一种国家加市场的福利模式，其强调以市场为主，国家在一定程度上起补充作用，家庭是社会的基本单位，国家不应该过多地干涉家庭生活以免干扰家庭对其责任的承担，国家对家庭的支持应该以维护传统家庭模式为重点，维护即"男主外、女主内"的传统家庭模式。

社会保险范式下的早期儿童照顾是在这种分析体系和福利价值取向下形成的对早期儿童照顾的认识和政策手段。在关于早期儿童照顾责任问题的认识上，社会保险范式更倾向于早期儿童照顾属于私领域责任和女性责任。社会保险范式坚持家庭是早期儿童成长和发展的主要场所，因此家庭理所应当担负起早期儿童照顾的责任。另外，社会保险范式是在承认男女性别分工的基础上进行的福利设计，母亲负有抚育和教育儿童的第一责任和义务，因此社会保险范式支持母亲短期或者长期留在家中照看孩子。国家或者政府只是起补充照顾作用，对于额外的、非父母的儿童照顾服务的需要，家庭应该向市场寻求，只有当家庭生活发生崩溃无法维持下去时，国家才会出面承担儿童照顾的责任。

4.1.2 社会保险范式下早期儿童照顾模式的社会影响

社会保险范式及其市场体制基础同传统的"家本位"观念和传统性别秩序相结合，在没有有效外力作用的情况下，形成了一种互相强化的关系。市场化转型过程中逐渐形成公私领域的分离，把与"再生产"相关的职能推回家庭，造成女性成为市场中的"劣性"劳动力。反过来这种结构性的压迫使得女性在劳动力市场中失去优势，甚至被迫回归家庭，导致我国早期儿童照顾以私领域照顾和女性照顾为主。[①]而这会加剧社会的阶层矛

① 宋少鹏."回家"还是"被回家"——市场化过程中"妇女回家"讨论与中国社会意识形态转型[J].妇女研究论丛，2011(4).

盾和性别矛盾。

4.1.2.1　阶层矛盾

私领域为主的早期儿童照顾在事实上会造成社会阶层分层，加剧阶层不平等。以蛋蛋家为例。

蛋蛋是个男孩子，还有3个月就满4周岁了。蛋蛋的爸爸妈妈都是“80后”，老家在农村，目前居住在C市。蛋蛋爸爸是出租车司机，妈妈没有工作。

蛋蛋出生前，妈妈在一家药店做销售员。怀孕后，蛋蛋妈妈的身体反应较大，经常头晕、呕吐，甚至有一次晕倒在上班的路上。出于安全考虑，蛋蛋妈妈在怀孕6个月的时候就辞去了工作。蛋蛋的爷爷奶奶和姥姥姥爷都居住在农村，需要务农，并且年纪较大，无法帮忙照看孩子，因此蛋蛋出生后一直由妈妈一个人照顾。

蛋蛋爸爸以前是二手车销售顾问，收入不稳定，业绩好的时候一个月能挣1万多，业绩不好的时候一个月只能拿到2000多的底薪。蛋蛋爸爸不稳定的经济状况，无法支撑蛋蛋家的经济开支。为了获取更稳定的收入，在蛋蛋一岁多的时候，爸爸当起了出租车司机，尽管和以前相比更加辛苦，但是每个月可以有至少6000元的稳定收入。蛋蛋爸爸是蛋蛋家唯一的经济来源，蛋蛋家每月需还2000元左右的房贷，除去房贷和基本的日常开支，蛋蛋家没有更多的钱花费在对蛋蛋的精细照顾和早期教育上。蛋蛋妈妈说：“没钱有没钱的养法，像我们，衣服、玩具、鞋我们都是捡他哥（蛋蛋大姨家孩子）剩的，也不花啥钱，吃的就和我们大人吃的一样，也缺不着他，但他确实长的比同龄孩子小，但是小孩分先长后长，这都没啥事儿。就有一点，（看着）小区里跟蛋蛋差不多大的孩子上早教课，上游泳班，去游乐场啥的，蛋蛋一天天在小区里的小广场玩，我推着蛋蛋一天天绕着小区里走，（别的地方）哪也不去，我自己心里不得劲，就觉得吧，让蛋蛋比别人差一截。但没办法呀，确实比不了，就这样都累得不得了。”

在蛋蛋3岁左右的时候，蛋蛋妈妈想送蛋蛋上幼儿园，自己出去找工作。然而在咨询了一些自己有意向的工作（药店售货员、超市收银员、宾馆前台）后，发现这些工作都要求工作到较晚的时间，蛋蛋妈妈无法平衡照顾蛋蛋和工作的时间，于是放弃了找工作的念头。蛋蛋妈妈认为反正自己有时间照顾蛋蛋，再加上蛋蛋和同龄人相比较而言更瘦小，蛋蛋妈妈怕蛋蛋在幼儿园受欺负，因此迟迟没有送蛋蛋上幼儿园。直到蛋蛋43个月，蛋蛋妈妈才把蛋蛋送到家附近的一所私立幼儿园，每个月800元。据蛋蛋妈妈说，蛋蛋这个月龄上公立幼儿园“不好进”，而私立幼儿园普遍价格较高。目前蛋蛋上的这所幼儿园位于单元房内，规模较小，而且没有户外游乐设施，但是因为离家近、价格低，而且老师年纪比较大，看起来很有育儿经验，所以选择了这家。目前，蛋蛋已经上幼儿园2个月了，但是他还没有完全适应，经常生病。蛋蛋妈妈希望等蛋蛋适应了幼儿园的生活后，自己能够找到一个时间比较灵活的工作。

蛋蛋家的案例表明，以私领域为主的早期儿童照顾，从两方面加剧了阶层矛盾。一方面，父母的经济状况会影响儿童的受照顾情况，进而影响儿童的成长和发展。通常情况下，同经济条件好的家庭相比，经济条件相对较差的家庭中父母受教育的水平更低，那么母亲更容易在家不外出工作，而父亲所从事的工作相对来说会更简单，可替代性强，薪资水平低并且工作的可持续性更差，那么他从劳动力市场退出的可能性也就越大，如此恶性循环，就会导致受教育水平低的父母所在的家庭的经济水平更差，就越难以满足儿童在成长发展过程中的经济需要。

另一方面，社会保险范式下的公共早期儿童照顾水平较低，家庭只能从市场中获得额外的早期儿童照顾服务。然而在市场的作用下，早期儿童照顾服务的质量参差不齐，早期儿童所获得的照顾服务同家庭所拥有的资源呈正相关关系。对于经济水平高的家庭来说，他们可以获得专业规范的早期儿童照顾，而对于经济水平相对低下的家庭来说，他们的孩子所得到的照顾服务专业程度和规范程度也会相对低下。儿童所获得的儿童照顾服务，尤其是早期儿童所获得的照顾服务同他今后的成长发展有着极为密切的关系，而早期儿童所获的照顾方式以及照顾质量同他的原生家庭所能获得资源的多寡有着紧密关联，进而会影响他今后的受教育水平、所从事的职业、经济状况、生活方式以及所处的社会位置。因此，社会保险范式下的早期儿童照顾由于经济不平等，“混合着不平等的社会资源再分配，包括缺乏社会福利资源，加深了社会底层群体的弱势地位。”[①]

就我国而言，我国的早期儿童照顾方式包括以下两种：对于0～3岁的儿童，公共儿童照顾几乎空白，主要由家庭进行照顾；对于3～6岁的儿童，有公立幼儿园照顾、私立幼儿园照顾和家庭照顾三种方式。公立幼儿园带有明显“事业单位”的属性，因此可以获得公共财政的支持和高素质的教师队伍，使得公立幼儿园的教学质量高、学费低廉。然而公立幼儿园的入园规则带有明显身份属性要求，优先录取相关单位子女，这在无形中就强化了阶层的巩固，有“正式”工作家庭的子女能获得更好的儿童照顾服务。例如，宏宏上的是J大学附属幼儿园，它是当地最好的公立幼儿园，其办园时间久、场地大、设施齐全、教师素质高、费用合理，但是进入门槛高，只有职工子女或者“关系硬”才能进去。宏宏爸爸是J大学附属医院的医生，宏宏凭借爸爸的职工身份才得以被这所幼儿园接收。

私立幼儿园的照顾服务水平和教育质量同入园学费高度相关。例如，蛋蛋上的私立幼儿园的费用为每个月800元，卜卜上的私立幼儿园的费用为每个月4500元，两个幼儿园在办园规模、硬件设施、教育理念、教师素质、日常照顾上有很大的差别。蛋蛋上的幼儿园位于单位元内，面积为150平方左右。只有一个班，有20多个孩子，孩子的年纪在2至4岁。有2个老师，老师的年纪在40岁以上。幼儿园只管午饭，午饭通常是两菜、一饭、一汤。由于幼儿园没有配套的户外活动场地和设施，出于安全的考虑，幼儿园的活动多以室内为主。卜卜所在的幼儿园是一所全国连锁的幼儿园，其面积大，布局合理，功能齐全，设施先进。卜卜所在的班级有22个孩子，5个老师，包括一个班主任，一个副班主任，一个助教，一个管衣食的

① 高翔.美国儿童照顾政策述评——兼论对中国儿童照顾政策的意义［J］.晋阳学刊，2013（3）：95-100.

老师和一个外教。在餐食上，卜卜上的幼儿园包括一日三餐和两顿点心，其中午餐、晚餐种类丰盛，营养搭配均衡，点心多为水果和干果。卜卜上的幼儿园提倡让教育回归自然，因此除了英语课、音乐课、美艺课等常规课程外，还设置了自然课让孩子多多接触自然，卜卜妈妈正是看中了这一点，才选择了这所幼儿园。早期儿童照顾和教育同儿童一生的成长发展密切相关，这早已成为教育专家们所达成的共识。显而易见，同低收入水平家庭的早期儿童相比，高收入水平家庭的早期儿童能够获得更加优质的照顾和教育，而这会加强代际之间的不公平，进而加剧阶层矛盾。

4.1.2.2 性别矛盾

社会保险范式在承认男女性别分工的基础上进行福利设计，并将照顾维度排除在公民身份之外，女性被理所当然地认为是儿童照顾责任的承担者，并且未承认其照顾活动的价值，男性则被认为是劳动者，这种照顾责任模式更削弱了女性在劳动市场的竞争力。

在典型的10个家庭案例中，均以女性作为早期儿童照顾的主要责任主体。所访问的10个家庭中的母亲，均表示早期儿童照顾占据了自己大部分的时间和精力，这对自己的职业发展有着强烈的负面影响。以宏宏妈妈为例。

怀孕前，宏宏妈妈在一家小规模的媒体公司工作，工作非常辛苦，经常需要加班和熬夜。怀孕后，作为大龄孕妇，宏宏妈妈的身体有多项指标不合格。在前3个月，宏宏妈妈经常感到小腹坠痛，并伴有流血，医生建议她请假卧床休息，以防流产，等孩子稳定一些再上班。宏宏妈妈向领导说明了情况，并请了3个月的假。3个月后，宏宏妈妈回到公司上班。谁知刚上班不久，宏宏妈妈又被诊断出了孕期高血压。医生建议宏宏妈妈多休息，并保持身心放松。在这种情况下，宏宏妈妈无法像以前一样和同事一起加班，并经常请假，做的工作比以前少了很多，同事对她多有抱怨。在宏宏妈妈怀孕6个月的时候，领导找宏宏妈妈谈话，表明她这种情况不利于公司的发展，希望她可以主动辞职。宏宏妈妈在综合考虑了自己的工作前景和生产后的儿童照顾问题后，同意辞职。辞职后，宏宏妈妈当了3年的家庭主妇，一个人照顾宏宏。目前宏宏上了幼儿园，宏宏妈妈希望可以继续工作。然而在找工作的过程中，宏宏妈妈发现目前的劳动力市场对她特别“不友好”。宏宏妈妈说：“我找工作实在太难了。一是我的学历比较尴尬，也不会什么专门的技术，只能干些行政工作，可是行政工作谁要你，有都是年轻小姑娘想干。还有就是我不是3年多没上班了吗，我觉得我都和整个社会脱节了，我现在就会哄孩子，你让我干别的我都不会，但是你要让我出去刷盘子刷碗，我又拉不下那个脸，好歹以前我也算个白领。可是我还想工作，也不为了挣钱，就是不想放弃自己。再怎么说也得能自己养活自己，也得有个社交圈，你看我现在，天天就是面对家务和孩子，我看我老公没事儿和同事聚个会，说实话我可羡慕了”。宏宏爸爸并不支持宏宏妈妈出去工作，他认为宏宏妈妈应该把家庭和孩子放在第一位。宏宏爸爸说：“说实话，家里不指望她挣钱，再说她能挣几个钱呢？她的工作就是照顾我们爷俩，把我们俩照顾好了，就是她最好的工作了。她愿意找就找吧，我也不拦着她，不过现在的工作哪有那么好找，刚毕业的大学生都找不着，更别说她了，最后发现找不到合适的，她就不找了。”宏宏妈妈认为宏宏爸爸说的有一定道理，但她仍希望自己可以找到满意的工作，如果最后发现真的找不到，她就放弃找工作的念头，当全职家庭主妇。

宏宏妈妈的案例表明，以女性为主的早期儿童照顾从两方面影响女性在劳动力市场中的竞争力。一方面，私领域内的性别分工使男女以不同的条件进入劳动市场。企业认为在同等条件下，同男性相比女性往往要花费更多的时间在早期儿童照顾方面，自然而然地会减少在工作上所花费的时间与努力程度，因此企业在招聘和晋升上通常会优先考虑男性，而企业在裁员上会优先考虑女性，女性不仅失去了与男性同等的就业竞争力，更失去了同就业相关的一系列社会权利。另一方面，女性在劳动力市场的不利地位会反馈到私人领域，女性的照顾责任会被强化，[①]反过来将进一步削弱

① 露丝里斯特.公民身份：女性主义的视角[M].长春：吉林出版集团有限责任公司，2010：216.

女性在劳动力市场中的竞争力，由此形成恶性循环。

可以看出，女性的家庭责任对女性的劳动力市场参与和在劳动力市场中的表现都有着负面影响。乔谢力（Gershuny）指出长期以来的性别偏见使得女性更多的投身于劳动力市场的时间、努力和注意力都受到了限制，而这些是人力资本的积蓄。①正是这些限制使得男女的工资水平和职业成就存在着持续的分化。在男性作为养家糊口者的思想的影响下，女性在私领域的照顾活动的价值非但得不到承认，即便女性从事有偿工作为家庭收入做出实质性贡献时，仍然存在着把女性作为边缘人来对待的现象。由此看来，社会保险范式下的早期儿童照顾加剧了社会性别分层，强化了性别不平等，加深了性别矛盾。

4.2 “责任共担”模式：基于社会照顾范式的选择

4.2.1 社会照顾范式的理论构建

随着工业化的发展，人口结构和家庭结构的改变，传统“男主外、女主内”的家庭模式发生了变化，基于这种传统家庭模式假设上的照顾问题也变得难以为继，照顾问题开始成为福利国家的热门讨论话题。当照顾跨越私领域具备更广泛的社会政策意义时，“社会照顾”这一概念开始被人们关注。

戴利（Mary Daly）和刘易斯（Jane Lewis）认为社会照顾是一个多维度的概念，要想对社会照顾进行定义，至少应该从三个维度对其进行分析。首先，照顾是一种劳动。明确照顾是一种劳动的意义在于把照顾和其他的一般活动区分开来，以便明晰有偿照顾和无偿照顾、正式照顾和非正式照顾的区别以及国家在界定这些边界时所扮演的角色。其次，照顾被置于义务和责任的规范框架内。照顾不仅仅是一种劳动，更是基于某种关系

① 张亮.中国儿童照顾政策研究[D].上海：复旦大学，2014.

和责任（包括社会的和家庭的）而提供的一项活动。这种视角下，国家的作用在于加强或者削弱现有的照顾规范。最后，从照顾活动的成本角度来考虑，这里所说的成本既包括经济成本也包括情感成本，它所探讨的是照顾成本如何在个人、家庭以及社会中进行合理分担的问题。由此可以将社会照顾定义为在既有的社会、经济、道德规范框架内被分配和执行并用以满足儿童和老年人、残疾人等需要别人照顾的成年人的物质和情感需要所开展的活动以及由此所形成的关系。①

社会照顾范式以中立的、包容的公民身份理论为理论路径，将照顾维度包括在公民身份之内，承认了私领域内照顾的价值，在国家的参与和干预下，使作为劳动者的公民和作为照顾者的公民都能充分实现其社会权利，这超越了社会保险范式。

在传统社会下，男性是生产资料的获得者，女性是家务劳动者，男性掌握着主要的权力。在这种社会环境下，男性处于统治地位，相对应地女性则处于依赖地位。尤其是在家庭范围内，父亲或者年长的男性对妻子、孩子以及整个家庭有着绝对的统治权力，甚至掌握着整个家庭成员的生杀大权，这是一种传统的支配形式。②

随着市场经济的出现和发展，韦伯曾暗示市场经济体制对传统家庭经济的冲击将可能导致传统家庭的解体、传统权威的转换以及传统社会性别秩序的有限削弱③。然而实际上，市场经济的出现非但没有削弱传统的社会性别规范，反而对其有所强化。一方面，长久以来的社会性别规范传统形成了一种男性统治女性的社会价值体系，人们不仅在事实上接受了两性关系上的不平等，更在心理上认同这种道德规范，因此即便市场经济的出现也无法打破这种经年累月形成的社会规范壁垒。另一方面，市场经济的

---

① Mary Daly, Jane Lewis.The concept of social care and the analysis of contemporary welfare states [J].The Britisj journal of sociology, 2000 (2): 281–298.

② 马尔科姆·沃特斯.现代社会学理论[M].北京：华夏出版社，2000：69.

③ 戴雪红.父权制与当代资本主义批判——女权主义的理论透视[J].妇女研究论丛，2001 (6): 32–37.

发展极大程度地削弱了家庭的生产功能，男性作为劳动者进入劳动市场，而女性作为照顾者局限于家中，被排除在生产活动之外，无偿的家务劳动无法彰显出女性的价值，这在无形中强化了男性在家庭中的地位。家庭是社会的基本单位，男性在家庭中的主导地位自然而然地蔓延到家庭范围外的公共领域中，因此在整个社会范围内，男性始终保持着其优势地位。因此，市场经济的产生和发展强化了传统的社会性别规范的影响。

到了福利国家阶段，通常观点认为福利国家有利于实现公民权利平等，特别是对于提高女性就业进而实现女性经济独立有积极作用，因此福利国家对于提高女性地位有着不容忽视的影响。然而福利国家是在就业的假设上进行设计的，无论在何种社会保障制度下，福利的获取以及获取的多寡都同就业有着多多少少的关系。即便在北欧国家也是如此，有偿劳动者比无偿照顾者更能获得制度化的福利保护，这便在无形中强化了公民在社会权利上的不平等。

上述所提到的公民社会权利，是马歇尔的现代公民身份理论中所提到的公民三大权利中的一个。公民身份理论的确对当代福利国家的构建有着极大的影响，但是马歇尔所提出的公民权利看似中立实则却忽视了性别差异。尤其是社会权利的实现要以就业为基础，这样一来无疑把因以家务劳动为主而无暇外出就业的女性排除在外。另外，马歇尔只关注公共领域的权利问题，却忽视了家庭领域权利的实现。[①]由此可见，马歇尔所关注的是国家与市场关系下的公民身份问题，是从作为劳动者的角度来看待公民权利的实现。

社会照顾范式着眼于思考包括劳动者和无偿照顾者在内的人们的公民身份如何实现，反对将公民身份与性别联系在一起，试图探索一种超越性别的、包容的公民身份理论，力求社会承认私领域内照顾者的公民资格。然而从实践角度看，女性在争取公民资格的过程中，面临着两难的困境：一是坚持性别中立，忽视两性之间的实际差别同男性一样实现公民身份，

① 威尔·金里卡.当代政治哲学[M].刘莘，译.上海：上海译文出版社，2011：261.

然而这种看似平等的做法实际上并没有帮助女性真正实现其公民身份，反而陷入前文所提到的马歇尔公民身份理论中的福利困境；二是承认性别差异，认为女性同男性相比有着独特的女性特质，但是这样一来女性就被排除到公民身份之外。面对这样一种两难困境，社会照顾范式强调创建一种包容的公民身份理论，这种公民身份是在承认两性差别的基础上，建立一个中立的没有任何歧视的多元意义的公民以及公民资格概念，在此基础上建构一种包容不同身份差异的公民制度。

中立的、包容的公民身份的实现要求承认照顾的合法性，并将照顾（接受照顾和提供照顾）这一维度包括在公民权利之内。既然照顾是一种公民权利，那么就需要国家和政府的介入，在立法层面上，使作为照顾提供者的公民和作为照顾接受者的公民，其公民权利得以充分实现。对于照顾提供者来说，他的公民身份可以保证他在照顾提供的过程中，有获得来自其他主体的时间支持、经济支持和服务支持的权利。照顾的提供是基于人类美好的情感，而非性别上和道德上的压迫。对于照顾接受者来说，他的公民身份可以保证他有获得稳定的、高质量的照顾服务的权利，而不用将照顾服务的获取寄托在非正式的或市场化的关系中。可见，社会照顾范式的目的在于解决照顾依赖问题，进而调整传统社会性别规范下的照顾关系。

因此，社会照顾范式是这样一种综合分析体系和福利价值取向，它以中立的、包容的公民身份为理论路径，以无偿照顾者与接受照顾的弱势群体为保障对象，以时间支持、经济支持和服务支持为主要政策工具，目的在于解决照顾依赖问题，进而调整传统社会性别规范下的照顾关系。

4.2.2 社会照顾范式的合理性及其依据

选择社会照顾范式作为“责任共担”模式的理论基础，主要原因在于其具有理论上和逻辑上的合理性，具体表现在两方面：一方面在于社会照顾范式承认了照顾的权利，将照顾这一维度包含在了公民身份之内；另一方面在于社会照顾范式认可了照顾的合法性，承认了照顾的价值。

4.2.2.1 承认照顾的权利

社会照顾范式要求公民身份包括照顾维度，认为只有将照顾包括在公民身份之中，人们的照顾权利才会得以保证。照顾权利包括两方面，一方面是接受照顾的权利，另一方面是提供照顾的权利，这两种照顾权利得以保证每个公民自由选择如何将照顾融入他们的生活之中。

4.2.2.1.1 接受照顾的权利

关于接受照顾的权利，理论界对儿童受照顾权有比较深入的探讨并且达成了共识。长久以来儿童被认为是父亲的财产，父亲对自己的孩子有生杀予夺的权利，儿童不具备独立的个体身份，没有权利可言。1799年，儿童权利这个概念首次被英国伦理学家汉娜·摩尔提出，但是接来下的200年来儿童权利并未得到发展。1924年《日内瓦儿童权利宣言》的发布，首次在世界范围内确认了儿童权利话语。[①]1949年，马歇尔提出了公民权利理论，社会权利的提出使西方国家纷纷建立起从摇篮到坟墓的福利制度，到了20世纪60年代的民权运动和福利权运动的开展，使社会权利由成人扩展到儿童。1959年《儿童权利宣言》诞生，明确提出“儿童福利”的概念，儿童权利得以扩大，由以往只关注处于困境中的儿童扩大为关注一般儿童，并初步提出儿童具有受照顾的权利。宣言称：

> 鉴于儿童因身心尚未成熟，在其出生以前和以后均需要特殊的保护及照料，包括法律上的适当保护。[②]

1989年，联合国发布《儿童权利公约》，公约规定：

> 缔约国应尽其最大努力，确保父母双方对儿童的养育和发展负有共同责任的原则得到确认。父母，或视具体情况而定的法定监护人对儿童的养

---

① 孙艳艳.儿童与权利：理论建构与反思［D］.济南：山东大学，2014.

② 儿童权利宣言［Z］.1959-11-20.

育和发展负有首要责任。儿童的最大利益将是他们主要关心的事。为保证和促进本公约所列举的权利，缔约国应在父母和法定监护人履行其抚养儿童的责任方面给予适当协助，并应确保发展育儿机构、设施和服务。缔约国应采取一切适当措施确保就业父母的子女有权享受他们有资格得到的托儿服务和设施。①

《儿童权利公约》赋予了儿童独立权利主体的地位，明确规定儿童有接受照顾的权利。

1995年，英国学者米尔恩（A.J.M.Milne）正式提出了儿童“受照顾权”这一概念，他认为儿童“受照顾权”是他所提出的七种最低限度的人权标准中的一种。米尔恩指出“儿童有权享有什么，取决于社会情形。一个人何时为‘成年’、照顾些什么，以及照顾孤儿、父母无能为力和受父母虐待的儿童该作出什么样的安排，在不同的社会里，是不相同的。不过，这些具体差异并不影响该项权利的基本意义。在任何社会里，一个儿童若被否认享有该权利，也就被否弃了踏入成年生活的希望，这是与将其视为人类伙伴成员的要求不相符的……关照儿童（原则）要求共同体成员的所有儿童都必须得到照顾直至其成年并能够照顾自己。它还要求所有的组织采取不与该要求违背的方式来从事活动。这一原则赋予儿童的受照顾权利，是无可选择的。”②儿童受照顾权的实现不仅包括物质上的供给，还包括生活上的照顾、情感上的满足、心理上的照顾、安全上的保障以及行为上的引导。③

尽管从理论上来讲，儿童或者其他有照顾需要的人享有接受照顾的权利，然而实际上他们无法保证自己照顾权利的实施。一方面，私领域内的非正式照顾无法保证受照顾者的受照顾权，因为通常受照顾者是被动接

① 儿童权利公约［Z］.1989-11-20.

② A.J.M.米尔恩：人的权利与人的多样性：人权哲学［M］.夏勇，等，译. 北京：中国大百科全书出版社，1995：170-171.

③ 陈焱光，张耀方.简论儿童受照顾权［J］.武汉商学院学报，2016（2）：75-78.

受照顾的人，而他们是否能获得照顾以及所获得的照顾的质量往往取决于他们与提供照顾者的关系特征。另一方面，市场也无法保证受照顾者的受照顾权，因为市场只为那些有购买能力的人提供照顾服务。唯一能保证受照顾者照顾权利的是高质量的机构照顾，而机构照顾的费用通常由国家承担。因此，接受照顾的权利意味着可以获得高质量的机构照顾以满足不同群体的需要，只有在这种情况下，人们的受照顾权利才能得以保证。

4.2.2.1.2　提供照顾的权利

关于提供照顾的权利，受到女性主义者的广泛关注。现代福利国家赋予公民大量的社会权利，包括工作权利、社会保障权利、教育权利等，然而对老人、儿童、病人提供照顾的活动却被排除在公民权利之外，也就是说私领域范围内提供照顾的个体（通常是女性）被排除在公民身份之外，这遭到了大量女性主义研究者的反对。克雷默（Monique Kremer）指出马歇尔认为劳动力市场的参与是获得公民身份的唯一门票，这否定了照顾的价值。照顾的价值不仅体现在照顾作为一种有偿劳动，而且有其本身的价值所在。第一，所有人在人生的某一阶段都需要接受照顾，因此照顾对于整个社会有重要意义。第二，照顾有助于减少性别差异。第三，照顾对于未来西方国家的社会和经济生活有重要意义。西方社会面临着人口老龄化和人口出生率低的问题，因此西方国家未来会有一大批老年人需要接受照顾。而儿童是社会的希望，儿童照顾质量关系着未来人口的整体素质，因此儿童照顾具有极大的社会价值。照顾的价值决定提供照顾的权利应该被包括在公民权利范畴之内。①

一种观点认为提供照顾的权利主要指照顾时间。②照顾时间权主要包括两方面，一是通过把（有限的）时间从照顾这一劳动市场中拿出来的权利，如父母假和照顾假，这使公民可以在提供照顾的同时参与劳动力市

① Monique Kremer.How welfare states care: culture, gender and parenting in Europe [M]. Amsterdam: Amsterdam University Press, 2007.

② 露丝·里斯特.公民身份：女性主义的视角[M].夏宏，译. 长春：吉林出版集团有限责任公司.2010：316.

场。另外，免除父母和其他照顾者在社会保障方面的工作义务也应该被视为享有照顾时间的公民权利，全职照顾权利可以使公民暂时以照顾责任为先，而非有偿工作。二是使雇佣与照顾同时变得容易起来的政策，如高质量且能消费得起的照顾服务。除此之外，兼职工作可以使公民同步照顾和工作责任。另一种观点认为照顾提供者的权利和需求是多方面的，包括时间、金钱、休息、喘息以及参与（正式和非正式）支持网络。在这种权利获得的条件下，照顾提供者才可以决定是否对有照顾需求的人提供照顾或者不提供照顾，是否对他们保持关注和支持，是否有机会处理压力和倦怠，是否认为照顾是一个令人满意的关系活动，而非一种性别道德压迫。①

1990年，艾斯平–安德森提出了去商品化的概念，所谓去商品化是指个人福利相对地既独立于其收入之外又不受其购买力影响的保障程度。②1999年，艾斯平–安德森仿照去商品化概念，提出了去家庭化的概念。他认为去家庭化是指国家追求从政策上减少个人对家庭的依赖，使个人不必依赖家庭或婚姻中的交换关系就可以获得保障。他认为市场化的去家庭化路径可能带来女性在阶层上的分化，而公共化的去家庭化路径可以促进性别平等。因此，国家可以通过以下指标衡量去家庭化的效果，包括（1）非健康性的家庭服务支出占GDP的比例；（2）家庭津贴以及税赋减免的总数；（3）公共儿童照顾服务的普及程度；（4）对65岁以上老年人提供的居家服务的比例。③尽管艾斯平–安德森提出的去家庭化的指标没有将照顾提供者的时间权利包括在内，但是他的去家庭化概念依然可以衡量照顾权利的获得情况。2002年，莱拉（Leira，Arnlaug）以商品化、去商品化和家庭化、去家庭化（私人）、去家庭化（公共）为维度分析儿童照顾的权利获

① Trudie Knijn，Monique Kremer.Gender and the caring dimension of welfare states：toward inclusive citizenship［J］.Social Politics.fall 1997：329–361.

② 考斯塔·艾斯平–安德森.福利资本主义的三个世界［M］.郑秉文，译.北京：法律出版社，2003：2.

③ 刘云香.性别福利体制的研究述评［J］.公共行政评论，2017（3）：184–218.

得情况。[①]如表4.1所示，其中带薪育婴假和支持父母照顾的现金补贴具有去商品化和家庭化的性质，利于家庭内部照顾责任的分担。支持父母照顾外的/市场提供的照顾服务的现金补贴具有商品化和去家庭化（私人）的性质，可以分担家庭的照顾责任，使照顾者参与劳动力市场。税收支持的、政府主办的公共儿童日托服务同样可以实现去家庭化的效果。

表4.1　儿童照顾政策对在职父母的影响

		父母的劳动性质	
儿童照顾		商品化	去商品化
	家庭化		带薪亲子假/支持父母照顾的现金补贴
	去家庭化（私人）	支持父母照顾外的现金补贴	
	去家庭化（公共）	公共儿童日托服务	

资料来源：岳经纶，方萍.照顾研究的发展及其主题：一项文献综述[J].社会政策研究，2017(4).

4.2.2.2　认可照顾的合法性

马克斯·韦伯（Max Weber）从经验的角度对合法性进行了经典论述。他认为“广义的合法性是指由法律、道德、宗教、习俗和惯例等构成的合法秩序。狭义的合法性就是他所致力于研究的合法性基础的三种类型，尤其是法理型合法性。在韦伯看来，任何形式的统治都必须有其合法性根据，人们服从的基础不仅包括习惯、个人利益、理想动机或休戚相关的纯粹情感，而且更为重要的是对统治合法性的信仰，任何社会关系中的社会行为都受到行动者对于合法性秩序的信念支配，只有当人们认为一个统治具有正当理由的时候，这个统治才为人们服从，才具有合法性。”[②]因此，以韦伯的观点来看，人们对某项社会活动的认可和普遍信仰是其合法性基础，其是否有其合法性依据主要来源于“它是否有能力建立和培养对

① 岳经纶，方萍.照顾研究的发展及其主题：一项文献综述[J].社会政策研究，2017(4)：38-56.

② 伍俊斌.马克斯·韦伯合法性思想评析[J].哈尔滨工业大学学报(社会科学版)，2011(6)：68-72.

其存在的意义的普遍信念”①。

社会照顾范式强调在政策层面上认可照顾的价值，在公共领域和私领域范围内承认照顾活动对个人存在和发展以及整个社会有效运转的重要意义，使社会普遍认可和信仰照顾的价值。因此，我们可以从社会认可、经济认可和政治认可的角度来探讨照顾的合法性。

4.2.2.2.1 社会认可角度的照顾合法性

广泛来讲，照顾是做我们力所能及的一切来维护、继续和修复我们的“世界”，以便于我们可以更好地生活。这里所说的“世界”不仅包括我们的身体，也包括我们自己以及我们所处的环境。②照顾的分析维度通常有三种：一是活动或劳动维度；二是关系维度；三是政策维度。③

从活动或劳动维度来看，照顾被认为是维持社会运行必不可少的一种活动。照顾是一种再生产劳动形式，用以满足个人生存、发展和社会再生产。照顾最重要的目标在于满足个人生存的基本生理性需要，包括食物、饮用水、衣物、住宿、休息、干净的环境、基础的医疗服务、免于受伤害的保护等；照顾第二个目标在于帮助他人发展或维持他们的基本能力，包括感知能力、语言能力、推理能力、想象力、爱的能力等，目的在于尽可能地帮助他们发展和维持社会生活所必备的一般能力和追求美好生活的观念；照顾的第三个目标是帮助他人避免或减轻痛苦，以使他们尽可能地继续生活下去。丹尼尔·弗兰克（Daniel Engster）将照顾概述为“以一种细心的、有回应的、尊重的方式来帮助别人，满足他们的基本需要，发展和维持他们的基本能力，减轻或者避免他们痛苦遭遇”④。

研究伊始，女性主义者关注的焦点是家庭范围内的非正式照顾，随

① 孙建光.西方政治合法性理论辨析［J］.求实，2004（2）：58-61.

② Tronto，J.C.Moral boundaries：a political argument for an ethic of care［M］.New York：Routledge，1993：103.

③ Mary Daly. Care as a good for social policy［J］.Iournal of Social Policy，2002（4）.

④ Daniel Engster.Rethinking care theory：the practice of caring and the obligation to care［J］.Artical in Hypatia A Journal of Feminist Philosophy，2005（7）.

着研究的不断深入，他们开始意识到照顾并非只是没有酬劳的个人服务，其中还蕴藏着深刻的社会关系，于是女性主义者们开始关注照顾所产生的社会关系。从关系维度来看，照顾是一种基于情感和需要的提供而由此所形成的社会关系和道德规范。当一个主体产生需要时，面对他的另一个主体对他的需要进行回应，由此形成了一系列的社会关系。关怀伦理学家如吉利根（Carol Gilligan）、诺丁斯（Nel Noddings）、特朗托（Joan C.Tronto）极力强调照顾（关怀）作为一种关系的重要性。同正义伦理关注公共领域中的理性、公正、平等等抽象概念不同，关怀伦理从人与人之间的关系出发，关注情感、道德、责任等情景概念。[①]照顾（关怀）并非女性独有的，而是人类的内在需要，因此照顾（关怀）和正义具有同样的价值，而照顾（关怀）所具有的重要社会价值是一直被低估了的。西比尔·施瓦尔岑巴赫（Sibyl Schwarzenbach）指出照顾是一种再生产劳动，这里所说的再生产不是指生物学上的概念，而是指理性的照顾活动，包括关心某些特定的群体、考虑他们的需要并为他们提供照料，这可以再生产出特定的关系。在理想的状态下，照顾活动可以再生产出友爱的社会关系。[②]

随着时间的推移，照顾的概念被逐渐扩大。从政策维度来看，照顾成为一种公共政策手段。工业社会的进步以及女性主义的发展使得越来越多的女性进入劳动市场，如此一来照顾责任和照顾活动面临着重新安排，照顾这个概念开始具备更广泛的社会政策意义，人们开始关注如何运用社会政策管理照顾的供给和需求。

由此可见，就个体来讲，人从出生到死亡，人生的各个阶段都需要接受不同程度的照顾。任何个体在其一生中，或是照顾接受者或是照顾提供者，必然无法脱离照顾活动。就人类整体而言，照顾活动自人类出现便产生，对人类再生产具有巨大的作用和影响，随着人类社会的不断发展，照顾活动由小范围私领域内的家庭活动和亲属关系不断延伸到公共领域中

① 卡罗尔·吉利根.不同的声音——心理学理论与妇女发展［M］.北京：中央编译出版社，1999.

② Sibyl A.Schwarzenbach.On civic friendship［J］.Ethics，1996（1）：97–128.

来，并逐渐成为公共政策领域内的热门话题。就整个社会而言，照顾本质上是一种社会活动，可以解决一系列社会问题。因此，我们可以看出照顾活动具有广泛的社会认可性。

4.2.2.2.2 经济认可角度的照顾合法性

托马斯（Thomas，Carol）认为，照顾包括七个分析维度：照顾提供者和照顾接受者；二者之间的关系；照顾的社会内容；照顾关系的经济特征；照顾活动的经济特征；照顾供给的社会环境；照顾供给的制度设置。[①]其中照顾关系和照顾活动的经济特征维度表明照顾具有经济属性。谈到照顾的经济属性，必然涉及照顾工作这个概念。照顾工作，是指服务人员为服务对象面对面地提供服务的任何职业，包括家长对儿童的照顾，子女对父母的照顾，医生对病人的照顾，老师对学生的照顾等。[②]通常来说，照顾工作包括有偿照顾工作和无偿照顾工作。有偿照顾工作的经济合法性毋庸置疑，尽管不能完全包括，但是至少有明确的经济核算指标，可以部分地将它所产生的经济价值包括在国民经济核算体系之内，几乎所有人都认可有偿照顾工作对国家经济发展的重要贡献。因此，照顾工作经济合法性的讨论主要集中在对无偿照顾工作的经济合法性的讨论上面。

无偿照顾工作主要指家庭内的家务劳动和对家庭成员的照顾，通常由女性来承担。国民经济核算体系（1993）提出判断一项活动是否为经济生产要遵循“第三方准则”，也就是说如果一个活动可以委托给第三方，通过支付第三方薪酬来完成这项活动，那么这项活动就是经济生产性活动。如洗脸、吃饭等无法委托他人代替完成，则其为非经济生产性活动。而做家务、照顾孩子、照顾病人、照顾老人等在收入、市场条件和个人意愿允许的条件下，是可以委托给第三方完成，这就属于经济生产性活动。根据

① Thomas，C.De-Constructing Concepts of Care［J］.Sociology，1993（4）：649-669.

② Paula England，Nancy Folbre.The cost of caring［J］.The Annals of the American Academy of Political and Social Science，1999（1）：39-51.

这一标准，可以明确无偿照顾工作属于经济生产性活动。[①]由于无偿照顾工作的价值难以估算，长期以来无偿照顾工作被排除在劳动力调查和国内生产总值的计算之外，因此无偿照顾工作的经济价值一直被整个社会所漠视，这不仅忽略了照顾对经济增长的重要作用，而且会影响对国家经济未来增长的准确预测以及国内消费水平的相关核算。

随着福利国家从工业社会向后工业社会的转型和人力资本理论的不断发展，人们开始关注对人力资本的投资。与此同时，同人力资本相关的照顾工作的经济价值开始进入人们的视野，经济学家们逐渐意识到要将无偿照顾的经济指标加入整体经济评估中来。其一，无偿照顾劳动是社会福利的重要组成部分，将无偿照顾劳动的经济指标纳入经济核算可以更全面地反映全社会的生产劳动成果或经济福利。其二，可以使不同国家和地区或不同时期的生产总量更加具有可比性。其三，有助于正确评价女性在社会经济中的作用。其四，可以为制定相关政策服务。[②]2007年，理安·艾斯勒（Riane Eisler）在其著作《国家的真正财富——创建关怀经济学》中明确指出，传统经济学忽视了主要由女性承担的无偿或低偿的经济活动，这是一种狭隘的男性主义占主导地位的经济学视角，它不仅忽视了女性对经济的重要贡献，而且忽视了无偿照顾工作的重要经济作用，她认为照顾工作所带来的经济和社会效益是一种国家财富。[③]目前，世界上很多国家都将无偿照顾工作纳入核算范围，如美国、澳大利亚、加拿大、日本等已经开始使用新的经济核算方法来评估无偿照顾工作对整个国家经济增长的重要意义。

无偿照顾工作通常有两种核算方法。一种是机会成本法，通过假设人们从事家庭内无报酬工作而损失的外出工作可能会获得的报酬，来衡量家庭内无报酬工作的价值。另一种是市场替代成本法，假定人们消费自身生产的服务是对市场服务的一种替代，用同等服务的市场工资来计算无酬工

① 刘丹丹.住户无酬工作核算：概念、估价方法及卫星账户构建[J].统计与信息论坛，2007（1）：41–80.

② 曾五一.无偿服务核算研究[J].统计研究，2005（6）：44–47.

③ 理安·艾斯勒.国家的真正财富——创建关怀经济学[M].北京：社会科学文献出版社，2009.

作的价值。邓肯·爱恩蒙格（Duncan Ironmonger）认为这些无偿家务劳动的经济附加值可以称为“家务生产总值”（GHP），市场经济产生的附加值可以称为“市场生产总值”（GMP），二者相加便得到了经济生产总值（GEP）。①1993年，联合国在国民经济核算体系的编制中建议添加设置家庭卫星账户，对家务劳动进行记录，以此来计算无酬家务劳动对经济福利中家庭部分增长做出的贡献，并完整、真实地反映当前福利状况。②因此，可以看出照顾具有经济认可基础上的合法性。

4.2.2.2.3 政治认可角度的照顾合法性

第二次世界大战以后，西方国家面临着社会经济的变迁。第一，人口生育率的降低和人口老龄化现象的加剧导致西方国家人口结构发生巨大的改变。第二，离婚率的提高使得西方国家家庭结构发生了很大的变化，单亲家庭的比例增高。第三，工业和服务业的快速发展以及女性主义的不断发展导致女性劳动力市场参与率的提高。以上社会经济的变迁导致家庭内照顾资源的减少，出现了“照顾赤字”现象。“照顾赤字”现象的出现引发了一系列的社会问题。一方面，加剧了性别关系的恶化。另一方面，加剧了阶层关系和种族关系的恶化。格雷厄姆（Graham）通过研究非亲属形式的家庭照顾，认为照顾概念不仅包括性别关系也包括阶层关系和种族关系。③家庭内照顾资源的减少刺激了照顾服务业的产生和发展，吸引了大批第三世界国家和经济能力较低的女性进入到照顾服务行业中来。她们的身份往往是个体的或私人的，她们与服务对象的关系是雇主和雇员关系，这种关系内含着不平等性，提供照顾服务的工作者通常享有较低的社会地位，因此市场中的照顾服务实质上是经济上占有优势的个体剥削经济地位

① Ironmonger, D.S.Counting Outputs, Capital Inputs and Caring Labor: Estimating Gross Household Product [J].Feminist Economics, 1996: 37–64.

② 联合国等编，国家统计局国民经济核算司译.国民经济核算体系1993 [M].北京：中国统计出版社，1995.

③ Hilary Graham.The concept of caring in feminist research: The case of domestic service [J].Sociology, 1991 (1): 61–78.

较低的个体，这加剧了阶层关系和种族关系的恶化。

面对这些社会问题，福利国家开始思考如何协调照顾在国家、市场、家庭和社会中的合理分配。戴利指出照顾本质上是一种社会活动，与国家和社会紧密联合在一起，提供公共照顾可以解决一系列社会问题。①与此同时，社会投资理论开始兴起。照顾，尤其是儿童照顾不仅被视为一种消费性的投入，也不再单纯被视为社会正义话语体系下的议题，而成了一种投资性议题，对人力资本进行投资所产生的积极的经济影响和社会影响开始被人们所认识。从20世纪90年代末开始，人们对儿童照顾问题的关注由性别平等、儿童权利议题转向社会投资议题，这种转变导致世界经济合作与发展组织成员国的儿童照顾服务供给急剧增加。②

在这种背景下，照顾很快被纳入西方福利国家的福利体系之内，福利国家纷纷根据本国的历史文化传统和当下的社会经济状况，通过出台一系列的公共照顾政策来调节部门之间和性别之间的照顾关系。“福利国家正在经历由于人口老龄化和私领域内无偿照顾减少所导致的照顾危机。为了回应这个危机，福利国家正在重新定义在照顾问题上，公共服务应该提供什么，谁有资格获得经济支持和私领域内必须保留多大程度的照顾比例”。③可以看出，福利国家早已认可照顾在社会政策领域中的作用。因此，从政治认可的角度来看，照顾具备合法性基础。

4.2.3 社会照顾范式的“责任共担”机制

1997年，詹森（Jenson，Jane）呼吁，对于当代福利国家来说，是时候认真考虑照顾这个问题了。而福利国家在考虑照顾问题时应该主要考虑

① Mary Daly. Care as a good for social policy [J].Journal of Social Policy, 2002 (2): 251–270.

② Carsten Jensen.Institutions and the politics of child service [J].Journal of European Social Policy, 2009 (1): 7–18.

③ Mary Daly, Jane Lewis.The concept of social care and the analysis of contemporary welfare states [J].The Britisj journal of sociology, 2000 (2): 281–298.

以下三个方面：首先，谁来提供照顾？是私人提供还是国家提供？如果是私人提供，那么是父母共同提供还是母亲单独提供？其次，谁来为照顾买单？照顾费用可能由家庭承担，由国家承担或者由雇主承担。最后，提供照顾的地点在哪？家庭外的儿童照顾以公共服务的形式提供还是通过市场提供？[①]社会照顾范式对詹森的三连问做出了回应。社会照顾范式下的福利生产模式是一种责任共担机制。一方面，社会照顾范式的责任共担机制坚持福利多元主义原则，强调的是“国家+市场+家庭+社会”的一种混合照顾方式，以“照顾钻石”作为建构社会照顾的新方法。另一方面，社会照顾范式强调照顾提供上的性别共担。

4.2.3.1 部门分担：照顾钻石

“照顾钻石”源自福利多元主义理论。一直以来，家庭作为人类社会的基本组成单位，承担着照顾责任，“家庭主义”是一项基本的社会福利原则。第二次世界大战以后，西方发达国家纷纷建立起福利国家制度，政府通过税收政策进行国民收入的重新分配，国家通过扩大公共服务全面干预人们的生活，建立起“从摇篮到坟墓”的福利体系，社会福利原则由“家庭主义”转向“国家主义”。然而到了20世纪70年代，石油危机引发的全球性经济危机使西方福利国家出现严重的经济滞涨。与此同时，人口老龄化问题、失业问题以及贫富差距问题使社会对福利的需求增加，政府无力承担高昂的福利开支，“国家主义”的福利模式难以为继。西方福利国家开始纷纷调整福利政策，削减福利开支。在此背景下，“国家主义”的福利原则开始遭到人们的质疑，学者们纷纷探索家庭和国家以外的部门在整个福利体系中的作用，“福利多元主义”原则应运而生。

1977年，英国《沃尔芬德报告》首次使用“福利多元主义”一词，主张福利有多种来源，包括国家、市场、志愿组织、慈善机构和血缘网

① Shahra Razavi.The Political and Social Economy of care in a Development Context: Conceptual Issues, Research Questions and Policy Options [R].Geneva: UNRISD, 2007.

络。[①]1986年，罗斯对福利多元主义进行了明确论述。他在《相同的目标、不同的角色——国家对福利多元组合的贡献》中提出福利是全社会的产物，国家、家庭和市场都要承担社会福利的提供，社会总福利是这三者相加之和。用公式表示为TWS=H+M+S，其中TWS是社会总福利，H代表家庭提供的福利，M代表市场提供的福利，S代表国家提供的福利。[②]在罗斯提出的国家、家庭、市场福利三角的基础上，约翰逊主张加入志愿组织，以此来强调“福利多元主义暗含的福利供给的非垄断性”[③]。

在福利多元主义理论蓬勃发展的背景下，从20世纪80年代开始，“照顾”开始进入福利国家的视野，成为广受关注的政策议题。20世纪90年代后，社会福利领域的学者们开始频繁使用“照顾”这个概念。

照顾（care）属于女性主义伦理学范畴内的概念。吉莉安·帕斯考（Pascall Gillian）认为照顾就是照料其他人。[④]哈里斯对照顾者进行界定，认为照顾者是指那些为其父母、亲戚或朋友提供照顾或其他形式支持服务的人。[⑤]戴利认为照顾是指关心和照料病人、老人和儿童的一种活动和由此形成的关系。[⑥]

2005至2009年，联合国社会开发研究所（UN Research Institute for Social Development）“社会性别与开发”部门组织实施了“看护的政治社

① 周维宏.社会福利政策的新基本原则：“看护四边形理论”及其研究课题［J］.社会政策研究，2016（1）：111-126.

② 彭华民，黄叶青.福利多元主义：福利提供从国家到多元部门的转型［J］.南开学报，2006（6）：40-48.

③ 彭华民，黄叶青.福利多元主义：福利提供从国家到多元部门的转型［J］.南开学报，2006（6）：40-48.

④ Pascall Gillian.Social Policy：A Feminist Analysis［M］.London：Tavistoc Publications，1986.

⑤ Harris，Dan R.Aging Sourcebook ［C］.MI：Omnigraphics，1998.

⑥ Mary Daly. Care as a good for social policy［J］.Journal of Social Policy，2002（2）：251-270.

会经济”课题。[①]拉扎维（Shahra Razavi）作为课题的参与者，首次提出“照顾钻石”（care diamond）（也被翻译成“照顾四边形”“看护四边形”）这个概念。他指出艾斯平-安德森提出了福利三角理论，福利三角理论认为社会总福利包括国家提供的福利、市场提供的福利和家庭提供的福利。在此基础上，志愿组织被加入进来，由此形成了福利钻石的概念。拉扎维认为这个概念可以扩展到照顾领域，并且更具有吸引力，因为这个概念不仅包括了国家、市场和家庭，而且包括了社区、志愿组织和其他非营利组织。“照顾钻石”的第四个角，如慈善组织从古至今都在照顾服务提供上起着举足轻重的作用。以北欧国家为例，出于宗教、教育、女性主义和道德的要求，北欧国家先后出现了各种各样的慈善机构和福利组织，由于每个组织有不同的目标服务对象，这便为后来的贫困救济工作的分化打下了基础，可以说北欧国家社会照顾的先例就是慈善济贫。因此，可以把照顾钻石看成一种提供照顾的社会建构，尤其对那些需要特别照顾的人，如年幼的儿童、虚弱的老人、慢性病患者和残疾人。[②]

“照顾钻石”是福利多元主义理论在照顾领域的应用，为照顾课题的研究提供了新方法。“照顾钻石”强调照顾提供主体的多元化，照顾的提供不应该单纯依赖于国家和家庭，而应该社会化。照顾提供者应该包括家庭、市场、国家和社会组织四个部门，其中家庭指的是以核心家庭为中心的家庭成员以及父母和其他亲属；市场指的是市场内以营利为目的，提供和照顾相关的商品以及服务的组织；国家指的是提供同照顾相关的公共产品和服务的公共部门；社会组织指的是提供照顾服务的非营利机构，包括各种类型的非营利组织和社区。在一定的发展阶段下，不同国家所提供的福利总量大体相同，不同之处在于福利在这四个部门之间如何分配。受政治、经济、社会、文化的影响，不同国家在这四个部门之间有不同的分

① 周维宏.社会福利政策的新基本原则：“看护四边形理论”及其研究课题［J］.社会政策研究，2016（1）：111–126.

② Shahra Razavi.The Political and Social Economy of care in a Development Context: Conceptual Issues, Research Questions and Policy Options［R］.Geneva: UNRISD, 2007.

配，而不同的分配又会形成不同的照顾模式。在特定的政治、经济、社会、文化的基础上，探索部门之间照顾的合理分配正是研究的意义所在。

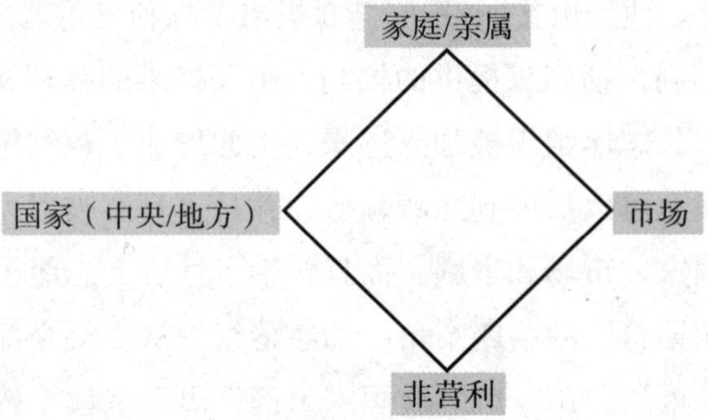

图4.1　照顾钻石

（Shahra Razavi.The Political and Social Economy of care in a Development Context: Conceptual Issues, Research Questions and Policy Options.Programme On Gender and Development, Paper NO.3.UNRISD, Geneva: 21）

4.2.3.2　性别分担

从历史经验和实际情况来看，长久以来，传统的性别分工指导着私领域内的照顾实践，家庭内部的照顾活动主要由女性承担。在工业时代以前，女性通常被囿于私领域范围内从事着家务劳动和照顾工作，难以参与公共领域的活动，被排除在公民身份之外。随着工业和服务业的快速发展以及女性主义的不断进步，女性的劳动力市场参与率逐渐提高，二战之后，越来越多的女性进入劳动力市场。而私领域内照顾责任的压力会影响女性在公共领域权利的实现。为了承担家庭内部的照顾责任，女性进入劳动力市场后主要集中在工作时间弹性大、专业技能要求相对较低的部门，与之相对应的福利水平也就比较低下。这在事实上形成了男女两性在性别上的不平等，影响了女性完整公民身份的获得和社会权利的充分实现。

自古希腊以来，西方政治思想就对公、私领域进行了区别，这形成了传统公民身份的理论假设。①女性主义认为，私领域和公领域的分离和

① 刘慧.公民身份：一个高度性别化的概念论女性主义对传统公民身份理论的批评［J］.东岳论丛，2012（10）：117-123.

对立是女性无法获得完整公民身份的根源。共和主义公民身份的理论奠基者——亚里士多德（Αριστοτέλης），他的公民观就是建立在公、私领域的区分上的。他认为公共领域比私人领域优越，人只有在公共领域才能发挥作为社会动物的最高能力，私领域的事务只是一种工具而并非目的。由于公民的职责是进行公共事务的决策，所以只有不从事私人事务并且具有理性能力的人才能成为公民。从这个意义上来讲，只有拥有财产的成年男人才可以成为公民，而女人、儿童、奴隶都不具备成为公民的条件。[①]女性主义者安妮·菲利普斯（Anne Phillips）对此进行了批评，她指出“再也没有比古典共和主义对女性更不友善的思想传统了。它把自由看作公共领域的事情，而把家庭私人领域的事情看作是在消磨公共领域中男性英雄主义的意志”[②]。尽管随着时间的推移，共和主义公民身份理论得到了不断发展，然而公私领域的明确划分依然构成共和主义公民身份的理论根基。

自由主义公民身份理论形成于17世纪，其倡导公民权利。同共和主义公民身份理论强调公共领域的优越性不同，自由主义公民身份理论以个人权利为中心，认为国家或政府只有工具性的价值，私领域应该优先于公共领域。[③]然而女性主义指出，自由主义的公共领域指的是以政府为代表的国家，私领域指的是以市场和社会为代表的公民社会，而家庭并没有被包括在内。因此自由主义关于公私的区分只不过是男性世界里公私的划分，家庭私领域和女性被自由主义忽略了。

20世纪50年代，T.H.马歇尔提出了现代公民身份理论，阐述了公民身份与社会阶级的关系，却忽视了历史和实践中的性别差异。马歇尔关注公民身份在公共领域的应用，却忽视了各种权利在家庭私领域的扩展。女性主义认为，马歇尔的公民身份理论虽然表面上看似性别中立，实质上却仍然遵循着公私二元对立的逻辑，女性被排除在完整的公民身份之外。露

---

① 刘训练.古典共和主义公民身份理论的兴衰[J].天津社会科学，2012(6)：61-83.

② 刘慧.公民身份：一个高度性别化的概念——论女性主义对传统公民身份理论的批评[J].东岳论丛，2012(10)：117-123.

③ 刘训练.自由主义公民身份理论的演进[J].南京社会科学，2012(9)：62-66.

丝·里斯特（Ruth Lister）曾指出，公私二分法的划分使得只有具备公共领域特质的人才能拥有完整的公民身份，而公共领域的特质往往是男性品质的展现。

公共领域与私人领域的区分，它使得所有与“公共”领域中的公民身份不相符的功能和品质纳入到“私人领域”中去。贯穿这种结构的是一系列充满了性别歧视的内涵和关联的二分法，它们渗入公民身份的真正结构之中……无论在自由主义传统还是在共和主义传统中，公民是通过抽象的、脱离现实的个体而表现出来的；自由主义传统试图回避其特殊性，而后者则试图超越它。女性主义理论家揭示了“抽象”是以公民为名而隐藏了个体本质上的男性特征。因此，在关于公民身份理论传统的双重思考过程中，公民被期待展示出来的公正、合理性、独立和政治主体者的品质，却只是男性品质的体现。在这一传统的双重约束下，妇女无论在物质上还是精神上都被排出而进入家庭私人领域，这是因为她们与这种私人领域联系在一起，而没有展示那些品质，她们被认为没有能力去形成这些品质。①

既然公私领域二元对立是女性获得完整公民身份的障碍，那么促进性别平等，使女性充分实践公民身份的关键在于打破公私领域的分离和对立，构建一种超越公私之分的政治理想，使男性和女性都既能成为养家糊口者，又能成为照顾者。

公共领域与私人领域分别一方面代表着普遍性、正义和独立，另一方面代表着特殊性、照护和依赖。公共领域与私人领域区分的重新表达，是解决妇女在理论和实践层面上被排斥问题的关键所在。②

① 露丝·里斯特.公民身份：女性主义的视角[M].夏宏，译.长春：吉林出版集团有限责任公司，2010：110-111.

② 露丝·里斯特.公民身份：女性主义的视角[M].夏宏，译.长春：吉林出版集团有限责任公司，2010：311.

而对这种超越公私之分、性别平等的公民身份的构建，需要承认私领域照顾价值的公共政策加以干预，将促进性别平等作为出发点促进更为平等和人性化的公共政策出台，以实现社会正义。正如里斯特所言：

> 在重构这种标准时所产生的一个重要问题是被安置在公民身份的照顾之上的价值，以及对作为一种超越公共领域与私人领域之分的政治理想和实践的照护的认可。在理论层面上来综合照护伦理与正义伦理需要政策层面上的补充。①

社会照顾范式正是基于男女两性不够平等的实际状况，倡导一种更加公平的劳动性别分工，要求男性和女性共同分担私领域内的照顾工作，以促进市场范围内和家庭范围内全方面的性别平等。社会照顾范式要求在政策层面认可照顾的价值，在经济、时间和服务上对照顾提供者和照顾接受者进行补偿；鼓励公共政策对私领域内照顾责任分配的干预，通过照顾时间分配上的安排，如父亲配额制度，明确规定了父亲在育婴假中休假的比例，并且规定父亲的假期不能转让给母亲，使两性之间能够更公平地分配照顾时间，试图改善私领域内的劳动性别分工，并随着时间的推移，逐渐改善社会上的劳动性别规范，完善性别平等。

4.3 “责任共担”模式下早期儿童照顾的政策工具

同照顾相关的政策措施范围相当广，包括现金支付、税收补贴、各种类型的带薪或无薪假期以及各种服务。显然，照顾政策代表了政策的广泛性和多样性。不仅如此，照顾所涉及的政策领域也非常广泛，如表4.2所示，包括

---

① 露丝·里斯特.公民身份：女性主义的视角[M].夏宏，译.长春：吉林出版集团有限责任公司，2010：314.

社会政策、卫生政策、教育政策、劳动力市场政策和收入政策。尽管照顾所涉及的政策领域和政策范围十分广泛和多样，看似难以把握，但归根结底照顾政策是对人们三种需求的回应，即对照顾服务需求的回应、对照顾时间需求的回应以及对经济支持需求的回应。一般来说，学术上通常从这三个方面来分析某个地区的照顾政策措施，并据此得出相应的照顾模式。因此，本章借鉴学术上的一般做法，认为责任共担模式下的早期儿童照顾的福利政策工具主要包括三种：经济政策、时间政策、服务政策。

表4.2　照顾的政策领域

	政策领域				
	社会政策	劳动力市场政策	教育政策	卫生政策	收入政策
假期	带薪和无薪的育婴假、陪产假和照顾假	暂时中断职业；时间储蓄账户；休假期间的工作权利	照顾提供者的培训假		
现金支付	付给照顾提供者或照顾接受者的家计调查式或社会保险式的津贴；儿童照顾代金券	因为人父母而退出劳动力市场的遣散费		居家护理津贴或补贴	
社会保障信用	对照顾提供者给予养老金和其他社会保障福利信用				
税收					同照顾相关开支的津贴
服务	公共儿童照顾；家庭帮助；上门送餐服务	工作场所的儿童照顾	托儿所；日托中心；学校；幼儿园	居家服务	
就业的激励措施	就业代金券	减少工作时间；兼职工作			
市场服务的激励措施	市场提供的照顾服务的费用补贴				市场服务中照顾费用的税收优惠

资料来源：Mary Daly. Care as a good for social policy［J］.Journal of Social Policy, 2002（4）.

4.3.1　时间政策

同儿童照顾相关的时间政策是指向工作的父母提供带薪或不带薪假期，使父母双方或者其中的一方能够暂时离开劳动力市场进行儿童照顾。通常来说时间政策包括产假（maternity leave）、陪产假（paternity leave）、育婴假（parental leave）、弹性工作时间（flexible time）等。

首先，产假是最传统也是最古老的时间政策，通常被认为是一项最基本的劳工权利。1919年，国际劳工组织出台了《生育保护公约》，规定妇女在产后六周内不准工作并且在不工作期间可以领取工资补贴。1948年，《世界人权宣言》规定母亲和儿童有权享受特别照顾和协助。1966年，《经济、社会和文化权利国际盟约》规定母亲于分娩前后相当期间内应受特别保护。工作之母亲应享受照给薪资或有适当的社会保障福利之休假。

对于母亲和孩子而言，产假对他们的身心发展有着极其重要的意义，因此世界上大部分国家积极响应国际上的号召，尽管不同国家的产假规定和产假时间长短各有不同，但是到了20世纪60年代几乎所有工业国家都建立了产假制度。截止到2014年1月，共有66个国家至少参加了国际劳工组织通过的三项生育保护公约之一，这三项公约分别为1919年的《生育保护公约》、1952年的《生育保护公约》（修订版）和2000版的《保护妇女生育公约》。[①]根据2000版《保护妇女生育公约》的最新规定，妇女有权享受不低于14周的产假，比1919年规定的6周和1952年规定的12周有所增加。2014年，国际劳工组织公布了2013年世界范围内185个国家的产假情况，见图4.2。数据显示总体来说有30%的国家产假长度超过14周但少于18周，23%的国家产假长度超过18周。其中东欧和中亚国家的产假长度最长，89%的国家产假长度超过了18周。中东地区的产假长度最短，92%的国家产假长度少于12周。从世界范围内来看，50%以上的国家和地区的产假标准达到

① Maternity and paternity at work: law and practice across the world International Labour Office［R］.Geneva: ILO, 2014: 2.

了国际劳工组织的最低限度要求，这对于儿童福利和妇女福利的发展有着重要的意义。

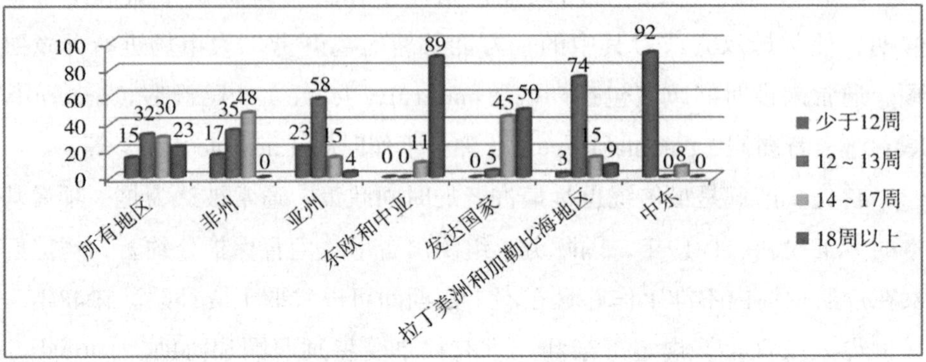

图4.2　2013年分地区的法定产假长度（185个国家和地区）

（Maternity and paternity at work：law and practice across the world International Labour Office.Geneva：ILO，2014：9）

其次，责任共担模式承认每个人都享有照顾权，不仅女性有照顾权，男性也有为人父母的权利以及对孩子进行照顾的权利和责任，这有助于打破传统的社会规范，促进性别平等。陪产假，也称父亲假，是指在孩子出生前后父亲所享有的用来照顾妻子和孩子的短暂假期。陪产假可以使父亲参与到早期儿童照顾中来，这对儿童的成长发展和性别平等会产生积极影响。韦尔塔（Huerta）指出休产假的父亲，尤其是那些在妻子分娩后立即休两周或两周以上的父亲，更有可能参与到早期儿童照顾中来。[①]父亲参与到早期儿童照顾中来会促进家庭内的性别平等，而家庭内的性别平等是社会性别平等的基础。陪产假为父亲提供了必要的时间和空间来培养早期儿童照顾的技能和责任感，促使他们转变观念，从认为早期儿童照顾是母亲的责任，即便自己进行早期儿童照顾也只是对母亲提供帮助，到使他们意识到早期儿童照顾是自己的分内责任，从经理—助手式抚养模式转变为合

① Huerta, M. Fathers' leave, fathers' involvement and child development: Are they related? Evidence from Four OECD Countries[J].OECD Social, Employment and Migration Working Papers, 2013.

作伙伴式抚养模式，这为未来更加公平的劳动分工创造了发展机会。①

最后，育婴假也称父母假，是指在产假或陪产假结束之后进行早期儿童照顾的一段较长时间。育婴假可以由父母双方共同享有，也可以由父母一方享有。20世纪70年代，考虑到女性就业和性别平等问题，欧洲国家开始出现育婴假制度，即工作着的父母有权利选择双方如何合理分配产假的使用。到了1996年，欧盟通过了育婴假指令，规定到1999年，不分性别的所有雇员都有权利获得至少三个月的不带薪产假，并且雇员有权在假期结束后恢复以前的或相似的工作。尽管育婴假制度规定育婴假由男女双方共同享有，然而在真正的执行过程中，通常由女性请育婴假，这会使女性在劳动力市场中处于更加不利的地位，进一步加剧性别不平等。

为了使父亲更好地参与到早期儿童照顾中来，育婴假制度规定了“父亲配额”，明确规定了父亲在育婴假中休假的比例，并且规定父亲的假期不能转让给母亲。育婴假制度和“父亲配额”出现的意义在于，国家逐渐意识并接受照顾孩子不仅仅是母亲的工作，父亲也有照顾孩子的责任并且理所应当参与到对孩子的照顾工作中来。但是直到现在为止，在关于育婴假的获取资格、假期的长短、休假期间的收入补偿、父母之间假期的分享以及假期的使用弹性上并没有国际统一标准，而是由各国政府自行规定，因此各国在育婴假政策的规定上有很大差异。除此之外，随着社会投资理论的兴起，人们越来越意识到儿童照顾对于整个国家和社会的重要意义，为此有些国家专门出台了弹性工作时间制度，目的在于帮助人们协调早期儿童照顾和工作，弹性工作时间制度的出现帮助女性得以尽快回到工作岗位中来。

4.3.2 经济政策

经济政策是对因生育和照顾儿童发生的经济成本给予直接或间接补偿

① Rehel, E.M.When dad stays home too: Paternity leave, gender and parenting[J]. Gender&Society, 2014(1).

的措施，通常来说，它是国家干预家庭最常用的一种政策工具，主要包括以儿童津贴和家庭津贴等现金为主的直接经济补贴和以税收减免为主的间接经济支持，目的在于帮助家庭摆脱因为养育孩子而陷入的贫困窘境，保证儿童的基本生活需要。

儿童津贴是国家针对儿童衣食住行等消费对家庭进行的经济支持措施，一般不包括同儿童相关的教育、医疗、住房、照顾等费用，通常以现金形式发放给父母。儿童津贴分为普遍型儿童津贴和选择型儿童津贴，大多数OECD国家采取的是普遍型儿童津贴，即所有有孩子的家庭都有资格领取儿童津贴。仅有少部分国家，如美国采取选择型儿童津贴，通过家计调查的方式来进行资格筛选。税收减免是指对有孩子的家庭实施的减税政策，是福利国家对有子女的家庭经常使用的一种经济支持手段。值得一提的是，福利国家的经济支持方式并非单纯的现金支持或税收减免，福利国家往往采取现金支持和税收减免的组合形式，以使父母和儿童得到充分的经济支持。

20世纪80年代开始，人们逐渐意识到儿童照顾的价值，出于认可家庭中照顾劳动价值的目的，针对儿童照顾这一问题，福利国家出台了针对3岁以下儿童的照顾津贴。儿童照顾津贴是为父母进行儿童照顾所发放的专项经济补助。儿童照顾津贴和父母是否就业无关，国家也不限制儿童照顾津贴的使用方式。父母在领取儿童照顾津贴后，可以选择自己在家照顾孩子，也可以选择将孩子送到日托机构进行照顾和教育。尽管儿童照顾津贴和其他经济支持措施一样增加了儿童的普遍福利，但是不同之处在于儿童照顾津贴包含了照顾的概念，肯定了照顾的价值，更给予了父母在儿童照顾安排上的更多选择机会，减轻了父母特别是母亲由于经济问题而无法托幼影响自己外出工作的顾虑。儿童照顾津贴有助于减少家庭之间的不平等。一方面儿童照顾津贴有助于减少有工作的女性和没有工作的女性的收入差距；另一方面，儿童照顾津贴有助于减少有机会参加公共儿童日托中心的家庭和那些没有机会参加的家庭之间的不平等。①

然而，儿童照顾津贴政策本身存在着矛盾之处。其一，儿童照顾津贴和公共儿童照顾服务此消彼长的矛盾。儿童照顾津贴的发放会严重影响公共儿童照顾服务的发展，如果国家将财政大量投入到儿童照顾津贴政策中来，那么有些家长会选择用这部分钱来购买非正式的儿童照顾服务，这在很大程度上会影响人们对公共儿童照顾服务的选择。而儿童照顾津贴会对儿童照顾方面的非正式劳动市场起到补贴作用，有利于其发展。其二，儿童接受高质量的照顾服务和父母自由选择儿童照顾安排的矛盾。在很多情况下，父母做出的选择并不一定是对儿童发展最有利的选择。在儿童照顾津贴和公共儿童照顾服务的比较选择中，尽管有大量研究表明，公共的高质量的儿童照顾服务对儿童的成长发展更为有利，然而依然有很多父母由于短视，会选择领取现金。其三，儿童照顾津贴本身目标的矛盾。儿童照顾津贴主要有两个目标，一是从父母的角度出发，为父母提供更多儿童照顾安排的选择；二是从儿童的角度出发，为儿童提供更多父母照顾和陪伴的时间。然而这两个目标却是矛盾的，因为父母可以自主选择如何支配儿童照顾津贴，有些父母会选择将孩子送到私人日托中心，从而保证自己继续留在劳动力市场，那么孩子就无法得到父母的亲自照顾。而有些父母选择留在家中照顾孩子，这在一定程度上会加剧传统的性别分工的发展。因为儿童照顾津贴通常远低于市场工资，父母双方必须要有一个人进入劳动力市场，在这种情况下，无论是根据社会的一般规范还是根据劳动力市场中的实际情况，往往由父亲外出工作承担起养家糊口的责任。因此，正如安第纳斯（Andenas）所言，儿童照顾津贴是国家给传统的丈夫/父亲的礼物。②

① Arnlaug Leira.Caring as Social Right: Cash for Child Care and Daddy Leave [J].Social Politics, Fall 1998.

② Andenses, A.Kontantstatte en gavepakke til mannen? [J] Dagbladet, 1997(9).

4.3.3 服务政策

早期儿童照顾的服务政策是指为家庭提供的早期儿童照顾和教育服务，以弥补家庭照顾功能的不足，服务主体通常包括政府、市场和社会组织。早期儿童照顾服务主要有三种形式，分别为公共日托照顾、私人日托照顾、家庭日托。每个国家关于日托照顾的规定都有所不同。以芬兰为例，芬兰政府规定0～6岁的孩子可以选择上日托中心，芬兰政府为了满足不同家庭的实际需要，提供了多种儿童照顾服务政策，如针对一般0～6岁儿童的公立日间照顾、私立日间照顾，针对乡村地区儿童的家庭日间照顾、团体家庭日间照顾、开放式日间照顾，路德教会提供的以宗教教育为主的教育团体（游戏团体、家庭圈等），[①]针对有特殊需要的儿童提供的特殊需要照顾等。

在过去，早期儿童照顾普遍被认为是家庭责任，早期儿童照顾服务往往是高收入家庭的特权，他们只能从市场中获得，如雇佣保姆。20世纪60年代以后，在第二次人口转变的社会背景下，离婚率的提高和非婚生育的增多导致单亲家庭不断增加，再加上女性劳动就业率不断提高，这些社会变化使得家庭内的早期儿童照顾功能逐渐减弱，家庭对早期儿童照顾服务的需求增加。20世纪90年代以来，社会投资理论的兴起和儿童的受照顾权利逐渐被人们认识并接受，使得早期儿童照顾不再被认为仅仅是家庭的责任，国家和社会有责任也有义务为早期儿童提供公共照顾服务。在这种社会背景下，福利国家越来越意识到公共早期儿童照顾服务的必要性。无论是从服务对象的普遍性来看，还是从价格和质量上来看，由国家管理和监督的公共早期儿童照顾服务都被认为是最佳的早期儿童照顾服务方式。[②]

“公共托育体系”的好处是，它可以提供一个具备价格、距离、质

① 刘智成，曹珊.强势开端Ⅲ：背景、内容及启示[J].学前教育研究，2013（5）：15-20.

② Jana Javornik.Measuring state de-familialism: Contesting post-socialist exceptionalism[J]. Journal of European Social Policy, 2014(3): 1-38.

量、时间弹性、在全国范围内质量相当等多种优势的儿童托育机构，可给包含弱势儿童在内的所有儿童享用。同时，对于普通儿童来说，一个就近的、平价的、时间弹性强和有品质保证的公共托育服务，不仅能强化家长信赖，也能减少交易成本，这比由市场自主供应的多种不同的服务质量更有利于家长使用。①

公共早期儿童照顾服务不仅可以缓解父母在家庭与工作之间的冲突，尤其是提高母亲的就业水平，而且有研究表明集体化的早期儿童照顾方式对儿童的成长发展有利。因此，20世纪90年代以后，公共早期儿童照顾服务在西方国家迅速地发展了起来。

4.4 “责任共担”模式下早期儿童照顾的主体

社会照顾范式认为早期儿童照顾并非单纯的个体家庭问题，而是广泛的社会政策议题。早期儿童照顾不可以完全依赖于家庭，一是“家庭失灵”会导致福利总量的不足难以满足儿童的福利需求；二是固有的社会性别分工会增加女性的照顾责任压力，影响女性的劳动力市场参与进而引起性别不平等；三是个体家庭所拥有的资源不平等会引起阶层分化，进而导致阶层不平等的代际传递。早期儿童照顾不可以完全依赖于国家，完全由国家提供的福利会导致“政府失灵”和福利依赖。早期儿童照顾也不可以完全依赖于市场，完全依赖于市场会出现“市场失灵”问题，难以保障早期儿童照顾服务的数量和质量。鉴于此，社会照顾范式下的早期儿童照顾强调提供主体和福利来源的多元化，倡导全社会共同承担早期儿童照顾责任。

① 刘云香，朱亚鹏.向儿童投资：福利国家社会政策的新转向[J].中国行政管理，2017(6).

4.4.1 家庭

工业社会以前，家庭和父母被认为是儿童照顾的唯一责任主体。家庭结构功能理论认为家庭是社会最基本的组成单位，家庭内包含着夫妻关系和亲子关系，家庭具备一定的功能承担着规范两性关系、组织社会生产和人口再生产、儿童社会教化和体现社会身份地位等基本功能，因此在社会体系和社会生活中发挥着重要作用。[①]儿童属于父母的私有财产，父母对儿童有绝对的权威。古罗马第一部成文法《十二铜表法》中规定：子女乃父母的私有财产，父亲对子女（包括除婚姻外的成年儿女）有生杀予夺之权。[②]因此，作为儿童“主人”的父母要承担养育儿童和教育儿童的责任，只有当家庭发生崩溃，父母无力承担抚养责任时，亲属、邻里街坊等社会力量才会介入并给予帮助。

因此，家庭结构功能理论认为家庭是早期儿童照顾的首要和最佳场所。在这种完全强调家庭功能和父母责任的理论支撑下，滋生出了自由放任主义及父权制的儿童福利政策导向。[③]这种福利政策导向一方面强调家庭的隐私性和自主权，认为父母和孩子的关系是私密且神圣的，父母有权决定对子女的养育方式，国家应该尊重家庭的自主权利，坚持有限干预的原则。另一方面，这种政策取向建立在现有的社会性别分工基础之上，认为父亲担任工具性角色，活跃在公共领域范围内，而母亲担任表意性角色，被安排在私领域范围内，自然而然地承担起早期儿童照顾的责任。

到了工业社会以后，伴随着社会的剧烈变迁，人们产生了新的需求和面临着新的困境，家庭的照顾功能难以满足父母和儿童的需求，因此需要国家介入。然而即便如此，家庭和父母对早期儿童照顾负有首要责任已

① 刘继同.国家与儿童：社会转型期中国儿童福利的理论框架与政策框架[J].青少年犯罪问题，2005(3)：4-12.

② 吴鹏飞.嗷嗷待哺：儿童权利的一般理论与中国实践[D].苏州：苏州大学，2013.

③ 陆士桢，常晶晶.简论儿童福利和儿童福利政策[J].中国青年政治学院学报，2003(1)：1-6.

经成为我们人类社会的基本共识。对此，信任理论给出了解释。信任理论认为由于血缘关系和基因遗传等原因，父母成为早期儿童照顾的最合适人选，社会出于对父母的信任进而赋予父母养育儿童的责任。①1990年生效的《儿童权利公约》规定了父母对儿童成长负有首要责任。②

“责任共担”模式下的早期儿童照顾强调，对于早期儿童来说，家庭是最基本的福利生产部门，为年幼的子女提供照顾是家庭最主要的功能之一。在家庭中，早期儿童照顾的提供者是父母、祖父母、外祖父母或其他家庭成员，特别是父母要承担养育儿童和教育儿童的首要责任。通常来说，家庭照顾以血缘关系为基础，以爱、责任、传统作为提供照顾的动机，以家庭为基本支撑单位。家庭作为最基本的照顾生产部门，不仅能够为早期儿童提供一个基本的生长环境，为早期儿童提供及时有效的照顾服务，满足早期儿童最基本的照顾需求，而且能够满足早期儿童对爱、关怀、亲密等情感的需求，良好的家庭照顾和教育对于塑造儿童健康的人格和培养儿童积极乐观的性格有着极其重要的作用。

4.4.2 国家

早期儿童照顾脱离个体家庭范围成为社会政策议题有其历史必然性，它是工业化、城市化和现代化发展所引起的社会结构变迁的客观产物，是每个国家都要面对的福利议题。

人类诞生以来的很长一段时间内，早期儿童照顾完全依赖于家庭，然而这一时期低下的生产力发展状况、匮乏的物资条件以及落后的社会制度难以保证家庭有充分的资源提供同儿童正常成长发展相关的生存、生活需要，因此儿童的福利状况很不乐观。即便面对这样的情况，国家也很少介入其中，同早期儿童照顾相关的基本日常生活和安全稳定的家庭生活环境，包括婴儿照顾、营养食品、健康照顾、基础教育和家庭生活等领域都

① 程福财.家庭、国家与儿童福利供给［J］.青年研究，2012（1）：50–95.

② 儿童权利公约［Z］.1989–11–20.

存在着相当严重的问题，这一时期的儿童福利严重不足。[①]

纵观欧洲的发展史，发现除了客观的限制条件外，人们对国家与儿童之间关系认识的历史限制成为国家对早期儿童照顾不介入的主要原因。在古希腊和罗马时期，普遍的观点认为儿童是父母的合法财产，任由父母随意处置，父母对子女的权利包括“司法审判权、生死之权，任为身体之惩罚，任为出卖、出养、婚配或限制自由等权力；且遇有可归责于子女事由造成他人损害时，家父长得将子女交付他人以为赔偿。”[②]由于这一时期的儿童并没有生存权和受照顾权，因此国家也就无法对这方面进行干预。但是人们已经认识到儿童对国家未来发展的重要性，意识到儿童是国家的财富，国家有对儿童进行教育的职责，然而这是建立在对儿童生存权和受照顾权的践踏之上的。例如亚里士多德主张国家对婴儿进行检验，只有身体健康的婴儿才得以存活，当他们成长到一定年纪时强制性地接受国家的教育，而那些身患残疾的婴儿不允许被抚养。[③]

工业革命之后，随着社会结构和家庭结构的变化，个体儿童问题越来越多，逐渐发展成为社会问题。再加上文艺复兴之后，思想家们开始广泛讨论儿童的价值和权利，儿童不是成人的依附而是权利的主体的观念慢慢被社会所接受。因此，同儿童相关的一系列问题开始被社会所认识，儿童福利、儿童保护、儿童照顾逐渐成为公共政策议题。自此，国家开始成为儿童照顾的重要责任主体，并衍生出儿童照顾的国家责任理论。国家责任理论起源于古希腊、古罗马时期，发展于工业革命时期，成熟于“福利国家”时期。[④]国家责任理论结合了父权主义学说，认为妇女和儿童是心智不健全的群体，他们无法理性思考，不具备完全的民事行为能力，因此他们

① 刘继同.国家与儿童：社会转型期中国儿童福利的理论框架与政策框架[J].青少年犯罪问题，2005(3)：4-12.

② 吴鹏飞.嗷嗷待哺：儿童权利的一般理论与中国实践[D].苏州：苏州大学，2013.

③ 王本余.儿童权利的观念：洛克、卢梭与康德[J].南京社会科学，2010(8)：130-136.

④ 刘继同.国家与儿童：社会转型期中国儿童福利的理论框架与政策框架[J].青少年犯罪问题，2005(3).

需要依赖成年男性的保护而活。在父权主义思想下建立的国家，成为行使父权主义权威的代表，因此国家有对儿童进行保护和照顾的责任。

从经济学的角度来看，传统社会中的儿童从小就是家庭中的劳动力，他们可以为父母带来收益，具有明显的竞争性和排他性，因此传统社会中的儿童属于私人产品。到了现代社会，随着生产力的发展以及儿童权利理论和儿童保护法的发展和完善，儿童不再能为父母带来直接的经济收益。而作为未来的劳动者和纳税人，儿童将会惠及全社会，非竞争性和非排他性明显，因此现代社会中的儿童是公共产品。①早期儿童照顾具有明显的正外部性，儿童照顾所产生的正面效应由全社会共享。对于儿童本身来说，高质量的早期儿童照顾和教育会促进儿童大脑和社会性的发展，提高儿童的健康水平，降低儿童未来的犯罪概率，因此早期儿童照顾和教育对于儿童未来发展会产生积极的影响。国家作为主体参与到早期儿童照顾中来，一方面可以为儿童提供专业的高质量的正式照顾服务，另一方面可以为所有儿童提供平等的照顾机会。对于儿童的家庭来说，国家介入到早期儿童照顾中可以促进母亲的不间断就业，提高女性的经济能力，既可以减轻低收入家庭的负担，又可以帮助女性合理安排就业规划，促进性别平等。对于社会来说，国家介入早期儿童照顾可以缩小阶层差距，促进社会和谐。②

"责任共担"模式下的早期儿童认为，对于早期儿童照顾而言，国家是除家庭以外最重要的责任主体。国家指的是公共部门，包括从中央到地方的各级政府，国家在早期儿童照顾上的主要作用包括制定同早期儿童照顾相关的政策和法规、进行监督和管理以及购买和提供服务。

"责任共担"模式强调国家对早期儿童负有照顾责任，其理论基础是公民权利理论和儿童权利理论。公民权利理论和儿童权利理论认为，儿童不是父母的附庸，而是独立、自由、平等的权利主体。一方面，基于人

① Nancy Folbre.Children as public goods[J].The American Economic Review, 1994(2): 86–90.

② Verry, Donald.An economic framework for the evaluation of child care policy[R]. Paris: OECD, 1992.

的本性和尊严而言，儿童是整个人类群体中的一部分，因此儿童权利是一种人权，儿童享有作为人最基本的权利，包括生存权、言论自由权、隐私权等基本人权。儿童的公民身份要求他们享有共同体成员普遍享有的福利权。然而另一方面，由于生理和心理上发展的不成熟，儿童是人类群体中的弱势群体，所以享有特殊权利，包括享有来自家庭和整个社会的受照顾权、受保护权、受教育权等。同国家责任理论下的国家对儿童居高临下式的保护不同，在“责任共担”模式下的早期儿童照顾中，国家与儿童的关系是基于权利的平等协商式的照顾，国家之所以负有对儿童的照顾责任，是因为作为人、作为公民的儿童有权享有这种照顾权利。而国家作为责任主体，其优势在于能够稳定、公平地为所有早期儿童提供普遍性照顾福利，弥补家庭照顾资源的不足，在保障儿童照顾资源充分的同时解决家庭所面临的难题。

4.4.3 市场

市场指的是交易的场所，同时也是指交易行为的总称，它是社会分工和商品生产的产物，存在社会分工和商品交换的地方就存在市场和市场行为。因此，从市场的概念上来讲，早期儿童照顾领域存在市场空间和市场行为，市场为早期儿童照顾提供服务。

市场是早期儿童照顾的重要责任主体，是早期儿童照顾服务的直接提供者。同早期儿童照顾相关的市场服务包括月嫂、育婴师、保姆等居家有偿照顾服务，和早教中心、托儿所、幼儿园等机构提供的照顾服务以及其他营利性服务。市场进行早期儿童照顾生产的动机是产生利润，照顾对象是消费者，核心职能是按照市场规律提供各种形式的早期儿童照顾服务。

市场作为早期儿童照顾的责任主体，其优势是显而易见的。首先，从市场本身的特点来说，市场具备竞争性和灵活性的特征，因此市场参与早期儿童照顾的优势在于可以针对不同的服务对象提供个性化、多元化的服务，以满足不同服务对象的需求。其次，从市场与家庭的关系来说，市场所提供的早期儿童照顾是家庭照顾不足时的重要替代。在家庭照顾功能不全和家庭照顾资源不足时，如果公共照顾不能起到及时有效的补充，那么这个时候市场就要发挥其相当重要的照顾资源替代功能。最后，从市场与政府的关系来看，二者在早期儿童照顾的发展上起到相互促进的作用。一方面，政府通过政策规定和经费资助来培育和扶持早期儿童照顾市场的发展，以此来扩大服务的供给、降低服务的价格。另一方面，市场的逐利性特点促使其在早期儿童照顾行业的标准制定和发展规划等方面领先于政府，因此，政府在关于早期儿童照顾的政策制定上，市场可以提供相应的参考标准。

然而与此同时，市场提供的早期儿童照顾服务也存在着问题。一般来说，市场的竞争性可以促使市场生产出“好”的服务，但是在早期儿童照顾市场却不一定，甚至高的价格也不能买到好的质量。一方面，照顾服务同其他服务不同，决定照顾好坏的并非结果，而是过程。被照顾者在被照顾的过程中是否被尊重、热情、专业、善良、礼貌地对待决定了照顾的质量，这种评估方式就使得评估照顾好坏的过程变得十分的困难，因为这种过程式的评估方式不同于以往“时间—任务”式的结果式评估方式，难以确定有效的绩效指标作为评估标准。另外，早期儿童照顾服务的服务购买者和使用者不一致，由于生理和心理发展的限制，早期儿童难以正确评估照顾质量的好坏，再加上早期儿童照顾服务的过程式评估方式，家长也难以正确评估服务质量。

4.4.4　社会组织

社会组织是指在社会转型过程中由各个不同社会阶层的公民自发成立的，具有非营利性、非政府性、社会性特征的各种组织形式及其网络形态。[①]在早期儿童照顾的责任共担模式中，社会组织是公民社会中重要的照顾服务供给主体。社会组织的福利来源包括互助组织、志愿组织、慈善组织、社区组织、各行业协会、社会团体等提供的福利。

一直以来，社会组织在早期儿童照顾的福利供给中发挥着重要的作

① 王名.我国社会组织发展的历史趋势[J].吉林大学社会科学学报，2009(4)：5–159.

用。早在近代资本主义社会以前，西方社会的宗教救济就部分地承担了社会福利供给的功能。西方的基督教义强调爱人如己，倡导教徒多行善事，提倡社会进行慈善捐赠。基督教具有广泛的社会影响力，吸引着公众力量的参与。可以说这一时期，由基督教等宗教团体发起的慈善组织在残疾人、老人、儿童的救济和照顾中发挥着核心的作用。1601年，英国颁布了《慈善用途法》，确定了慈善组织的基本规范和制度框架，在法律层面上确定了慈善组织的合法性基础，进一步促进了慈善组织的制度化发展。到了19世纪，人口的快速增长和工商业的发展催生了越来越多的社会问题，面对这些急需解决的社会问题，西方国家的志愿组织开始蓬勃发展。例如，1884年，英国人巴奈特（C.S.A.Barnett）建立了汤恩比馆，这成为当时世界上第一个社区公社；1869年，英国成立了全国性的慈善组织协会。这些志愿组织对贫困儿童的救助和照顾起着相当重要的支持作用。1919年，英国成立了救助儿童会，该组织的服务对象是流浪儿童、残疾儿童、被拐卖儿童等处于困境中的儿童，目的在于通过与政府和社区的广泛合作来救助和照顾这些处于困境的儿童，使他们能拥有一个更美好的明天。①

尽管这一时期的社会组织在福利供给方面发挥了重要作用，但其仍被看作是一种补充性福利，只是起到政府福利功能不足时的补充性作用。直到福利国家建立之后，福利危机的出现使人们逐渐意识到国家在福利供给方面的有限性，社会组织并非只起到单纯的补充性作用，而是多元福利主体的重要组成部分，是解决福利国家危机的重要手段。

直到现在，社会组织作为公共服务的重要责任主体，已经成为西方国家传递公共服务的一种普遍模式，尤其是在为老人、儿童、残疾人等提供服务时，社会组织起着其他福利主体难以替代的作用。第一，社会组织可以为服务对象提供针对性的服务。社会组织扎根于基层，直接面对服务对象，了解服务对象的需求，可以针对服务对象的需求提供专门的服务。回归到早期儿童照顾中来，社会组织的照顾生产动机是服务精神、人文关

① 王作宝，满小欧.儿童贫困治理的几个理论问题[J].人口与社会，2014(3)：62-67.

怀，因此在面对早期儿童时，社会组织可以提供更具有关怀性和柔情性的服务，这正是早期儿童照顾所需要的服务特质。第二，社会组织可以提供专业、灵活的服务。不同的群体有着不同的服务需求，甚至同一群体中也存在着需求的分化。政府可以提供最普遍、最广泛的公共服务，然而这也是政府作为福利主体所存在的问题，即专业性和灵活性不足。而随着社会组织的不断发展，社会组织的服务对象逐渐趋向单一，与此同时专业性越来越强，如针对老年人和儿童有不同的社会服务组织。针对不同的服务对象，他们采取的服务方式和服务技巧也大不相同，如针对早期儿童照顾的服务就不仅需要一般的婴幼儿护理技巧，还要求具备专业的早教能力，这对专业性有着很高的要求。第三，社会组织起着沟通、协调的功能。社会组织可以将社会公众的需要向政府反映，起着政府和服务对象、政府和家庭之间的沟通桥梁的作用。

4.5　“责任共担”模式下早期儿童照顾的社会效果

4.5.1　阶层平等

责任共担模式下的早期儿童照顾强调早期儿童的照顾责任由国家、市场、家庭和社会组织共同分担，这有利于促进阶层平等。一方面，国家提供公共儿童照顾可以弥补家庭照顾资源的不足，代替市场中昂贵的照顾服务，保证不同阶层的儿童享有平等的受照顾权，缩小阶层差距的代际传递。通常来说，父母的经济状况会影响儿童的受照顾情况。以母亲为例，学历高、工作好的母亲往往会选择将孩子送到早期儿童照顾机构。因为对于这部分人来说，同在家照看孩子相比，工作会给她们带来更多的收益，为了在职业上得到更好的发展，她们希望可以尽早上班，尽量减少照看孩子对她们工作所产生的负面影响。而与此相反的是，受教育水平低、工资水平低的母亲往往会选择自己在家照看孩子。因为对于这部分人来说，她们所从事的往往是专业性不高、替代性较强、发展前景并不明朗的职业，与其上班领取并不丰厚的薪水，不如选择在家自己照看孩子，慢慢地她们就会被劳动力市场所淘汰。如此一来，就会形成一种恶性循环：学历越高、薪资待遇越好的女性在职业上的发展会越好，他们的家庭收入会越高，孩子会接受更专业的照顾和教育；而学历越低、薪资水平越低的女性在职业上的发展越差，他们的家庭收入会越低，孩子由于没有接受专业的学前教育，在今后的发展上会变得相对不利。如此，便形成了阶层差距的代际传递。而国家介入到早期儿童照顾中来，提供早期儿童的公共照顾服务，以此来保证每个早期儿童都有接受高质量的公共照顾的机会，为每个早期儿童提供同样的受照顾和教育的平台，这有利于缓解阶层差距，也有利于缩小阶层差距的代际传递。

另一方面，社会组织的参与可以弥补公共儿童照顾资源的不足，以此来缓解阶层差距。尽管公共儿童照顾具有普遍性，但是公共儿童照顾机构的设置还是要考虑到人口基础，以防止公共资源的浪费。以芬兰的日托中心为例，根据芬兰的法律政策来看，不论家庭条件如何，芬兰0～6岁的儿童有权利享受早期照顾和教育服务。对于城市和城镇来说，日托中心的设置可以满足大部分家庭的要求。然而对乡村来说，由于家庭之间距离较远或者乡村人口过少，如若设置日托中心会导致公共资源的浪费，因此乡村家庭只能选择母亲在家照顾孩子，如此就会形成前文所说的阶层差距的代际传递。针对这个问题，社会组织可以介入其中，通过政府购买服务的方式为这部分早期儿童提供更灵活的照顾服务，以此来弥补公共儿童照顾资源不足的问题，进而缓解阶层差距。

4.5.2　减少儿童贫困

儿童贫困是指“在对他们的生存、发展以及健康十分必要的物质、情感和精神资源等方面遭遇匮乏，导致他们不能实现权利、发展潜力、不能平等和完全地参与社会。”[①]由此可见，儿童贫困并不单指经济上的匮乏，还包括情感和精神上的匮乏。儿童贫困所包含的维度并不单纯指经济维度，也包含服务维度，其中包括照顾、教育、文化、卫生保健等，经济维度主要关注个人和家庭的经济水平，而服务维度则关注的是公共资源的提供。[②]引起儿童贫困的原因很多，其中最直接的因素是家庭。而在家庭成因中，父母的就业水平和儿童的贫困率成正比。有研究表明，在OECD国家，单亲家庭中家长没有工作的儿童贫困率是单亲家庭中家长有工作的儿童贫困率的三倍；双亲家庭中父母双方都没有工作的儿童贫困率是父母一方工作的儿童贫困率的三倍，而父母一方工作的儿童贫困率是父母双方工作的儿童贫困率的三倍。[③]

责任共担模式下的早期儿童照顾采取国家、市场、家庭、社会组织四个部门责任共担的福利生产模式，帮助家庭分担早期儿童照顾的经济压力；通过时间政策、经济政策和服务政策的组合运用，帮助父母提高其劳动力市场参与率。因此，责任共担模式下的早期儿童照顾可以有效地减少儿童贫困。一方面，早期儿童的成长要依托于家庭，而早期儿童在成长的过程中往往要涉及很多领域，包括照顾、医疗、教育等方方面面同早期儿童成长发展相关的服务，单纯依靠家庭提供这些方面的资源显然是不够的。而不同部门之间共同承担早期儿童照顾可以极大地减轻家庭的经济压力，有效预防由于家庭经济崩溃所导致的儿童贫困。另一方面，通过时间政策来保证父母因进行早期儿童照顾而在休假期间获得高水平的替代工资，来减轻父母在短暂离开劳动力市场时的经济压力；通过服务政策对早期儿童提供替代性服务，特别是公共早期儿童照顾服务，来保证父母特别是母亲在劳动力市场中的参与率；通过运用经济政策对早期儿童和为早期

① UNICEF.The State of the World's Children 2005-Childhood Under Threat[R].New York: UNICEF, 2005: 20.

② 王作宝，满小欧.儿童贫困治理的几个理论问题[J].人口与社会，2014(3).

③ OECD.Babies and Bosses: Reconciling Work and Family Life.A Synthesis of Findings for OECD Countries[R].Paris: OECD Publishing, 2007: 66.

儿童提供照顾的父母进行经济补贴，以此来弥补早期儿童照顾者在进行照顾时的经济损失，减轻了父母双方或一方由于进行早期儿童照顾而无法工作所造成的经济压力，减少儿童陷入贫困的可能性。

4.5.3 性别平等

劳动力市场中的性别平等对于全面实现性别平等具有重要意义。因此，责任共担模式下的早期儿童照顾主张通过运用服务政策为早期儿童提供专业的早期照顾和教育服务，来实现早期儿童的社会化照顾，以此来降低女性参与劳动力市场的成本，将女性从家庭照顾中解放出来，提高女性的劳动力市场参与率，促进男女在就业水平上平等，进而促进社会整体的性别平等。然而，照顾的特殊性在于包括早期儿童照顾在内的照顾不能被完全的社会化，家庭或多或少需要承担一部分的照顾职责。而且有大量的研究表明，家庭照顾对早期儿童的发展以及其今后一生的发展起着难以替代的作用。因此，责任共担模式下的早期儿童照顾强调私领域范围内照顾责任的性别分担，倡导父母共同分担照顾责任。

首先，通过经济政策为早期儿童和他的照顾者提供经济支持，以此来降低照顾者在提供照顾时所造成的经济损失，肯定照顾提供者所做出的照顾贡献，在政策层面上承认照顾的价值。其次，通过运用时间政策中的育婴假、父亲配额等政策手段，来鼓励企业为男女提供同等的假期安排来进行早期儿童照顾。通过这种措施，一方面，缓解女性由于生育和照顾孩子而不得不暂时退出劳动力市场的不利地位，为男女提供更加平等的就业条件；另一方面，鼓励父亲参与到早期儿童照顾中，要求在家庭范围内父母共同分担早期儿童照顾的责任。据此可见，责任共担模式下的早期儿童照顾强调父母双方既是“就业者”又是“照顾提供者”。工资水平高且灵活性强的假期政策、高质量且普遍的服务政策等都有利于促进性别平等：一是有利于提高女性的劳动力市场参与率，二是有利于促进私领域范围内照顾责任的性别分担。

第5章　社会照顾范式下早期儿童照顾的国内外经验

5.1　中国计划经济时期的早期儿童照顾及其基础与问题

5.1.1　计划经济时期集体化的早期儿童照顾模式

在计划经济时期，中国对早期儿童照顾进行了一系列的集体化尝试，在政策上呈现出公共性的特点。

首先，从服务政策上来看，托幼政策是中国早期儿童照顾的主要服务政策，甚至可以说，托幼政策是计划经济时期中国早期儿童照顾的主要政策。计划经济时期早期儿童照顾的公共性特点，其主要表现形式是集体化的托幼政策。

在城市，单位承办集体化的早期儿童照顾服务。1951年，中央人民政府政务院颁布了《劳动保险条例》，规定各企业工会可根据企业的经济状况和工人的需要办理托儿所等集体劳动保险事业。1953年，养老保险司发布的《中华人民共和国劳动保险条例实施细则修正草案》又对此进行了具体的规定。

实行劳动保险的企业的女工人女职员，有四周岁以内的子女二十人以上，工会基层委员会与企业行政方面或资方协商单独或联合其他企业设立托儿所（如尚未具备设立托儿所条件，而有哺乳婴儿五个以上须设立哺乳室）。其房屋设备、工作人员的工资及一切经常费用，完全由企业行政方面或资方负担。①

在农村，人民公社对早期儿童提供照顾服务。1958年，中国共产党第八届中央委员会第六次全体会议通过的《关于人民公社若干问题的决议》中提到：

要办好托儿所和幼儿园，使每一个孩子比在家里生活得好、教育得好，使孩子们愿意留在那里，父母也愿意把孩子放在那里。父母可以决定孩子是否需要寄宿，并且随时可以把孩子领回。为了办好托儿所和幼儿园，公社必须大量培养托儿所和幼儿园的合格的保育员和教师。

公社适应广大群众的迫切要求，创办了大量的公共食堂、托儿所、幼儿园、敬老院等集体福利事业，这就特别使得几千年来屈伏在锅灶旁边的妇女得到了彻底的解放而笑逐颜开。②

这一时期，中国托幼事业的政策目标包括两方面：一方面，要解放妇女生产力；另一方面，要对早期儿童进行照顾和教育。1949年通过的《中国人民政治协商会议共同纲领》确立了妇女享有同男子同样的权利，和保护妇女、儿童身心健康的大政方针。明确规定了“妇女在政治的、经济的、文化教育、社会生活的各方面，均有与男子同样的权利”，要“注意保护母亲、婴儿和儿童的健康”③。1952年，中央政府颁发了《幼儿园暂行规程（草案）》，对幼儿园的任务、目标、学制、设置、领导、教养原则、教养活动项目、组织会议制度、经费、设备等做出规定。明确规定了幼儿园的任务是教养幼儿，同时减轻母亲的照顾负担，方便母亲参加生

① 中华人民共和国劳动保险条例实施细则修正草案[Z].1953-1-26.

② 中国共产党第八届中央委员会第六次全体会议通过关于人民公社若干问题的决议（一九五八年十二月十日）[Z/OL].http: //www.people.com.cn/GB/shizheng/252/5089/5100/5219/20010428/454521.html.

③ 中国人民政治协商会议共同纲领[Z].1949-9-29.

产劳动等其他活动。此外，规程要求办理寄宿制幼儿园，来照顾幼儿的食宿，便于幼儿父母外出工作。与此同时，为了方便农业、游牧业、渔业等地区的妇女进行劳动生产，要求建立季节性的幼儿园。

这一时期，中国的托幼服务包括两种形式：一种是针对0～3周岁儿童的托儿所；另一种是针对3～6周岁儿童的幼儿园。并规定了托儿所、幼儿园由卫生行政部门和教育行政部门共同领导。1956年，教育部、卫生部、内务部联合发布了《关于托儿所幼儿园几个问题的联合通知》，明确了托儿所和幼儿园的主要目标对象和归属部门。具体规定如下：

托幼所和幼儿园应依儿童的年龄来划分，即收三周岁以下的儿童者为托儿所，收三至六周岁的儿童者为幼儿园。

有关方针、政策、规章、制度、法令、教育计划、教育内容、教育方法、儿童保健等业务，在托儿所的方面，则统一由卫生行政部门领导；幼儿园内的托儿班由卫生行政部门进行业务指导；幼儿园统一由教育行政部门领导，托儿所内的幼儿班由教育行政部门进行业务指导。

托儿所、幼儿园的发展，必须更好地依靠群众，配合群众团体——妇联、工会，动员多方面的人力、物力来进行……托儿所、幼儿园应贯彻整顿、巩固、稳步发展并以工厂、机关、团体、群众自办为主的方针……发展重点应放在工业地区和大、中城市。至于农村，应根据需要与自愿的原则，提倡农业生产合作社或互助组办理季节性的托儿所和幼儿园。①

此外，联合通知要求新中国托儿所、幼儿园的发展要以又快、又多、又好、又省为方针，各地区要根据当地的实际需要和条件积极发展托儿所、幼儿园。

1958年，中共中央、国务院发布了《关于教育工作的指示》，要求全国应在3至5年的时间内，基本完成大多数学龄前儿童都能入托儿所、幼儿

① 关于托儿所、幼儿园几个问题的联合通知[Z].1956-2-23.

园的任务。

新中国成立至改革开放前的这一时期，中国的托幼政策明确了托儿所和幼儿园的社会福利性质，公共托幼服务体系的建立和集体式的托幼服务形式将妇女从早期儿童照顾中解放出来，使广大妇女能够积极加入新中国的建设中来。尤其是20世纪50年代中后期，国家出台了多项托幼政策方针，大力鼓励托幼事业的发展。全国幼儿园从 1957 年的 1.6 万处，猛增至 1958 年的 69 万处，1960 年又增至 78 万处。[①]尽管到了20世纪60年代，受“文化大革命”的影响，中国的托幼政策和托幼事业的发展跌入了谷底，托儿所和幼儿园的数量骤减，但依然没有改变我国托幼服务的公共性质。到了20世纪70年代，国家开始重新重视托幼服务，中国的托幼事业的春天再次来临。

其次，从时间政策上来看，产假是计划经济时期中国早期儿童照顾的唯一时间政策。1951年的《中华人民共和国劳动保险条例》、1953年的《中华人民共和国劳动保险条例实施细则修正草案》、1955年的《关于女工作人员生产假期的通知》，对中国女性的产假时间和产假期间的工资标准做出了具体规定。

1951年，政务院发布了《中华人民共和国劳动保险条例》，规定女工人与女职员生育时，产前、产后共给假五十六日，产假期间工资照发；产假期满（不论正产或小产）仍不能工作，经医生证明后，均按疾病待遇规定处理；劳动保险的各项费用，全部由实行劳动保险的企业行政方面或资方负担。1953年，养老保险司发布了《中华人民共和国劳动保险条例实施细则修正草案》，明确指出产假（不论正产或小产），应包括星期日及法定假日在内，不再补假；实行劳动保险的企业的临时工、季节工及试用的女职工，怀孕及生育时，其怀孕检查费、接生费、生育补助费及生育假期与一般女工人女职员同；产假期间由企业行政方面或资方发给产假工资，

① 唐淑，等.中华人民共和国幼儿教育60年大事记（上）[J].学前教育研究，2009（9）：66–71.

其数额为本人工资百分之六十。1955年，国务院发布了《国务院关于女工作人员生产假期的通知》，其针对各地有关国家机关女工作人员生产假期的执行不一致的问题，做出了统一规定，明确规定产前、产后共给假56天，难产或双生的职工增加假期14天；产假期间（包括星期日及法定假日在内），工资照发；产假期满，因病需要继续休养者，按病假处理。

计划经济时期，中国女职工的产假时间是56天，产假期间的工资由员工所在单位承担，这体现了国家对女性生育价值的认可，也有利于维持女性的生活水平。然而值得一提的是，这一时期的时间政策仅仅针对女性，并未涉及到同男性相关的陪产假和育婴假。这体现了计划经济时期中国同早期儿童照顾相关的时间政策的价值理念，即生育以及接下来的早期儿童照顾仅仅和女性相关，属于女性责任，男性不被要求参与其中。

最后，从经济政策上来看，计划经济时期，中国同早期儿童照顾相关的经济政策发展并不充分。在这一时期，仅有1953年的《中华人民共和国劳动保险条例实施细则修正草案》对同早期儿童照顾相关的经济支持做出了政策性规定。

女工人女职员或男工人男职员之妻生育，如系双生或多生时，其生育补助费应按其所生子女人数，每人发给八万元。

托儿饮食费由托儿父母负担，如托儿父母经济确有困难者，得由劳动保险基金项下予以补助，但对每个儿童的补助不得超过托儿饮食费的三分之一。[①]

可见，计划经济时期中国的经济政策包括针对多子女家庭的生育补助费，和针对贫困家庭的托幼补助费，其面对的是特殊人群，并不具备普遍性。

从计划经济时期中国早期儿童照顾的服务政策、时间政策、经济政策可以看出，计划经济时期中国所采取的是集体化的早期儿童照顾模式。从

① 中华人民共和国劳动保险条例实施细则修正草案[Z].1953-1-26.

部门分担的角度来看，集体化的早期儿童照顾模式强调早期儿童照顾责任在家庭、国家和单位之间分担。由此可见，计划经济时期中国的早期儿童照顾模式带有一定程度社会照顾范式下“责任共担”模式的特点。

5.1.2 计划经济时期早期儿童照顾模式的基础

5.1.2.1 文化基础

在计划经济时期，马克思主义的妇女解放理论指导着中国早期儿童照顾模式的建立和发展，是中国计划经济时期集体化早期儿童照顾模式的文化基础。

马克思主义认为社会分工是妇女遭受压迫的根本原因。在人类学家摩尔根（Lewis Henry Morgan）对人类家庭的血亲制度和婚姻制度的研究基础上，恩格斯对人类家庭的形式、家庭关系、社会分工以及私有制等进行了考察和总结，解释了家庭形式的变化和发展，并揭示了在这个过程中妇女在家庭和社会中的地位是如何改变的。根据生产力发展水平的不同，人类社会可以分为三个发展阶段，即蒙昧时代、野蛮时代和文明时代。在人类社会早期，由于生产力水平低下，人类的繁衍关系着人类社会的整体存亡，为了鼓励生育，对应的婚姻形式是自由开放的群婚制。当时形成了简单的社会分工，男子负责捕猎、打鱼等任务来收集食物，妇女负责制作食物、养育孩子等家务，由于当时妇女所负责的任务相对于男子来说更为稳定，并且直接关系到整个氏族的存亡，因此那时候相对应的出现母系氏族社会，妇女占统治地位并成为人类社会的主导者。在当时，“委托妇女料理的家务，正如由男子获得食物一样，都是一种公共的、为社会所必需的事业”。[①]由于生产力发展水平的限制，妇女的统治地位一直持续到野蛮时代的中级阶段。

随着生产力的不断发展、私有制的出现、一夫一妻家庭制度的建立，男性逐渐形成主导地位，而女性所从事的家务劳动的性质变得私有化，并

① 马克思，恩格斯.马克思恩格斯全集（第4卷）[M].北京：人民出版社，1958：426.

且不为社会所认同。如此一来，女性逐渐沦为男性的附属品，在家庭和社会中处于劣势地位。

随着畜群和其他新的财富的出现，便发生了对家庭的革命。谋取生活资料总是男子的事情，谋取生活资料的工具也是由男子制造的，并且是他们的财产。畜群是新的谋取生活资料的工具，最初对它们的驯养和以后对它们的照管都是男子的事情。因此，牲畜是属于他们的；用牲畜交换来的商品和奴隶，也是属于他们的。这时谋生所得的全部剩余都归了男子；妇女参加它的享用，但在财产中没有她们的份儿。“粗野的”战士和猎人，以在家中次于妇女而占第二位为满足，但“比较温和的”牧人，却依恃自己的财富挤上了首位，把妇女挤到了第二位。而妇女是不能抱怨的。家庭内的分工决定了男女之间的财产分配；这一分工仍然和以前一样，可是它现在却把迄今所存在的家庭关系完全颠倒了过来，这纯粹是因为家庭以外的分工已经不同了。从前保证妇女在家中占统治地位的同一原因——妇女只限于从事家务劳动，——现在却保证男子在家中占统治地位；妇女的家务劳动现在同男子谋取生活资料的劳动比较起来已经相形见绌；男子的劳动就是一切，妇女的劳动是无足轻重的附属品。[①]

社会分工和私有制使得妇女从母权社会时期的统治地位，转变为父权社会时期的被压迫地位。因此，要想实现妇女解放，便需要消除私有制，依靠现代工业的发展，使妇女积极参与社会劳动，融入社会公共事业中来。而在现有的社会分工条件下，妇女参加社会劳动的一个前提条件是家务劳动社会化。恩格斯指出：

只有在废除了资本对男女双方的剥削并把私人的家务劳动变成一种公

① 恩格斯.家庭、私有制和国家的起源[M].北京：人民出版社，1999：168.

共的行业以后，男女的真正平等才能实现。①

妇女解放，只有妇女可以大量地、社会规模地参加生产，而家务劳动只占她们极少的功夫时，才有可能。而这只有依靠现代工业才能办到，现代大工业不仅容许大量的妇女劳动，而且是真正要求这样的劳动，并且它还力求把私人的家务劳动逐渐溶化在公共的事业中。②

根据马克思和恩格斯的妇女解放路径，列宁进一步发展了妇女解放理论。他一针见血地指出妇女是家庭的奴隶，她们被“最琐碎、最粗重、最辛苦、最使人愚昧”③的家务压迫得无法呼吸。妇女运动的主要任务是争取妇女在政治、经济和社会上的平等，而非形式上的平等。

让妇女参加社会生产劳动，使她们摆脱“家庭奴役”，从一辈子只是做饭、看孩子这种使人变得愚鲁、卑微的从属地位中解放出来。这就是主要的任务。④

社会主义社会的建设需要广大妇女的参与，而只有通过家务劳动社会化的方式实现妇女政治和经济上的解放，才能使妇女摆脱琐碎的家务劳动，参加到社会主义的建设中来。因此，列宁倡导建设公共食堂、洗衣坊、托儿所、幼儿园等公共照顾设施以实现家务劳动社会化，并称这些为伟大共产主义事业的开端。

社会主义社会建设这件事，只有在男女完全平等的时候，只有在妇女摆脱了这种琐碎的、使人愚钝的非生产性工作而同我们一道从事新工作的时候，才能开始进行。

① 马克思，恩格斯.马克思恩格斯选集（第4卷）[M].北京：人民出版社，1995：672.
② 恩格斯.家庭、私有制和国家的起源[M].北京：人民出版社，1999：168.
③ 列宁.列宁全集（第32卷）[M].北京：人民出版社，1958：153.
④ 列宁.列宁全集（第38卷）[M].北京：人民出版社，1986：204.

只要妇女忙于家务，她们的地位就不免要受到限制。要彻底解放妇女，要使她们同男子真正平等，就必须有公共经济，必须让妇女参加共同的生产劳动。①

毛泽东认同马克思、恩格斯、列宁的妇女解放理论，并进一步发展了妇女解放理论。他提出：

只有当阶级社会不存在了，笨重的劳动都自动化，农业也都机械化了的时候，才能真正实现男女平等。②

如果每年每人没有一千斤、两千斤粮食，没有公共食堂，没有幸福院，托儿所，没有扫除文盲，没有进小学、中学、大学，妇女还不可能彻底解放。③

总体来看，马克思主义妇女解放理论强调，妇女解放的关键在于妇女参与社会公共事务，而妇女参与社会公共事务的前提是实现家务劳动社会化。因此计划经济时期，在马克思主义妇女解放理论的指导下，国家对妇女的价值以及母职的范畴进行了重塑。由于早期儿童照顾占据了妇女家务劳动的大部分比重，并且牵扯了妇女大部分的心力，为了减轻妇女的后顾之忧，国家和集体应该兴办早期儿童公共事业，对早期儿童进行照顾以实现妇女的解放，因此早期儿童的照顾责任应该由国家和集体承担。

5.1.2.2　制度基础

计划经济体制和单位制是我国计划经济时期集体化的早期儿童照顾模式的制度基础。

---

① 列宁.列宁全集（第37卷）[M].北京：人民出版社，1986：192.

② 马文瑞.进一步解放妇女劳动力，为多快好省地建设社会主义服务[J].中国劳动，1958(9).

③ 毛主席在安徽的讲话（1958）[EB/OL].http://www.wsic.ac.cn/internalwomenmovementliterature/11976.htm.

5.1.2.2.1　计划经济体制形成了公私相嵌的治理结构

在计划经济体制时期，我国以公有制为经济基础，以实现共同体之间的共同利益为生产动力。在当时以生产为中心的目标的带动下，计划经济体制把生产和再生产领域结合起来，形成了公私相嵌的治理结构。家庭作为私领域，嵌于公共领域之中，与公共领域保持一致的目标，私领域的价值体现于公领域的价值中，公私之间的界限是虚化的，公可以穿越私的界限对私领域进行干涉。①

在1951年三八节的宣传口号中，其中有一条是“职工家属们，要搞好家务，协助职工完成生产任务”②。可以表明，在这种公私相嵌的结构中，私领域为完成公共目标对公领域起到辅助作用，是一种功能性、工具性的社会组织。由于对公领域的辅助作用，私领域的地位被彰显，为公领域干预私领域提供了正当理由。安排好职工的生活，充分调动他们的生产积极性，以促进劳动生产率的提高，便成了生产组织者的责任。邓颖超在1956年党的八大会议中提到：

为了使父母能够安心从事社会劳动，应当尽可能地大量地发展多种多样的托儿组织，这是当前的急务。③

1958年《哈尔滨日报》的报道也对此加以证实。

【本报讯】中共哈尔滨市委、市政府人民委员会于本月12日作出“关于加强托儿所、幼儿园、公共食堂等集体福利的决定”。决定中指出，随着工农业生产的大跃进和人民公社运动的发展，进一步办好各种集体福利

① 宋少鹏.公中之私——关于家庭劳动的国家话语（1949-1966）[J].近代中国妇女史研究，2011（19）：131-172.

② 中国妇女管理干部学院.中国妇女运动文献资料汇编[M].北京：中国妇女出版社，1987：87.

③ 中华全国妇女联合会编.蔡畅、邓颖超、康克清妇女解放问题文选（1938年—1987年）[C].北京：人民出版社，1988：287.

事业特别是办好公共食堂和托儿所、幼儿园，已经是广大人民群众的迫切要求。各级党政组织必须把这一工作摆到重要日程上来，切实地加强领导。决定还指出，公共食堂、托儿所和幼儿园的逐日发展，已经成为我们生活中的共产主义幼芽。只有办好这些事业，才能保障各项生产在大跃进基础上不断跃进，才能使广大妇女彻底摆脱家务束缚，彻底得到解放，也才能实现组织军事化、行动战斗化、生活集体化要求，并进一步培植人民集体生活习惯和共产主义思想，为迅速向共产主义过渡创造条件。因此，任何忽视福利工作或者认为福利工作无足轻重、没有前途等思想都必须加以批判和纠正。[①]

5.1.2.2.2 单位制为集体化的早期儿童照顾服务提供了可能

在计划经济时期，国家采取中央集权的经济管理体制，通过集中人力、物力等方式来支持重点工程建设，以实现工业化的快速完成。在这样的背景下，社会中的每个人都被高度组织起来，被安排到某个岗位上进行社会主义建设。特别是城市中的劳动者，他们被相关部门统一分配到工厂或机关团体中去，几乎没有自由就业的空间。[②]在这种经济管理体制下，个体经济和市场活动被全面抑制，城市服务业极不发达。

此外，计划经济时期的中国延续着传统“家国一体”“家国同构”的政治治理模式，这种政治治理模式反映在福利模式上就是家国一体的父爱主义福利模式，国家对家庭生活进行福利干涉。而在当时的社会背景下，国家对家庭的管理只能通过单位进行，单位要对职工的生活全面负责。随着一五计划的完成，单位制正式形成。单位为家庭和个人提供生活服务，对家庭事务进行干涉，职工及其家属的生、老、病、死，婚、丧、嫁、娶全部由单位负责。

在经济方面，一方面，单位为职工发放补贴性费用；另一方面，单位

① 关于加强托儿所、幼儿园、公共食堂等集体福利的决定[N].哈尔滨日报1958-11-12(4).

② 谭深.城市“单位保障”的形成及特点[J].社会学研究，1991(5)：82-87.

为职工发放实物，包括在逢年过节时发放米、面、鸡蛋等生活必需品，也包括对职工进行福利分房。如1957年国务院发布的《关于职工生活方面若干问题的指示》，就对职工的住房、交通、医疗、生活必需品的供应以及职工困难补助相关问题做出了规定。要求：

企业中历年积存下来的奖励基金和今后每年提取的奖励基金，都可以拨出一部分用来建筑职工住宅。对于现有的职工住宅，地方人民委员会和各企业、事业单位都应该注意充分地和合理地加以使用，做好房屋的维修工作，限期修整有倒塌危险的房屋。今后新建和扩建企业，必须根据国家计划和批准的初步设计，同时修建新增加职工所必需的住宅。

工矿地区的人民委员会，必须有计划地组织农民种植蔬菜，养猪养鸡，以便改进对于职工副食品的供应。在条件适当的地方，可以发动职工家属和职工食堂种植蔬菜，饲养家畜家禽，企业行政和当地人民委员会应该给予必要和可能的便利。①

在服务方面，单位通过举办食堂、浴池、医院、托儿所、幼儿园等集体服务组织，为职工及其家属提供生活服务。如1951年《中华人民共和国劳动保险条例》第十七条关于集体劳动保险事业的规定：

凡在实行劳动保险各企业内工作的工人与职员，均有享受集体劳动保险事业的权利。集体劳动保险事业，由中华全国总工会筹办，但得委托各地方工会组织、各产业工会组织办理，其项目如下：一、疗养所；二、残废院；三、养老院；四、孤儿保育院；五、休养所；六、其他。②

在计划经济体制和单位制的制度基础下，中国举办集体性服务事业，

① 国务院关于职工生活方面若干问题的指示［Z］.1957-1-11.

② 中华人民共和国劳动保险条例［Z］.1951-2-26.

而早期儿童照顾作为一项重要的家庭服务项目，理所应当地被包括在集体服务中来。因此，在计划经济时期，中国的托幼事业以集体福利形式提供，实行集体化的早期儿童照顾模式。

5.1.3 计划经济时期早期儿童照顾模式存在的问题

尽管在计划经济时期，中国的早期儿童照顾政策总体上呈现出公共性的特点，集体化的早期儿童照顾模式减轻了家庭的照顾责任，为女性外出就业提供了现实层面和价值层面的双重支持，实现了妇女的普遍就业，但是也存在着三方面的问题。

第一，计划经济时期的早期儿童照顾政策同父母的就业身份有很大关系。托儿所或幼儿园往往是由单位举办的，托幼服务是一种职工福利形式，父母双方或一方需要获得职工身份，这样他们的子女才有机会得到集体照顾，因此并不是所有的早期儿童都有获得集体照顾的机会，特别是城乡之间的托幼服务资源差距较大。因此，在计划经济时期，中国的托幼服务并非是针对所有早期儿童的普遍性照顾服务，而是一种带有严格身份限制的选择性照顾服务。可以说，计划经济时期中国的托幼服务，其再分配功能不足。

第二，计划经济时期的早期儿童照顾政策只是着眼于国家和家庭之间照顾责任的分配问题，并没有解决性别之间照顾责任的分配问题。即便国家承担了很大部分的早期儿童照顾责任，然而在家庭领域中，女性依旧是儿童照顾的主要承担者。张艳霞和马维斯认为，计划经济时期儿童集体照顾的最主要的目的并不是为了早期儿童的照顾和教育，也不是为了践行儿童福利政策，而是为了解放女性，使女性可以加入工作岗位中来同男性一起进行社会主义建设。[①]正如张亮所说：“托儿体系提供的服务在很多方面都是便于母亲外出工作的，如幼儿园实行整日制，不放寒暑假；托儿机构接收幼儿的年龄与产假衔接，使幼儿母亲在产假结束后能顺利重返工作岗

---

① Yanxia Zhang, Mavis Maclean.Rolling back of the state in child care? Evi-dence from urban China［J］.International Journal of Sociology and Social Policy, 2012（11）: 664-681.

位；托儿费用低廉能够为职业妇女承受，幼儿生病由看护人员护理，父母（主要是母亲）不必请假影响工作等等。”[①]这里对女性的解放，并不是根本意义上将女性从家务劳动中解放出来。尽管这一时期国家承担了部分早期儿童照顾的责任，但是私领域的早期儿童照顾等家务劳动责任依旧被认为应该由女性承担，因此女性不仅需要完成有偿的工作上的任务，也需要承担无偿的儿童照顾等家务劳动责任。正如学者李小江所言：“国家通过解放妇女完成了对妇女的全面控制。把妇女在行为和观念上对男人的依赖和认同直接转向对社会—国家的依赖和认同。”[②]因此，从性别分担的角度来看，计划经济时期的公共托幼服务是为了减轻妇女的照顾压力，使妇女参与到新中国的建设中来。然而，国家并没有消除私领域内儿童照顾活动的性别差异。

第三，计划经济时期中国集体化的早期儿童照顾模式并没有确定不同部门之间合理的分担比例，而是过于强调国家和单位的责任，集体化的早期儿童照顾服务资金直接来自单位的财政预算。在计划经济时期，这种集体化的早期儿童照顾模式还可以维持，然而到了市场经济阶段，庞大的财政压力使得单位难以在激烈的市场竞争中存活，集体化的早期儿童照顾模式难以维系，国家和单位逐渐从早期儿童照顾中撤出，这种早期儿童照顾模式全面崩溃。

5.2 北欧的早期儿童照顾及其借鉴

5.2.1 北欧的早期儿童照顾模式

5.2.1.1 北欧早期儿童照顾模式的文化和制度基础

北欧（Nordic Europe）是一个政治地理名词，特指北欧理事会的五个

① 张亮.中国儿童照顾政策研究[D].上海：复旦大学，2014.

② 李小江.“男女平等”在中国社会实践中的失与得[J].社会学研究，1995（1）：92-97.

主权国家，包括瑞典、芬兰、挪威、丹麦和冰岛。北欧国家之间的联系非常密切，并且这种密切关系源远流长。早在1397年，它们就组成过以丹麦国王为领导的卡耳马联盟（1397—1523）。

受地理位置和历史的影响，北欧国家拥有相似的文化基础，特别是在宗教文化上。早从16世纪开始，北欧国家就先后完成了宗教改革，脱离了罗马教廷，改信路德教。路德教的教义核心是"因信称义"，认为要对上帝保持真正的信仰，这样就能成为"义人"。路德教主张，每个人都可以通过信仰宗教而得到上帝的救赎。人们可以通过阅读《圣经》来与上帝进行直接交流，这样一来就改变了以往需要借助教皇、教会来和上帝交流的形式，消除了人与神之间的隔阂。因此，在仁慈的上帝面前人人都是平等的，人人都能进入天堂。在路德教教义的影响下，北欧国家将平等性原则作为社会价值和政治规范的重要特征，并试图通过其福利制度来重新分配不同社会阶层、不同地区的经济资源、政治权利和影响力。

在福利制度上，艾斯平-安德森将北欧划分为社会民主制度，以普遍性和平均性作为福利给付原则，福利的获取是建立在公民身份基础之上的，与就业和特殊需求无关。社会民主制度要求建立一个"社会连带主义的、普救主义的、非商品化"①的福利体系。然而，维持这种福利体系需要巨额的财政支持，也就是说稳定的充分就业是社会民主制度的内在要求。因此，到了20世纪70年代，在平等主义传统和实现充分就业的双重要义下，北欧国家开始出台一系列性别平等政策，希望在促进女性就业的同时，减少两性之间的不公平，进而促进整个社会的平等。②

北欧的早期儿童照顾模式继承了其福利模式的特点，在平等主义原则的指导下，以儿童权利为出发点，认为受照顾权是儿童作为公民应该享有的普遍性权利，为了让每个早期儿童都可以享受到高质量的照顾，国家理

① 考斯塔·艾斯平－安德森.福利资本主义的三个世界［M］.郑秉文，译.北京：法律出版社，2003：3.

② Arnlaug Leira.Caring as Social Right：Cash for Child Care and Daddy Leave［J］.Social Politics，1998（3）：362–378.

应承担起早期儿童照顾的责任。

5.2.1.2 公共的、普遍的、优质的早期儿童照顾模式

根据社会民主制度的福利原则，早在20世纪70年代，这时社会投资理论还没有兴起，北欧就建立了公共的、普遍的、优质的早期儿童照顾模式。与此同时，为了实现其充分就业和性别平等的目标，北欧福利国家的早期儿童照顾模式积极鼓励女性，特别是作为早期儿童的母亲的女性尽快进入劳动力市场。到了20世纪90年代，芬兰、丹麦、瑞典和挪威的女性的劳动力市场参与率几乎和男性持平。[①]从整体上来看，北欧的早期儿童照顾模式强调早期儿童的受照顾权利和公共对早期儿童的照顾责任，国家通过负担起早期儿童照顾的直接责任来减少早期儿童对家庭的依赖性，进而促进女性积极参与劳动力市场。因此，在早期儿童照顾模式的价值取向上，北欧国家强调早期儿童照顾的政府责任和性别平等。在政策对象上，北欧国家强调早期儿童照顾对象是全体儿童。在政策内容上，北欧国家建立了包含时间支持、经济支持和服务支持的完整的早期儿童照顾政策体系。

从时间支持上来看，早在1901年，丹麦政府就对产假政策做出了相关规定：拥有5名以上工人的工厂，其女职工在生育之后可以享受4周的产假，产假期间没有工资收益。[②]几乎在同一时期，瑞典、挪威也做出了相同的规定。[③]到了20世纪三四十年代，北欧国家采取了支持传统家庭结构的产假政策，规定母亲在生产前后的一段时间可以离职休假。1937年，瑞典政府颁布了《母职保险、产前保护和儿童照护法》，对产假和儿童保护做出了相关规定。到了1947年，瑞典开始实行带薪产假制度，在法律层面确定了早期儿童照顾的母职责任。到了20世纪50年代，几乎所有的北欧国家都

---

① Arnlaug Leira.Caring as Social Right: Cash for Child Care and Daddy Leave [J].Social Politics, 1998 (3) : 362–378.

② Peter Abrahamson.和谐理念与福利国家发展：丹麦家庭政策普惠之路 [J].天津行政学院学报, 2014 (3) : 100–106.

③ 泥安儒，朱文富.北欧福利国家普通高等教育政策发展与改革研究 [J].当代教育科学, 2017 (2) : 69–76.

对带薪产假制度进行了立法。

到了20世纪70年代，北欧国家开始实施育婴假制度。例如，1974年，瑞典开始实施父母保险制度，规定父母双方享有480天的带薪假期来照顾孩子，并且在假期结束后，他们可以回到原来的工作岗位。在时间分配上，父母保险制度规定自孩子出生起或被领养当日起，直到孩子8岁之前，父母可以分1次或几次享受该假期。在孩子未满8岁前，母亲可以申请每天6小时的短时工作时间。照顾孩子是父母共同的责任，不可以由一方独自承担。因此，在这480天内，父亲或母亲每人至少享有60天的假期，剩下的时间可以自行分配。在收入补偿方面，父母保险制度规定，在前390天内，父母在产前240天有日收入高于180克朗工作的，他们在休假期间可以得到80%的收入补偿。在余下的90天内，每人每天的收入补偿为60克朗。在产前没有工作的，前390天内，每人每天补助180克朗，在余下的90天内，每人每天的收入补偿为60克朗。[①]到了20世纪70年代末80年代初，挪威、芬兰和丹麦也相继实施育婴假制度。与此同时，为了促进父亲在早期儿童照顾中的参与，除冰岛外，北欧国家还推出了陪产假制度。到了20世纪末，北欧早期儿童照顾的时间支持政策基本建立完成。

图5.1显示了2016年北欧五国产假、陪产假、育婴假的时间长度。在产假的时间安排上，冰岛、挪威的产假长度为91天；瑞典、芬兰、丹麦的产假长度分别为98天、105天、126天。在陪产假的时间安排上，冰岛没有建立专门的父亲假制度，父亲的假期被包括在育婴假内；在瑞典，每位父亲可以享受10天的带薪陪产假，挪威和丹麦的陪产假长度为14天；芬兰的带薪陪产假时间最长，高达63天。但是，为了让父亲更多地参与早期儿童照顾，芬兰政府对父亲的带薪陪产假做出了特殊的规定：当母亲休产假或育婴假时，父亲最多可以使用3周的带薪陪产假；当母亲不再休假时，父亲可以使用剩余的6周假期。

---

① 何玲.瑞典儿童福利模式及发展趋势[J].中国青年研究，2009(2)：5-15.

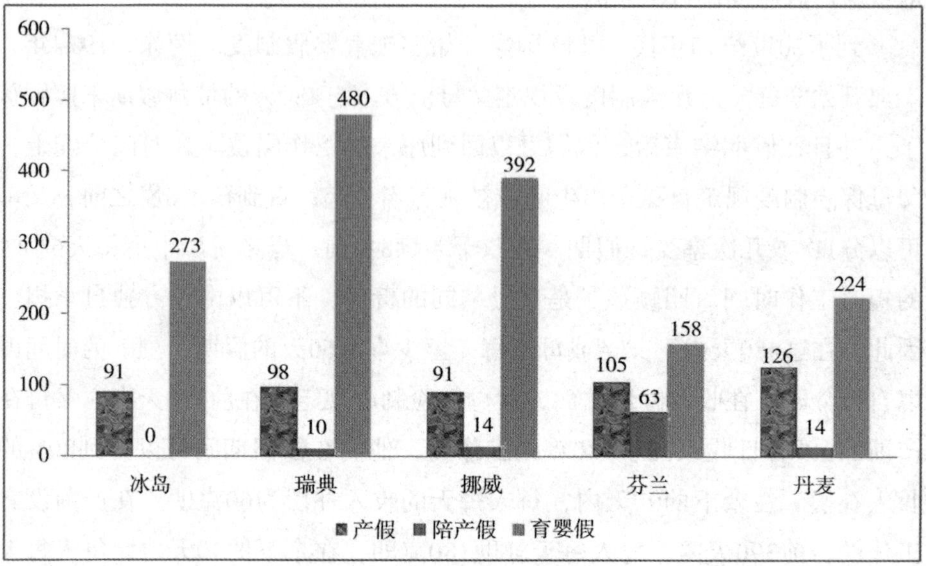

图5.1　2016年北欧五国法定产假、陪产假、育婴假时间长度（天）

（OECD Family Database）

北欧五国对法定产假、陪产假、育婴假的资格标准、给付标准、特殊情况做出了具体规定。详细的政策安排见表5.1。

在丹麦，产假长达126天（18周），产假期间员工可以得到100%的在职工资。然而，并不是所有员工都能获得全额的工资补偿，只有那些在带薪休假前13周，工作时间满120小时的员工才能获得全额补偿。此外，丹麦政府还对产假期间工资的上限做出了规定，其给付上限为每周4180丹麦克朗。丹麦的陪产假、育婴假分别为14天（2周）和224天（32周），陪产假、育婴假期间的给付标准和产假一致。值得注意的是，丹麦政府对育婴假做出了一些特殊规定：（1）育婴假期间，在雇主允许的情况下职工可以选择兼职工作，但要相应减少收入；（2）职工可以延迟使用13周的假期。

在芬兰，所有符合居住标准的女性都可以参与产假制度，产假长度为105天（17.5周）。给付标准分情况而定，在前56天，年收入在56443欧以内的，给付年收入的90%；56天以后，年收入在36686欧以内的，给付年收入的70%；超过此部分并少于56443欧的，给予这部分的40%；超过56443

欧的，给付25%。给付标准的下限为23.96欧每天。芬兰的产假、育婴假分别为63天（9周）和158天（约26周），给付标准一致：年收入在36686欧以内的，给付年收入的70%；超过此部分并少于56443欧的，给予这部分的40%；超过56443欧的，给付25%。给付标准的下限为23.96欧每天。此外，芬兰政府对育婴假制度做出了特别规定：（1）每多生一个孩子，增加60天的育婴假；（2）育婴假期间，在雇主允许的情况下职工可以选择兼职工作。除了产假、陪产假、育婴假外，芬兰政府设置了专门的家庭照顾假，规定在育婴假结束后，如果家里有3岁以下的孩子需要照顾，可以申请家庭照顾假。

在冰岛，政府没有建立陪产假制度，而且冰岛的产假制度被包括在育婴假方案里。冰岛的育婴假共39周，其中母亲专享13周，也就是产假；父亲专享13周；剩下13周由父母共同享用。假期期间，工资的给付标准为在职工资的80%，并设置了给付上限，为每月370000冰岛克朗。冰岛政府规定，职工在休育婴假期间可以兼职，并且父母双方可以同时休假。除此之外，冰岛政府专门为有早期儿童的父母设置了儿童照顾假，假期长度约为121天，但是在休儿童照顾假期间，父母是无薪的。

挪威的时间政策安排同冰岛类似，产假同样为91天（13周），同样被包括在育婴方案中。不同之处在于，挪威建立了陪产假制度，其长度为14天，但是父亲在休假期间是无薪的。根据给付方案不同，挪威的育婴假分为长期和短期。其中短期育婴假的时间长度为322天（46周），给付标准为在职工资的100%，给付上限为每年540408挪威克朗。在322天的假期方案中，母亲专享70天（10周），父亲专享70天（10周），剩下的182天（26周）由父母共同享有；长期育婴假的时间长度为392天（56周），给付标准为在职工资的80%，给付上限为每年540408挪威克朗。在392天的假期方案中，母亲专享70天（10周），父亲专享70天（10周），剩下的252天（36周）由父母共同享有。在育婴假期间，父母可以同时休假。此外，挪威政府还特意设置了家庭照顾假，规定在带薪休假后，每位家长有休84天（12周）的家庭照顾假的权利。

在瑞典，所有女职工都享有休产假的权利，其时间长度为98天（14周）。陪产假的时间长度为10天，对于那些年收入在332200瑞典克朗以内的职工来说，休假期间的工资给付标准为在职工资的77.6%。育婴假的时间长度为480天，其中母亲专享90天，父亲专享90天。在假期的前390天，年收入在443000瑞典克朗以内的，给付标准为77.6%；在假期的后90天，给付标准为每天180瑞典克朗。值得注意的是，瑞典的育婴假制度是非常弹性的，可分为全天、半天、1/4天、1/8天。此外，如果父母分享假期，则可以获得更高的给付率。例如除专享假期外，若父母每天使用可分享的假期，父母双方均可获得50瑞典克朗的固定奖金，最高奖金为13500瑞典克朗。

表5.1　2016年北欧五国法定产假、陪产假、育婴假安排

国家	类型	时间长度（天）	给付标准	特殊规定
丹麦	产假	126	100%	员工必须在带薪休假前的13周内至少工作120小时才能获得全额补偿
	陪产假	14	参考产假	
	育婴假	224	参考产假	可兼职工作；可以延迟使用假期
芬兰	产假	105	分情况	所有符合居住标准的女性
	陪产假	63	分情况	
	育婴假	158	分情况	每多生一个孩子，增加60天假期；可兼职工作
	家庭照顾假			
冰岛	产假	91		
	陪产假	0		
	育婴假	273	80%	可兼职工作，父母双方可同时休假
	儿童照顾假	121	无薪	

续表

国家	类型	时间长度（天）	给付标准	特殊规定
挪威	产假	91		
	陪产假	14	无薪	
	育婴假	322/392	短期：在职工资的100% 长期：在职工资的80%	父母可同时休假
	家庭照顾假	84		
瑞典	产假	98		所有女职工
	陪产假	10	77.6%	
	育婴假	480	分情况	灵活的育婴假 若父母分享假期，可获得更高的给付率

资料来源：OECD Family Database

从经济支持上来看，北欧实施普遍的儿童津贴和家庭津贴制度。1946年，挪威颁布了儿童津贴法，明确规定所有16岁以下的儿童，无论其经济背景如何，从出生之日起，每一季度都会收到政府发放的一笔津贴，北欧人称这笔钱为玩具费。随后，瑞典于20世纪五六十年代建立了儿童津贴制度，制度规定所有16岁以下的瑞典儿童，从出生之日起可以得到每月1000克朗左右的儿童津贴。[①]儿童津贴随着物价的调整而调整。除此之外，家庭领取到的儿童津贴的多少同家中孩子的数量相关，一般来说随着家中孩子数量的增多，领取到的津贴也逐渐增多。除了普遍的儿童津贴外，瑞典还有针对特殊儿童的津贴政策，如单亲家庭儿童津贴、残疾儿童照顾津贴、房屋津贴等。

此外，芬兰、挪威、瑞典相继建立了儿童照顾津贴制度，如表5.2所示。1985年，芬兰开始建立专门的儿童照顾津贴制度，并于1990年扩展至全国。芬兰政府规定，家中有3岁以下的儿童，并且此儿童无法参加公共日托时，则可以领取专门的儿童照顾津贴。在领取儿童照顾津贴后，父母可

---

① 何玲.瑞典儿童福利模式及发展趋势[J].中国青年研究，2009（2）：5-15.

以选择在家照顾孩子，也可以选择将孩子送到私立日托中心。按照1999年的标准，津贴额度为1500芬兰马克（约为252欧）；并且每增加一个孩子，额外补贴500芬兰马克（约为84欧）；三岁以上学龄以下的儿童，每个孩子每月补贴300芬兰马克（约为50欧）。2012年，津贴的标准为每个孩子每月约327欧，每增加一个3岁以下的孩子，则额外补贴约102欧；每增加一个3岁以上学龄前儿童以下的孩子，则额外补贴约65欧。经过经济情况调查，补充金额最高可达约183欧元。但是领取儿童照顾津贴的孩子，不被允许使用公共日间照顾服务。1998年，挪威政府效仿芬兰建立了儿童照顾津贴制度，规定拥有12～24个月孩子的父母，每月可领取约604欧的照顾津贴。同样，领取了儿童照顾津贴的家庭，其子女不被允许使用公共日间照顾服务。到了2008年，瑞典也建立了儿童照顾津贴制度制度，规定拥有12～24个月儿童的家庭，每月可领取约340欧的照顾津贴。

表5.2　芬兰、挪威、瑞典的儿童照顾津贴制度比较

国家	芬兰	挪威	瑞典
立法时间	1985	1998	2008
国家立法	是	是	是
资金支持	国家	国家	国家
执行部门	国家和地方政府	国家	地方政府
儿童年龄	3岁以下	1～2岁	1～2岁
部分用于儿童照顾服务	不	是	是
是否可购买私人照顾服务	是	是	是
数量/月	约327欧	约604欧	约340欧

资料来源：ANNE LISE ELLINGSÆTER. Cash for Childcare: Experiences from Finland, Norway and Sweden［J］. INTERNATIONAL POLICY ANALYSIS, 2012（4）.

从服务支持来看，北欧的公共早期儿童照顾服务举世闻名，其中瑞典的公共早期儿童照顾服务最为突出。早在1944年，瑞典政府就开始制定公共的早期儿童照顾政策，试图广泛建立公共的早期儿童照顾机构。1961年，瑞典政府颁布了《儿童照顾法》，对早期儿童的照顾服务进行了规范。[①]1980年，瑞典政府颁布了《社会服务法》，规定当父母由于各种原因无法照顾孩子的时候，当地政府的社会福利委员会要协助家庭，为儿童提供照顾服务。[②]到1995年，1至6岁的所有儿童都有权得到平等的日间照顾服务，所有6至12岁的儿童在父母不便的情况下，也都有权得到上学前和放学后的日间照顾服务。目前来看，瑞典的日间照顾服务主要包括日间照顾中心（day care center）、幼儿园（kindergarten）、开放的学前教育（open pre-school）和家庭日托（family day-care）。其中日间照顾中心是为1至6岁的早期儿童提供的全日制日间照顾服务，它满足了家长由于外出工作而无法在家照顾孩子的需求。日间照顾中心是瑞典公共儿童照顾服务的主要形式。幼儿园的主要针对对象是没有参加日托中心的4～6岁的儿童，它的服务时长多数是半日制。开放的学前教育是指为家长及其子女提供的，带有教育意义和社会性的学前教育活动。随着日间照顾中心的普及和发展，幼儿园和开放的学前教育的数量逐渐减少。家庭日托是指政府雇佣一些家庭，为12岁以下的儿童提供的家庭式照顾服务。表5.3显示了2010年瑞典参加公共早期儿童照顾机构的儿童比例，该表显示在所有0至5岁的儿童中，有72%的儿童参加了公共的早期儿童照顾机构。其中，1岁儿童参与公共早期儿童照顾机构的比例为49%，2至5岁儿童参与公共早期儿童照顾机构的比例均超过90%。

表5.3　2010年瑞典参加公共早期儿童照顾机构的儿童比例

儿童年龄	比例（%）
0～5	72
0	-
1	49
2	91

① 泥安儒，朱文富.北欧福利国家普通高等教育政策发展与改革研究［J］.当代教育科学，2017（2）：68-76.

② 邹明明.瑞典的儿童福利制度［J］.社会福利，2009（12）：58-59.

续表

儿童年龄	比例（%）
3	96
4	98
5	98

资料来源：2011年北欧理事会

5.2.2 积极的早期儿童照顾政策

北欧国家的早期儿童照顾模式采取积极的儿童照顾政策，其积极性主要体现在以下三点：其一，政府积极承担早期儿童照顾责任；其二，积极保证早期儿童的受照顾权利；其三，早期儿童照顾政策对性别平等的积极影响。

5.2.2.1 政府对早期儿童照顾责任的积极承担

从政府对早期儿童照顾责任的积极承担上来讲，集中表现为北欧国家在财政上积极承担早期儿童照顾的责任。一方面如前文所述，北欧国家将早期儿童照顾视为一种公共责任，因此政府有为早期儿童照顾提供财政支持的可能性。另一方面，正如经济合作与发展组织发布的《强势开端：早期儿童教育和照顾》（*Starting Strong*：*Early Childhood Education and Care*）中所言，持续的公共财政投入对于保证早期儿童照顾和教育的高质量和可持续性来说必不可少，政府应该提出清晰、明确、连贯的策略来保证财政资源在早期儿童照顾和教育方面进行有效的资源配置。如果没有政府强有力的支持，那么就无法达到提高社会整合、保证儿童健康和福利、促进性别平等的目的，因此政府有为早期儿童照顾提供财政支持的必要性。

而实际上，北欧国家的确积极承担了早期儿童照顾的财政责任。如图5.2所示，从各国家庭福利的公共支出（包括儿童津贴、育婴假福利和儿童照顾支持）占国内生产总值的比例来看，2013年丹麦、瑞典、冰岛家庭福利的公共支出占国内生产总值的比例均超过3.5%，芬兰和挪威超过3%，均超过了欧盟平均水平、欧元区平均水平和OECD国家的平均水平。

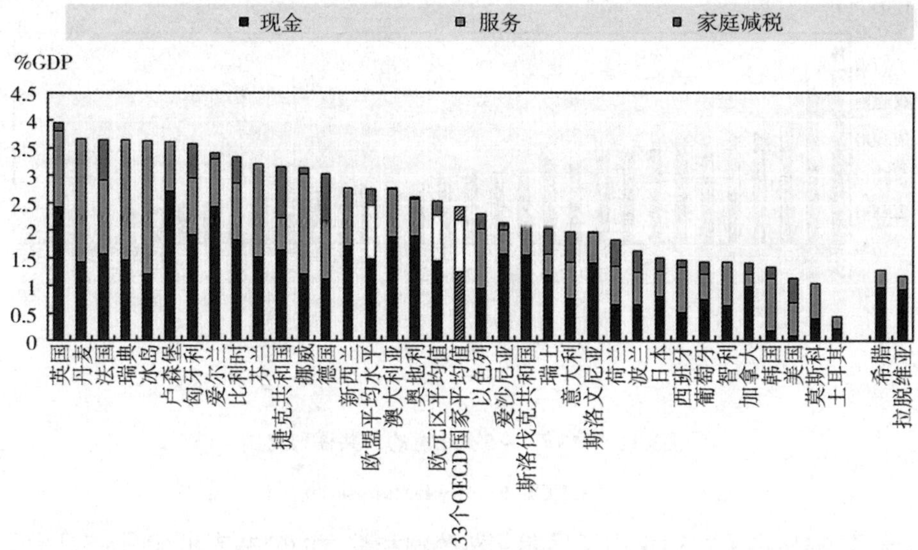

图5.2　2013年按支出类型划分的家庭福利公共支出占国内生产总值的百分比

（OECD Family Database）

注意：此处的公共支出仅涉及专门针对家庭的公共支持（如儿童津贴、育婴假福利和儿童照顾支持），其他社会政策领域的支出，如健康和住房支持，不被包括在内。

图5.3展示了2013年0至5岁儿童的公共福利制度。如图5.3所示，从对各国0～5岁儿童的公共福利支出（包括现金福利和税收减免、儿童照顾、其他实物福利、教育）的比较而言，2013年挪威对0～5岁儿童的公共福利的总投入仅次于卢森堡，排名第二，而冰岛、丹麦、瑞典、芬兰紧随其后。

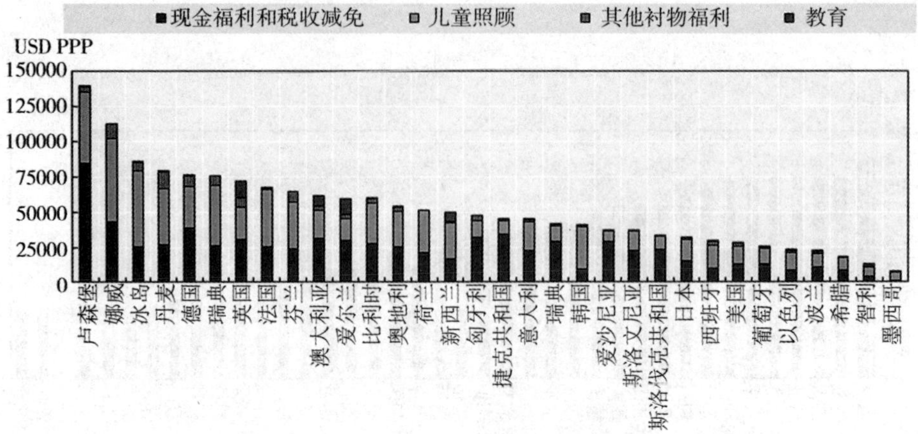

图5.3 2013年0～5岁儿童的公共福利支出

（OECD Family Database）

图5.4显示了2013年用于早期儿童照顾和教育的公共支出，图5.5显示了2013年早期儿童照顾和教育方面的公共支出占国内生产总值的百分比。如图5.4、图5.5所示，从对各国早期儿童照顾和教育的公共支出（包括0～2岁儿童照顾和3～5岁学前教育），和早期儿童照顾和教育方面的公共支出占国内生产总值的百分比的比较而言，2013年挪威对早期儿童照顾和教育的公共投入最多，瑞典、丹麦、冰岛、芬兰位列第3、4、5、6名，其中瑞典对0～2岁儿童照顾方面的公共投入排在第一名。而在早期儿童照顾和教育方面的公共支出占国内生产总值的百分比上，OECD的平均值是0.7%，冰岛是1.8%，排第一名，瑞典是1.6%，丹麦、挪威、芬兰也远超OECD的平均值。

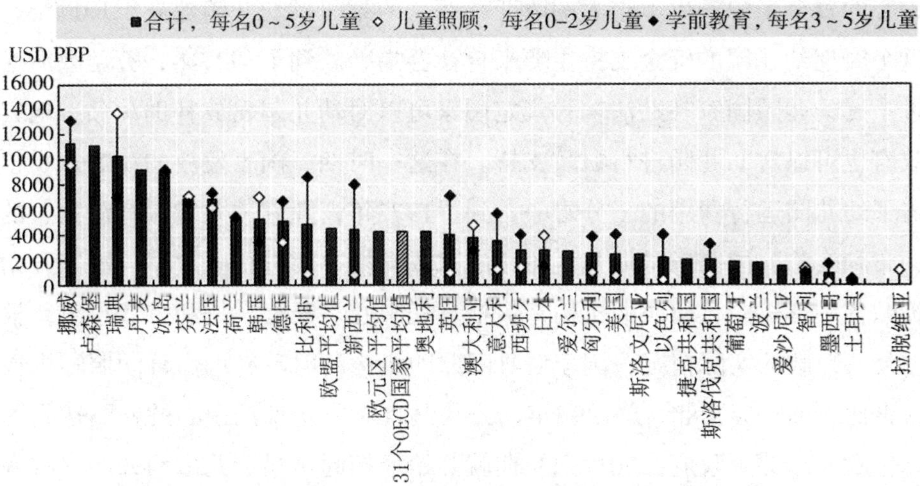

图5.4　2013年用于早期儿童照顾和教育的公共支出

（OECD Family Database）

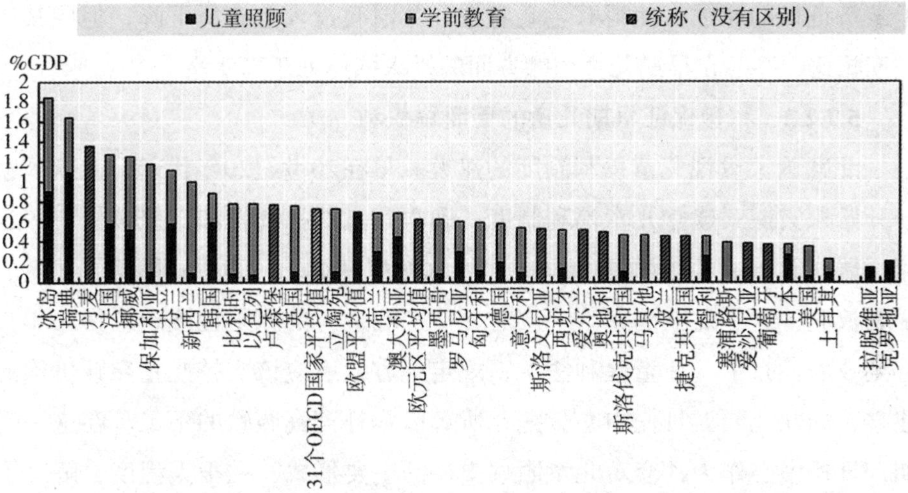

图5.5　2013年早期儿童照顾和教育方面的公共支出占国内生产总值的百分比

（OECD Family Database）

总体来说，可以从数据中明确地看出北欧国家的政府对早期儿童照顾责任的积极承担。具体而言，以芬兰为例，探究芬兰政府在承担早期儿童照顾的财政责任方面做出了哪些努力。芬兰政府为早期儿童照顾提供的财政支持政策是一种从无到有，从少变多的演进过程，其中明显表现在日托中心的资金来源发生了很大的改变。芬兰的第一批幼儿园建立于19世纪，这个时期幼儿园的资金支持主要来自社会捐赠。到了1927年，芬兰政府通过了《幼儿园国家补贴法》，规定国家可以对幼儿园发放补助津贴，地方政府也可以对幼儿园进行财政支持。在这一时期，国家发放的津贴几乎覆盖了幼儿园运行费用的三分之一。到了1973年，随着《儿童保育法案》的颁布和实施，国家对早期儿童照顾的财政支持方面进行了改革。国家开始补贴各种形式的日间照顾机构，包括日托中心、家庭日托和游戏小组。根据公共财政的实际情况，国家对日间照顾机构的财政补助占日间照顾机构支出比例的35%至80%。1997年，公共财政对公立日托中心的补贴达到了15亿欧元。芬兰政府在20世纪初期就开始承担起对早期儿童照顾的财政责任，到了20世纪70年代，芬兰基本形成了早期儿童照顾和教育的政策框架，为政府承担其财政责任提供了政策指导。即便到了20世纪90年代，由于经济危机的原因，使得芬兰政府在公共财政投入上有所下降，但同其他国家相比，芬兰在早期儿童照顾方面的投入依然处于高水平。

5.2.2.2 积极保证早期儿童的受照顾权利

北欧国家重视儿童福利制度的建设。早在20世纪20年代起，北欧国家便开始积极探索建立儿童福利制度，确立儿童的福利权和受照顾权。1924年，瑞典颁布了《儿童福利法》（*The Child Welfare Act*），明确了儿童的福利权利，这是北欧国家第一次对儿童福利进行的原则性规定。1936年，芬兰政府颁布了《儿童福利法》，规定地方政府应该支持儿童照顾机构的建立，如幼儿园、日托中心、托儿所等以弥补家庭照顾的不足。在这一时期，日托中心作为社会对儿童照顾支持的主要形式，在很大程度上解决了家庭照顾不足的问题，保证了儿童可以接受到正常的照顾。

从20世纪40年代末至20世纪70年代，北欧国家进入了福利建设的黄金时期。在这一时期，北欧国家从儿童权利的角度出发，制定了一系列保证儿童福利权利实现的家庭政策和学前教育政策。在早期儿童照顾方面，北欧国家强调早期儿童照顾的公共责任，以公民身份为理论基础，建立了相关的时间、经济和服务支持政策来保证早期儿童受照顾权的实现。1944

年，瑞典政府制定了公立托育政策，对公办托儿所的相关事宜做出了具体规定，这是瑞典有关早期儿童公共照顾服务的第一部立法。1947年，瑞典政府颁布了《社会援助法》（*Social Assistance Act*），开始实施儿童福利津贴政策。到了20世纪40年代末，所有的北欧国家均建立并实施了儿童津贴制度。此后，瑞典政府又通过1960的《儿童及少年福利法》、1961年的《儿童照顾法》和1975年的《学前教育法》再次在立法层面上确定了早期儿童的受照顾权，实施普惠的儿童照顾政策。1954年，挪威政府颁布了《儿童保护法》，明确规定接受早期儿童照顾和教育是挪威儿童应该享有的基本社会权利。20世纪60年代末，丹麦政府也开始对早期儿童照顾制度进行改革。其通过立法，一方面增加对早期儿童照顾的公共投入，另一方面扩大早期儿童照顾对象的范围，进一步保证了早期儿童的受照顾权。例如，1960年丹麦政府扩大了产假覆盖对象，规定所有的女性雇员都有权利享受带薪产假，并将带薪产假时间增加到了14周。

20世纪70年代末至今，尽管经济危机和高昂的福利支出使得北欧国家开始出台削减福利开支的政策，但是同早期儿童照顾相关的政策非但没有缩减，反而有所扩张。例如在20世纪70年代中期至80年代初，北欧国家开始制定育婴假政策，这进一步为早期儿童照顾提供了时间支持。1974年，瑞典开始实施育婴假制度，从政策上保证了早期儿童有受照顾的时间权利。1977年，挪威也开始实行育婴假政策，并且为了使父亲更多地参与到早期儿童照顾中来，1993年挪威政府在育婴假政策中加入了“父亲配额”的规定，成为世界上第一个实行“父亲配额”制度的国家。1975年至1980年，丹麦成立了儿童福利委员会，并于1981年出版了《儿童福利报告》，报告的主要内容是检视随着家庭和社会的变化，丹麦为早期儿童创造的条件能否满足儿童和家庭的实际需要，丹麦早期儿童的受照顾权利能否得到保证。[①]根据该报告的指示，丹麦政府于20世纪80年代开始实施育婴假政策。

---

① PeterAbrahamson.和谐理念与福利国家发展：丹麦家庭政策普惠之路[J].天津行政学院学报，2014(3)：100-106.

除了时间政策，北欧国家也通过早期儿童照顾津贴和普遍的而非选择的，高标准的而非最低保障的公共早期儿童照顾服务来保障早期儿童的受照顾权利得以真正落实。然而由于早期儿童照顾津贴和公共早期儿童照顾服务通常是此消彼长的关系，即早期儿童照顾津贴政策的实施往往会抑制公共早期儿童照顾服务的发展，在真正执行中会产生相反的社会效果，因此福利国家通常会谨慎地采取这种政策组合。但是芬兰政府却通过运用早期儿童照顾津贴和公共早期儿童照顾服务的政策组合，在保障了早期儿童受照顾权实现的同时，给予了家庭更多的选择。

1973年，芬兰政府出台了《儿童保育法案》，该法案对日间照顾中心和特殊儿童照顾工作做出了详细的说明，强调了照顾在早期儿童发展中的重要性，并要求地方政府为所有有意愿的家庭提供良好的早期儿童照顾服务。法案将受照顾权扩展到所有的学龄前儿童，规定每个学龄前儿童都享有由地方政府提供的无条件的日间照顾权，这与其父母的经济地位无关，也与其父母是否工作无关。然而在实际执行中，这一政策却是有选择的，并不是所有的早期儿童都有接受日间照顾的机会，而是主要把日间照顾提供给那些有实际需要的单亲家庭、母亲外出工作的家庭和低收入家庭。除此之外，在实施过程中还发现，公共日间照顾中心通常建立在人口密集的城市和城镇地区。而对于农村地区来说，由于家庭之间距离较远或者农村人口过少，考虑到公共资源合理化利用的问题，公共日间照顾中心的设置往往不能满足每个家庭的要求。因此，这一法案的出台并没有马上解决对日间照顾的需求过多和日间照顾的供给不足这一社会矛盾。到了1980年，公立日间照顾中心只能为四分之一的早期儿童提供日间照顾服务，早期儿童的受照顾权并没有得到真正的落实。

为了解决这一矛盾，人们开始要求提高日间照顾中心的数量，并且提出要开展家庭日间照顾服务。1980年，芬兰政府决定拨款支持家庭日间照顾服务，同公共日间照顾一起形成两大支持体系。1982年芬兰政府颁布了《社会福利法案》，1983年芬兰政府颁布了《幼儿福利法案》，这两个同早期儿童照顾相关的法案进一步推动了早期儿童照顾的开展，并且强调了早期儿童父母和监护人对早期儿童的照顾和教育的责任。1985年，芬兰政府规定，父母可以选择在家照顾孩子，并且在家照顾3岁以下的儿童会得到政府发放的一笔儿童家庭照顾津贴。到了1996年，芬兰政府出台了《学前教育计划》，规定所有的早期儿童都可以参加日间照顾中心，这就改变了只有单亲家庭、母亲外出上班的家庭和经济困难家庭孩子参加日间照顾中心的局面，确立了所有早期儿童的日间照顾权。到了1997年，芬兰政府出台了私立日间照顾中心津贴政策，规定如果家长选择让孩了参加私立的日间照顾中心，那么政府则为这部分家庭提供一笔津贴，以补偿他们上私立日间照顾中心的费用。

综上可见，北欧国家早在20世纪20年代便开始积极探索早期儿童福利制度的建立。到了20世纪七八十年代，早期儿童公共照顾服务和其他支持照顾早期儿童的政策已经构成了北欧儿童福利的重要组成部分。目前来看，北欧国家已经建立了一个完整的早期儿童照顾体系以保证早期儿童受照顾权的实现。

5.2.2.3 早期儿童照顾政策对性别平等的积极影响

从早期儿童照顾政策对性别平等的积极影响方面来看，北欧国家通过两种手段来促进性别平等：其一，改变夫妻之间的就业模式；其二，提高女性的劳动力市场参与。

北欧国家以早期儿童公共照顾服务、陪产假、育婴假（特别是育婴假中的父亲配额规定）以及在休假期间高水平的收入补偿为政策手段，重新分配早期儿童照顾服务，从单独的母亲照顾过渡到父亲参与照顾，从家庭照顾过渡到社会共同照顾，目的在于弥补家庭照顾功能的不足以及鼓励父亲更多地参与早期儿童照顾，以帮助母亲尽快回归劳动力市场。正如托本和约翰（Torben Iversen and John Stephens）所言：“在20世纪70年代和80年代，四个北欧国家的主要福利改革都集中在促进女性进入劳动力市场的政策上，这不仅仅包括提供如日间照顾之类的社会服务，也包括带薪育婴假等转移支付手段。”①

通过0至14岁儿童的家庭就业状况可以看出，不同国家儿童福利政策和父母就业水平之间的关系。北欧国家的早期儿童照顾政策以支持双收入者的就业模式为主要目的。如图5.6、5.7显示，在2014年拥有0～14岁儿童的家庭和2014年拥有0～14岁儿童的双亲家庭中，所有成年人都工作的比例最高的是瑞典和丹麦，芬兰的比例相对较低，但也超过了欧元区平均值、26个OECD国家的平均值和欧盟平均值。图5.8反映的是2014年拥有0～14岁儿童的单亲家庭的就业状况，一般来说在单亲家庭中，孩子跟随母亲生活的概率更大，因此从某种程度上来看，这更能反映出儿童照顾政策对母亲劳动力市场行为的影响。而从图5.8可以看出，瑞典拥有0～14儿童的单亲家庭的就业比例达到70%，丹麦略低于瑞典，但也超过65%，芬兰约为60%，均超过欧元区平均值、24个OECD国家的平均值和欧盟平均值。

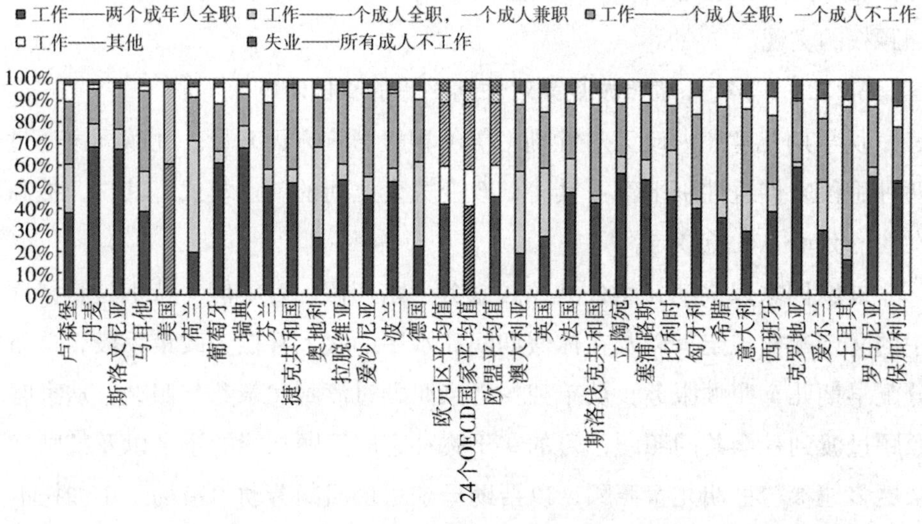

图5.6　2014年拥有0～14岁儿童的家庭的就业状况

（OECD Family Database）

① Iversen Torben, Stephens John.Partisan Politics, the Welfare State, and Three Worlds of Human Capital Formation [J].Comparative Political Studies, 2008 (4): 1-37.

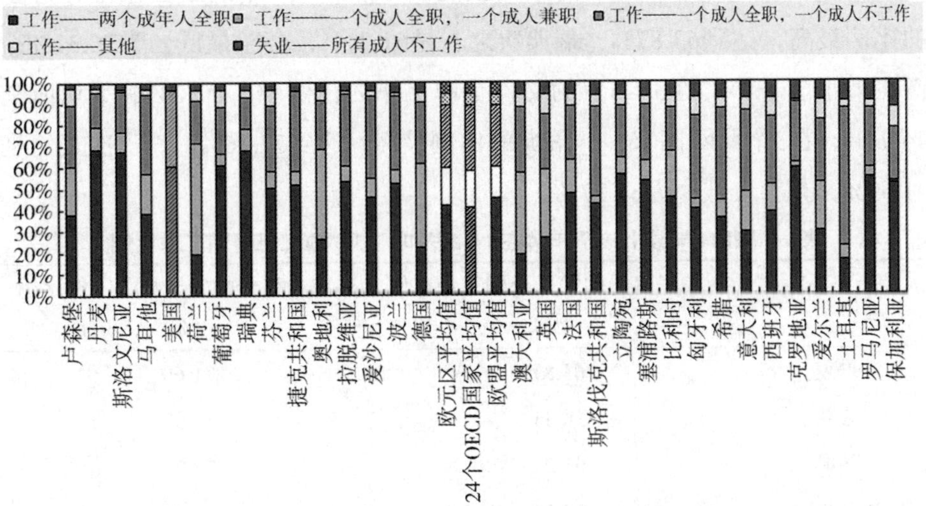

图5.7　2014年拥有0～14岁儿童的双亲家庭的就业状况

（OECD Family Database）

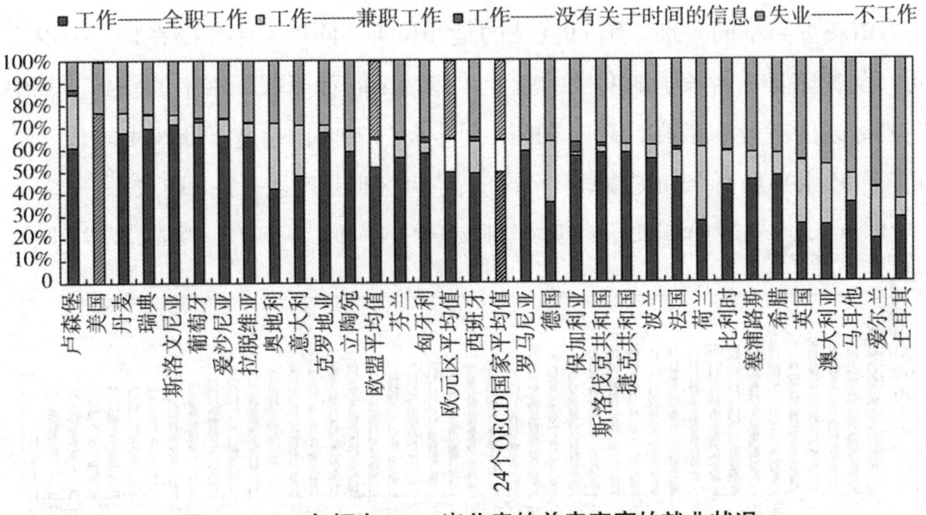

图5.8　2014年拥有0～14岁儿童的单亲家庭的就业状况

（OECD Family Database）

0～5岁儿童父母的就业状况可以直接反映出早期儿童照顾模式和女性劳动力市场参与之间的关系。表5.4显示的是2014年最小孩子年龄在0～2岁和3～5岁的父母全职工作的比例，其中在最小孩子年龄在0～2岁的父母全职工作的比例中，OECD的平均值是34.35%。在3个北欧国家中，丹麦的比例最高，达到63.87%，瑞典次之，是61.21%，芬兰最低，为36.31%；而在最小孩子年龄在3～5岁的父母全职工作的比例中，OECD的平均值是44.04%，在3个北欧国家中，瑞典的比例最高，达到72.36%，丹麦次之，是71.69%，芬兰最低，为61.97%。

表5.4　2014年最小孩子年龄在0～2岁和3～5岁的父母全职工作比例

国家	0～2岁孩子的父母全职工作比例（%）	3～5岁孩子的父母全职工作比例（%）
丹麦	63.87	71.69
芬兰	36.31	61.97
瑞典	61.21	72.36
OECD平均值	34.35	44.04

数据来源：OECD Family Database

与此同时，母亲的就业率水平则可以直接地反映出不同国家母亲的劳动力市场参与率的差别。图5.9反映的是2014年不同国家中年龄在15～64岁之间，至少拥有一名孩子的女性的就业（包括全职和兼职）水平的差异。其中瑞典母亲的就业率最高，超过80%，丹麦超过70%，超过了欧盟平均值、欧元区平均水平和31个OECD国家平均值，芬兰则低于这三个平均水平。

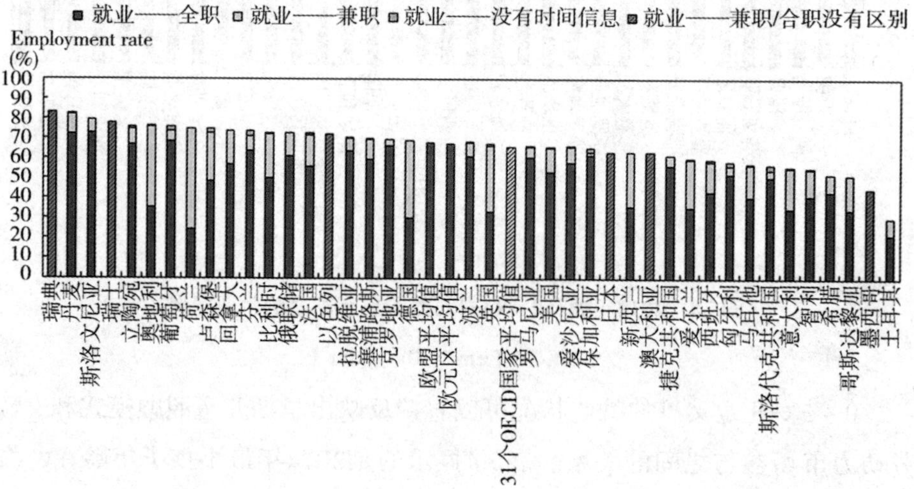

图5.9　2014年母亲就业率（OECD Family Database）

通过以上数据的比较，我们发现总体来说北欧母亲的劳动力市场参与水平最高，这与北欧国家积极的早期儿童照顾政策密不可分。然而同丹麦和瑞典比，芬兰母亲参与劳动力市场的程度较低。换言之，在芬兰拥有2岁以下孩子的母亲有较大的比例不参加工作，这和北欧国家的家庭就业趋势相背离。究其原因，我们发现芬兰早在1985年就建立了儿童照顾津贴制度，接受家庭照顾津贴的儿童则没有权利参与早期儿童公共照顾服务。没有正式工作的母亲更倾向于领取家庭照顾津贴全职在家照顾孩子。而当家庭照顾假期结束后，她们没有工作可以返回，更难以开始一份全新的正式工作，这极大地减少了母亲的劳动力供应。

可见，北欧国家积极承担早期儿童照顾责任，通过健全的时间、经济和服务政策以及这些政策的组合应用，减轻了家庭的照顾压力，保证了早期儿童受照顾权的实现，同时提高了女性的劳动力市场参与率，缓解了女性在工作和家庭中的双重角色负担，保证了女性社会权利的实现，极大地促进了性别平等。

第6章　当代中国“责任共担”模式的基础、机制与特色

目前中国的早期儿童照顾模式是社会保险范式下的“责任分离”模式，强调早期儿童照顾的家庭责任和女性责任，不利于早期儿童的受照顾权和女性的社会权的充分实现，加剧了阶层矛盾和性别矛盾。而社会照顾范式下的早期儿童照顾是一种“责任共担”模式，从部门分担的角度来看，照顾责任由国家、市场、家庭和社会组织共同承担；从性别分担的角度来看，照顾责任由男性和女性共同承担，这有利于消减“责任分离”模式加剧阶层矛盾和性别矛盾的不良社会影响。鉴于此，我国有必要建立起早期儿童照顾的“责任共担”模式。

6.1　“责任共担”模式的基础

6.1.1　文化基础

6.1.1.1　家本位文化要求中国的早期儿童照顾立足于家庭

德国哲学家黑格尔（Geory Wilhelm Friedrich Hegel）曾指出：“中国终古不变的宪法的精神是家庭的精神。”[①]一直以来，中国的主体区域属于内陆地区。而内陆地区则主要以农业为主，农业的发展离不开土地，这

① 黑格尔.历史哲学[M].上海：上海书店出版社，1999：126.

便形成了中国“安土重迁”的传统。如此延续下去，一家人世代生活在一起，便逐渐发展成了家族制度，而家族制度的形成则为“家本位”文化提供了伦理和制度根基。

所谓“家本位”是指“以血缘亲情为纽带的家庭、家族为其实体存在形态，以父系原则为主导，以家庭、家族成员之间的上下尊卑、长幼有序的身份规定为行为规范，以祖先崇拜和家族绵延兴旺为人生信仰的一整套家法族规，并把这一套家族法规从理论上升延伸到全社会各个层面，成为华人社会传统中占主导地位的思想体系”①。“家本位”具有三个特点：首先，在家庭成员与作为整体的家庭的关系方面，强调家庭高于个人，个人利益应该服从家庭利益。其次，强调每个家庭成员对家庭的责任，并且认为这种责任应该伴随家庭成员生命的始终。最后，“家本位”既包含了“家庭本位”，也包含了“家族本位”，即所有的家庭成员都负有对自己家庭所归属的家族的责任与义务。②“家本位”观念在中国传统文化中处于核心地位，正如陈独秀所说：“西洋民族以个人为本位，东洋民族以家族为本位。”③

“家本位”文化下的早期儿童照顾，强调的是家庭对儿童负责的责任伦理。这种责任伦理不仅强调父母对子女的照顾责任，还强调家族之间的互助责任。家族成员间以血缘为连接，形成一种天然的亲密关系，这种亲密关系支撑着彼此之间互相承担照顾的责任和义务。而家族之间的互助最主要表现为代际之间的互助与合作，在早期儿童照顾上则表现为代际之间照顾资源的向下倾斜。也就是说，当父母对早期儿童提供的照顾资源不足时，（外）祖父母会自然地承担起早期儿童照顾的责任。正如本次田野调查所选择的10个典型家庭案例，有8个家庭的祖辈以提供经济或服务的形

① 王运萍.传统“家本位”思想及其延伸的现代启示［J］.太原师范学院学报（社会科学版），2005（1）：27–29.

② 杨善华.中国当代城市家庭变迁与家庭凝聚力［J］.北京大学学报（哲学社会科学版），2011（2）：150–158.

③ 陈崧.五四前后东西文化问题论战文选［M］.北京：中国社会科学出版社，1985：13–14.

式，参与了早期儿童照顾。

在“家本位”文化的影响下，一直以来中国社会都将生儿育女看作是家庭内部的事务，家庭有能力安排好照顾子女的诸多事宜。而当家庭解体崩溃时，儿童所在的邻里社区等非正式网络则会出面提供帮助。这种传统观念塑造了中国以家庭为基础的早期儿童照顾路径。因此，中国的“家本位”传统文化要求中国的早期儿童照顾要立足于家庭。

6.1.1.2　西方女权主义和儿童福利思想的传入催生了“儿童公育”的萌芽

清末民初，为了解决中国的妇女儿童问题，爱国者和思想家们通过深入考察国外的女权主义和儿童福利思想，提出了“儿童公育”理论。

首先，随着西学东渐、传教士的在华活动以及中国知识分子的大力倡导，女权主义思想开始在中国传播。以康有为为代表的女权主义倡导者开始积极宣传“天赋人权”“男女平等”等女权主义学说，大力抨击以“三纲五常”为核心的残害中国妇女的封建思想。康有为曾在《大同书》中提道：“凡人皆天生，不论男女，人人皆有天与之体，即有自立之权，上隶于天，人尽平等，无形体之异也。”①“以女子执农工商贾之业，其胜任与男子同，今乡曲之农妇无不助耕，各国之工商既多用女子矣。以女子为文学仕宦之业，其胜任亦与男子同。今著作文辞之事，中国之闺秀既多，若夫任职治事，明决果敏，见于史传者不可胜数矣。故以公理言之，女子当与男子一切同之；以实效征之，女子当与男子一切同之。”②在康有为看来，上天赋予了人们男女平等的权利，男女之间并无不同。而实现男女平等的关键在于消灭包括种族、阶级、国家、家庭在内的一切可能滋生男权的土壤。

梁启超进一步指出妇女受压迫的根源在于经济不独立，即“不习一事，不精一艺……惟其不能自养，而养于他人也”③。因此，要想实现妇女

① 康有为.大同书[M].上海：上海古籍出版社，2005：129.

② 康有为.大同书[M].上海：上海古籍出版社，2005：122.

③ 梁启超.饮冰室合集[M].北京：中华书局，1998：349.

解放，关键在于妇女经济独立。然而“妇人解放，其难点不在生育之前，而在既生育之后”[①]，“有儿童牵累的女子，绝对不能解放，已解放的女子，绝对没有时候去养育儿童”[②]。既然养育儿童是妇女解放的壁垒，那么“儿童公育”便成为促进妇女解放的有效手段。正如沈兼士所言：“今研究妇人问题者，对于儿童，若无相当之良法以处置之，则妇人问题终无彻底解决之一日。良法为何？吾以为即‘儿童公育’是也。”[③]

罗家伦明确指出了“儿童公育”对促进中国妇女就业、解决妇女问题的重要性。“我们中国女子的职业，则除了家庭工业外，其余绝无可言”[④]，“如果要各处的妇女问题解决，非各处都实行儿童公育制度不可。”[⑤]

恽代英则进一步设想了“儿童公育”的相关政策内容：“产妇生产前后两月，可免其作工……婴儿生两月后，惟哺乳仍由其母，抚育的事，举专人担任，免碍女子工作。”[⑥]

其次，鸦片战争以后，西方儿童福利思想的传入触发了以“儿童权利”为核心的中国近代儿童观的萌生，激发了“儿童公育”观念的产生。康有为曾明确提出儿童权利思想，他指出：“人非人能为，人皆天所生也，故人人皆直隶于天而公立。政府者，人人所公设也，之立政府当公养人而公教之，公恤之。”[⑦]康有为认为儿童享有平等的权利，而政府则应保证儿童平等权利的实现。据此，康有为提出了“儿童公育”的思想，并指出“儿童公育”是太平社会的必然产物。“无家而全归学校以育人，太平之事也；有学有家以育人者，升平之世也；全由其家以育人者，据乱之

① 沈兼士.中国妇女问题讨论集（第六册）[M].上海：上海书店，1989：1.

② 向警予.女子解放与改造的商榷[J].少年中国，1920（2）.

③ 沈兼士.中国妇女问题讨论集（第六册）[M].上海：上海书店，1989：2.

④ 罗家伦.妇女解放[J].新潮，1919：14.

⑤ 罗家伦.妇女解放[J].新潮，1919：17.

⑥ 恽代英.恽代英文集（上册）[M].北京：人民出版社，1984：238.

⑦ 康有为.李似珍评注《大同书》[M].郑州：中州古籍出版社，1998：235.

世也。”[①]康有为认为在大同社会中，政府应该通过建立人本院、育婴员、慈幼院等儿童公养机构来保证儿童平等照顾和教育权利的实现。

此外，从当时中国儿童的家庭教养情况来看，“儿童公育”可以保证儿童受照顾和受教育权的实现。俞颂华曾明确指出：“照中国的情形而论，我所以承认有实行儿童公育的必要，即因我觉得中国的家庭太腐败”，“中国全国立刻实行儿童公育，而公育机关近于理想，我想中国的社会在一世一代的短期间，必定能够进步改观”[②]。

向警予也曾直言中国家庭照顾的弊端，认为“儿童公育”是解决此问题的必要手段，并对“儿童公育”进行了畅想：“我国儿童，都是这些无识无知的妇女保抱长养的，真是可怜极了，我们从各方面考察，都有组织儿童公育的必要……因为我们组织儿童公育，必定选择那富于保育学识，曾研究儿童心理、儿童教育的女子，来当保姆；对于儿童的衣食住，必力求精美而适合卫生；游戏场所以及一切恩物玩具，必当应有尽有，力求完备，这比那家庭窟里，各养各的，实有天上人间之别了。”[③]

西方女权主义和儿童福利思想的传入与扩展，使中国社会对妇女和儿童的传统认识发生了翻天覆地的变化。出于妇女解放和儿童解放的考量，中国的有识之士提出了“儿童公育”的设想，并在一定程度上将其付诸实践。例如，在清朝末期设立蒙养院，为三岁至七岁的儿童提供照顾和教育的场所。到了五四运动时期，“儿童公育”的观念盛极一时。五四运动之后，逐渐有学者对“儿童公育”提出了质疑，认为“儿童公育”会破坏中国传统的家庭和社会制度，引发各种各样的社会问题。而且以当时中国的社会条件，“儿童公育”只是一种极端社会主义者的梦想，难以实现。尽管随着反对声的不断增大，“儿童公育”的呼声渐渐消散，并随着幼稚园

---

① 康有为.大同书[M].上海：上海古籍出版社，2005：185.

② 俞颂华.儿童公育问题的我见[J].解放与改造，1920（15）：11-13.

③ 中华文库.女子解放与改造的商榷[EB/OL].（1920-5-26）.https://www.zhonghuashu.com/wiki/%E5%A5%B3%E5%AD%90%E8%A7%A3%E6%94%BE%E8%88%87%E6%94%B9%E9%80%A0%E7%9A%84%E5%95%86%E6%A6%B7.

的兴起逐渐退出历史舞台，但是，“儿童公育”的设想对中国早期儿童照顾的发展有着深远的影响。“儿童公育”思想强调早期儿童照顾和教育是全社会的公共事业，这打破了早期儿童照顾的责任边界，首次明确了国家和社会在早期儿童照顾中的责任，为今后国家和社会参与早期儿童照顾提供了思想文化上的合法性基础。

6.1.2 制度基础

“儿童福利制度建设议题的实质是现代国家发展议程中最大的政治议题，关键是国家的社会福利责任承担，核心是社会福利责任的社会划分，精髓是儿童福利制度的政治决定因素……这里的‘政治决定因素’是个广义概念，泛指与儿童福利制度建设有关的政治、法律、行政、权力、权利和国家、政府因素，其中最重要的是执政党的政治哲学、政治思想、政治理论和政府行政管理体制。政治因素决定了国家的儿童观和儿童在国家发展中处于什么样的地位。”[①]中国是社会主义国家，坚持社会主义制度，社会主义制度是决定中国儿童福利制度建设的根本政治决定因素。在社会主义制度的指导下，中国建立了社会主义市场经济体制，作为中国特色社会主义理论体系的重要组成部分，为中国早期儿童照顾的责任共担模式提供了制度基础。

6.1.2.1 公有制强调国家在早期儿童照顾中的主体地位

1992年，中国将建立社会主义市场经济制度作为经济体制改革的方向，确立了以公有制为主体，多种所有制经济共同发展的格局，将生产资料公有制和市场经济结合起来。其中生产资料公有制是指全社会的生产资料归全体成员共同享有和支配，生产资料按照特定的目标有计划地进行分配以实现共同的目的。[②]生产资料公有制可以满足社会全体成员的物质、文化、生活需求和全面发展的需要，以保证社会主义制度自身的优越性。马

① 刘继同.中国儿童福利制度构建研究[J].青少年犯罪问题，2013(4)：4-12.

② 胡钧.政府与市场关系论[J].当代经济研究，2013(8)：22-30.

克思对此进行了说明："如果我们把劳动所得这个用于首先理解为劳动的产品，那么集体的劳动所得就是社会总产品。现在从它里面应当扣除：第一，用来补偿消费掉的生产资料的部分。第二，用来扩大再生产的追加部分。第三，用来应付不幸事故、自然灾害等的后备基金或保险基金……剩下的总产品中的其他部分是用来作为消费资料的。在把这部分进行个人分配之前，还得从里面扣除：第一，和生产没有直接关系的一般管理费用。和现代社会比起来，这一部分将会立即极为显著地缩减，并将随着新社会的发展而日益减少。第二，用来满足共同需要的部分，如学校、保健设施等。和现代社会比起来，这一部分将会立即显著增加，并将随着新社会的发展而日益增加。第三，为丧失劳动能力的人等设立的基金。总之，就是现在属于所谓官办济贫事业的部分。"①

社会主义制度的本质就是满足人的需要，而生产资料公有制则保证了包括社会福利资源在内的所有生产资料归全民所有，要求国家作为人民群众的代表主导着包括社会福利资源在内的所有生产资料的分配，其中当然也包括用于满足儿童生存和发展的儿童福利资源。就早期儿童照顾而言，社会主义公有制决定了国家主导早期儿童照顾资源的分配。国家主动承担早期儿童照顾责任，在科学发展观的指导下，保障所有儿童平等地享有照顾权利，提升儿童福利水平，促进儿童健康、全面发展是中国特色社会主义的必然选择。

6.1.2.2　市场经济为市场和其他社会主体参与早期儿童照顾提供了空间和可能

市场经济是建立在生产资料私有制基础上的商品经济发展到一定阶段的产物。市场经济以市场为基础，以市场资源配置为导向，以自由和效率为原则，以利益最大化为目的。十九大报告明确提出，发展社会主义市场经济必须要毫不动摇地鼓励、支持、引导非公有制经济发展，使市场在资源配置中起决定作用，更好发挥政府的作用。市场的决定性作用表现为市

① 马克思，恩格斯.马克思恩格斯全集（第3卷）[M].北京：人民出版社，1965：302-303.

场是最好的资源配置方式，在市场中，生产者可以通过价格的波动来了解消费者的需求。例如，当一件商品的市场价格低于其价值时，那么就表明此种商品生产过多，需要调整生产要素配置，将其分配到那些市场价格高于其价值的商品中去。因此，可以看出市场能够有效传递和利用分散而隐匿的信息，使资源的配置动态优化，并引导企业、消费者等市场主体做出合理选择。同时，市场可以充分利用人们的内在激励驱动资源流动，使整个经济充满生机。

改革开放以来，政府在极大程度上保障了市场的自由，给市场经济以自由发展的空间，而市场经济的快速发展为中国儿童福利的发展提供了必要的经济条件。此外，市场的自由性和逐利性属性，促使市场生成出多样性的儿童服务，特别是丰富了早期儿童照顾的服务主体和服务内容，激活了早期儿童照顾服务产业，为消费者提供了多元选择的机会，满足了不同家庭和不同人群的服务需求。最后，市场具有竞争性特点，市场中的早期儿童照顾服务主体为了保持其竞争力，提高其市场占有率，会着重强调服务水平的提升。而在服务领域中，服务水平的优劣往往会起关键性作用。

2011年，国务院颁布了《中国儿童发展纲要（2011—2020年）》，其中明确指出中国早期儿童照顾服务的发展要积极引入市场力量，建立起政府主导、社会参与、公办民办并举的办园体制，在大力发展公办幼儿园的基础上，积极鼓励社会力量以多种形式办幼儿园，引导和支持民办幼儿园提供普惠性服务。2014年，国务院又颁布了《国家贫困地区儿童发展规划（2014—2020年）》，提出要采取政府直接提供服务和向社会力量购买服务相结合的工作机制，鼓励采取政府向社会力量购买服务的方式实施儿童发展项目，对适合市场化方式提供的事项，交由具备条件、信誉良好的群团组织、社会组织和企业等承担，并和社会公益项目有机结合，扩大公共服务供给。

因此，社会主义市场经济体制中的公有制属性决定了国家承担早期儿童照顾责任是社会主义国家的应有之义，是社会主义国家不可推卸的责任；而市场经济则使得国家赋予了市场部分福利功能，为市场主体和其他社会主体参与早期儿童照顾提供了空间和可能。中国正在全面深化经济体制改革，其核心在于处理好政府和市场的关系，特别是在包括早期儿童照顾在内的福利领域，国家需要积极承担起福利责任，同时保证其他福利主体的积极参与。

6.2 “责任共担”模式的机制

机制一词源自拉丁文mechanisma，原指机器的构造和动作原理。[①]《现代汉语词典》将机制解释为一个工作系统的组织或部分之间相互作用的过程和方式。机制包含三层基本含义：第一，机制由若干要素组成；第二，组成机制的各要素的功能如何以及按何种方式把这些要素组合起来，决定着整个机制的功能；第三，机制中各构成要素功能的发挥总是通过在整体机制的运行过程中与其他要素的相互作用而实现。[②]在社会学中，机制这个概念通常被来描述事物各个部分的组成关系以及具体的运作方式，而社会福利领域对机制研究的重点往往是通过对政策和制度的构建，来探索有效机制的实现。

本书所探讨的责任共担模式的机制，包括责任共担模式的主体机制和责任共担模式的政策机制，通过明确早期儿童照顾的主体角色和合理运用早期儿童照顾政策，来建立起早期儿童照顾在部门之间和性别之间有效的分担制度和切实可行的运行方式。

6.2.1 “责任共担”模式的主体机制建设

在前文研究的基础上，本节提出建立以增强家庭的早期儿童照顾功

① 效民.什么是“机制”、“经济机制”和“价格机制”[J].价格理论与实践，1986(5)：43.
② 曾昭皓.德育动力机制研究[D].西安：陕西师范大学，2012.

能为核心，以政府对家庭的时间支持和经济支持为支柱，以政府、市场、社会组织三方协调提供的早期儿童照顾服务手段为重要内容，以全面提高早期儿童的福利水平和完善性别平等为目的的早期儿童照顾的责任共担模式，这要求建立部门合作的协调发展机制和性别平等的协调发展机制。

6.2.1.1 建立部门合作的协调发展机制

部门合作的协调发展机制要求家庭、国家、市场、社会组织明晰各自在早期儿童照顾中的定位，最人限度地发挥自身的功能，以保障中国早期儿童的受照顾权利得以普遍实现，使中国儿童能够健康、快乐地成长。部门合作的协调发展机制强调三点：第一，维护家庭在早期儿童照顾中的核心地位。第二，确立国家在早期儿童照顾中的主导地位。第三，发挥市场、社会组织等其他社会主体在早期儿童照顾中的补充力量。

6.2.1.1.1 维护家庭在早期儿童照顾中的核心地位

家庭是整个社会的基础，具有照顾功能。家庭作为早期儿童成长和发展的最重要的场所，在早期儿童照顾中处于核心地位。

首先，家庭为早期儿童提供的照顾、教育、情感支持，是任何其他照顾责任主体无法与之媲美和替代的。0至6岁是儿童成长的关键阶段，在这一时期，儿童的生理、心理发育尚不完全，自己没有在这个世界上独立生存的能力，需要完全地依赖于其他人生活。在这种情况下，早期儿童对亲密感、安全感、归属感有着强烈的需求。而亲子之间的血缘关系，使孩子本能地依恋父母，家庭内父母的照顾天然地可以满足孩子对亲密感、安全感、归属感的需求，这是其他照顾机构难以比拟的。此外，有大量研究表明，家庭在儿童照顾和教育工作中扮演着至关重要的角色，尤其是在儿童发展的早期阶段。在6岁前，儿童的大脑和个性正处于形成阶段，而这个时候家庭的参与和正确引导就显得尤为重要。家庭内父母为孩子提供的照顾和教育，对孩子健全人格的培养和完整心智的养成有着深远的影响。

其次，如前文所述，中国有着“家本位”的文化传统。在西方国家，社会最小的单位是个人。而在中国，社会最小的单位是家庭。长久以来的“家本位”观念，使得中国人习惯于从家庭出发，作为其思考和行动的规范。“家本位”文化下的家庭承载着相当程度的福利保障功能，其中包括对早期儿童的照顾。尽管在经济体制改革后，随着社会经济的不断发展，中国的家庭结构和家庭功能发生了改变，家庭结构逐渐变小以及家庭功能逐渐衰弱，减少了家庭内部的早期儿童照顾资源，但是家庭的育儿功能依然是不可替代的，并构成了整个社会的基石。正如习近平同志在会见第一届全国文明家庭代表时的讲话中所言：“无论时代如何变化，无论经济社会如何发展，对一个社会来说，家庭的生活依托都不可替代，家庭的社会功能都不可替代，家庭的文明作用都不可替代……家庭是人生的第一个课堂，父母是孩子的第一任老师。孩子们从牙牙学语起就开始接受家教，有什么样的家教，就有什么样的人。家长应该担负起教育后代的责任。家长特别是父母对子女的影响很大，往往可以影响一个人的一生……广大家庭都要重言传、重身教，教知识、育品德，身体力行、耳濡目染，帮助孩子扣好人生的第一粒扣子，迈好人生的第一个台阶。”①

最后，从国际经验上来看，强调家庭在早期儿童照顾中的地位和作用。一直以来，西方国家都将家庭视为早期儿童照顾的重要场所。直到20世纪七八十年代，福利国家通过扩大政府在早期儿童照顾上的供给，以减少儿童对家庭资源的依赖。这造成了政府财政压力过大，政策的可持续性不足。90年代后，随着福利多元主义的兴起，福利国家逐渐意识到早期儿童照顾主体的多元化才是回应早期儿童照顾需求的有效手段，由此再次强调了家庭在早期儿童照顾中的重要作用。

因此，无论是从早期儿童照顾的特点来看，还是从中国“家本位”的文化传统来看，抑或是从福利国家关于早期儿童照顾责任分配的经验来看，家庭都理所应当作为早期儿童照顾的第一责任主体，成为早期儿童照顾的基础。

① 习近平：在会见第一届全国文明家庭代表时的讲话［EB/OL］.http：//www.xinhuanet.com//politics/2016-12/15/c_1120127183.htm.

6.1.1.1.2　确立国家在早期儿童照顾中的主导地位

强调家庭在早期儿童照顾中的基础和核心作用，并非弱化国家在早期儿童照顾中的责任。实际上，随着时代的发展，当前中国家庭的照顾功能逐渐减弱。在中国社会经济结构变迁的考量下，在社会主义本质的要求下，在“科学发展观”“以人为本”“和谐社会”理念的倡导下，国家要明确其在早期儿童照顾中的主导地位，政府要积极承担起早期儿童照顾责任。

然而，社会保险范式下的中国对早期儿童照顾的支持十分有限，普通家庭的早期儿童照顾负担相当沉重。即便近几年来，中国政府提出建立适当普惠的儿童福利制度，但是总体上并未出台有效措施以增强家庭的早期儿童照顾功能。因此，我国政府应该以制定和完善早期儿童照顾的制度和政策设计为重点，以保证其主导地位的实现。

政府的制度和政策制定主要围绕三个方面进行。其一，政府有责任明确家庭、国家、市场、社会组织四方主体在早期儿童照顾中的责任，确定各方主体的角色定位和责任边界，保证各方责任主体在早期儿童照顾上的通力合作，以完善中国早期儿童照顾制度的顶层设计。其二，政府有责任出台相关的照顾政策，来承认和肯定家庭内照顾的价值，以保证早期儿童受照顾权的真正实现和女性完整公民身份的获得。其三，政府有责任通过运用公共政策，来增强家庭的早期儿童照顾功能，包括提高家庭在早期儿童照顾方面的经济功能和社会功能。其中家庭在早期儿童照顾方面的经济功能，是指家庭为早期儿童提供照顾的经济能力，属于硬能力；家庭在早期儿童照顾方面的社会功能，是指家庭为早期儿童提供照顾的社会能力，属于软能力，包括安全的家庭环境、和谐的家庭关系、父母积极参与早期儿童照顾、早期儿童照顾和教育的质量、父母所掌握的早期儿童照顾知识和对早期儿童照顾的认知等。

具体而言，我国政府应该建立6个有效路径，以政府为主导，将家庭、国家、市场、社会组织有效地结合起来，以增强家庭的早期儿童照顾能力。

路径1：政府建立完善的时间支持政策以保证父母的早期儿童照顾时

间，帮助父母协调作为劳动者和照顾者的双重角色冲突；

路径2：政府通过经济支持政策来分担早期儿童的照顾成本，减轻父母对早期儿童照顾的经济压力；

路径3：政府直接向社会组织购买早期儿童照顾服务，为早期儿童提供照顾服务；

路径4：政府直接购买市场中的早期儿童照顾服务，为早期儿童提供照顾服务；

路径5：以社会工作机构等社会组织为中介，链接政府与市场，提供早期儿童照顾服务；

路径6：政府直接建立公共早期儿童照顾服务机构以提供普遍的照顾服务。

通过路径3、4、5、6的服务支持手段，保证所有0～6岁的儿童享受到专业的早期儿童照顾的权利，同时减轻家庭的照顾压力，使父母可以平等地参与到劳动力市场中来。

6.1.1.1.3　发挥市场和其他社会主体的补充力量

维护家庭在早期儿童照顾中的核心地位，确立国家在早期儿童照顾中的主导地位，并不意味着将早期儿童照顾的责任完全寄托在家庭和政府身上。一方面，家庭提供的早期儿童照顾服务是一种非正式照顾服务，其服务的多寡和服务的质量完全取决于照顾提供者所拥有的资源、自身的素质、专业知识、认知水平、与被照顾者的关系等，具有不稳定性。2015年，在由华东理工大学和“上海高校智库”社会工作与社会政策研究院主办的金砖国家社会转型、社会政策与社会服务国际研讨会上，南京大学的彭华民教授指出，目前中国有61万在事实上无人抚养的儿童。[①]这正是由于家庭照顾的不足，所造成的儿童的受照顾权受到伤害。因此，家庭作为非正式的照顾责任主体，需要其他正式照顾主体的支持，以保证早期儿童照顾服务的获取。另一方面，受公共财政的限制，目前中国提供的公共早

① 中国困境儿童达数百万61万名儿童无人抚养［EB/OL］.http://news.sohu.com/20151108/n425637170.shtml

期儿童照顾服务只能满足家庭最基本的照顾需求，起到保基本的作用，当家庭和早期儿童有更多的服务需求时，他们可以从社会中获得更加丰富多样的早期儿童照顾服务，而成熟、完备的市场、社会组织和其他社会主体是他们获得相应服务的有利选择。因此，在实际情况的考量下和“照顾钻石”理论的指导下，市场和其他社会主体应该成为早期儿童照顾服务的重要补充力量，为家庭提供更多的选择，满足家庭对早期儿童照顾的多方面需要。

根据第六次人口普查提供的数据，中国0至6岁儿童的数量超过了1亿，这说明中国有庞大的早期儿童照顾服务需求市场。实际上，从中国市场化的早期儿童照顾服务发展情况来看，近30年来，各类民办的早期儿童照顾服务机构如雨后春笋般蓬勃发展，的确满足了广大家庭的多样化需求，填补了中国公共早期儿童照顾服务不足的空白。然而值得注意的是，市场具有其自身的缺陷，存在着市场失灵的风险。与此同时，早期儿童照顾属于公共产品，具有正外部效应。为了减少市场失灵所带来的风险，保证早期儿童照顾正外部效应的有效发挥，第一，要完善政府的监管体系，提高政府对早期儿童照顾服务市场的监管能力。例如，政府应该完善早期儿童照顾服务市场的行业标准，包括进入标准、质量标准等，以保证相关服务的质量。此外，由于目前中国的早期儿童照顾服务需求大，属于卖方市场，因此存在着类似天价幼儿园等漫天要价的现象。面对市场化的早期儿童照顾服务费用过高的问题，政府应该介入，对早期儿童照顾服务业的服务费用标准做出说明。第二，要积极鼓励社会工作机构、志愿组织或其他非营利机构的发展，充分发挥非营利机构在满足人们对早期儿童照顾服务需求方面的作用，以此来丰富早期儿童照顾服务的供给、分担早期儿童照顾服务的费用。第三，政府要积极创新社会力量的引入机制，引导并支持市场和其他社会主体参与到早期儿童照顾服务中来。例如，为了保证早期儿童照顾服务的公共性，同时提高服务质量和工作效率，市场和社会组织可以通过政府购买服务的方式介入到早期儿童照顾服务中来，以低廉的价格为有需要的家庭和儿童提供特定服务。

6.2.1.2 建立性别平等的协调发展机制

目前中国存在着两种社会性别规范，分别为传统的社会性别规范，和现代的社会性别规范。传统的社会性别规范强调“男主外、女主内”的家庭分工，赋予了女性更多的家庭责任，要求女性以贤妻良母为典范。现代的社会性别规范强调在高昂的生活成本条件下，男女应该共同承担起养家糊口的责任，要求女性为家庭做出经济贡献。在两种社会性别规范的导向下，中国女性正承担着工作与家庭的双重压力，面临着工作与家庭的双重角色冲突。

中国的女性劳动参与率和失业率数据，可以对此加以佐证。首先，劳动参与率是指经济活动人口（包括就业者和失业者）占劳动年龄人口的比率。根据《2016年中国劳动力市场发展报告》，2014年，中国女性的劳动力市场参与率为64%，尽管仍低于中国男性劳动参与率，但是同世界女性劳动参与率相比，中国女性劳动参与率比世界平均水平高出大约14%。[①] 中国女性劳动参与率高于世界平均水平，说明中国女性参与劳动的意愿较高，大部分的中国女性选择进入劳动力市场。其次，失业率是指失业人口占经济活动人口（包括就业者和失业者）的比率。根据对2010年第六次全国人口普查数据计算，得到2010年中国的女性失业率为6.35%，男性失业率为5.01%。[②]中国女性失业率高于男性失业率，说明中国女性在积极寻找工作的过程中面临着阻碍，中国女性就业的可能性仍然低于男性。结合两方面的数据，可以看出中国女性在较高的劳动意愿下，面临着劳动力市场参与的难题，其中肩负着工作与家庭的双重责任，并且难以平衡家庭和工作之间的冲突是影响中国女性参与劳动力市场的一个重要原因。这种双重压力，使中国女性在生活中负重前行，其不仅不利于女性在职场中的表现，而且影响了女性的婚育意愿。2015年全国1%人口抽样调查数据表明，2015年中国育龄妇女的总和生育率仅为1.047，不及人口世代更替水平的一

① 《2016中国劳动力市场发展报告》：“性别红利”将成为经济增长的重要推力[EB/OL]. http://www.ce.cn/xwzx/gnsz/gdxw/201611/24/t20161124_18118923.shtml.

② 刘靖，张琼.中国城市性别失业率差异与就业歧视[J].劳动经济研究，2015(4).

半。①

鉴于此，中国在制定公共政策时，有必要将性别视角考虑在内。而早期儿童照顾这一议题，表面上以早期儿童为福利对象，实际上也牵涉着站在儿童背后的千万女性的命运，因此中国的早期儿童照顾应该建立性别平等的协商发展机制。在制定早期儿童照顾政策时，要坚持性别平等的理念，避免政策所引起的负面性别效应。打破传统性别分工，引导男性和女性共同承担早期儿童照顾责任，保证男性和女性在家庭和工作中享有同样的权利和获得同等的地位。

6.2.2 “责任共担”模式的政策机制建设

责任共担模式的政策机制建设，旨在通过运用政府制定的时间支持政策、经济支持政策和服务支持政策，来建立一个部门合作的、性别平等的、选择广泛的早期儿童照顾体系。

6.2.2.1 时间支持政策

第一，扩大产假的覆盖范围。目前中国已经建立了带薪产假制度，女职工生育享受98天的产假，这符合国际劳工组织要求的不少于14周产假的规定。产假期间的工资标准规定为，对已经参加生育保险的，按照用人单位上年度职工月平均工资的标准，由生育保险基金支付；对未参加生育保险的，按照女职工产假前工资的标准，由用人单位支付。然而根据第三期中国妇女社会地位调查的结果来看，同农业户口的非农就业女性相比，有62.8%的非农业户口的就业女性在生育最后一个孩子时，可以享受90天以上产假，而仅有21%的农业户口的非农就业女性按照国家规定享受产假。②这说明在城乡二元分割的体制下，农村向城市流动的女性所享受到的产假水平较低。面对这种情况，中国应该完善产假政策，扩大产假的覆盖面，并

① 人口抽查：2015年中国总和生育率为1.047 不及世代更替水平一半［EB/OL］.https://www.guancha.cn/Rural/2016_10_29_378773.shtml

② 黄桂霞.中国生育保障水平的现状及影响因素分析——基于第三期中国妇女社会地位［J］.妇女研究论丛，2015（5）：103-111.

保证产假制度的严格执行，让所有的劳动女性都可以享受到带薪产假。

第二，建立国家立法层面的陪产假制度。目前除西藏地区外，中国的其他省市均建立了陪产假制度，陪产假时间为7～30天不等，陪产假期间的工资和福利待遇不变。但是问题在于，目前中国的陪产假政策杂糅在各地的计划生育条例内，法律效力低。因此，中国应该建立国家立法层面的陪产假制度，保证所有的父亲都能依法享受带薪陪产假。

第三，建立带薪留职的育婴假制度，并设置父亲配额。20世纪70年代以后，西方福利国家纷纷建立了育婴假制度，规定在产假结束后，父母双方可以享受一段时间的假期用以早期儿童照顾。各国育婴假的时间长短不定，短的几个月，长的可以达到3年。为了促进性别平等，很多国家在育婴假制度中设置了父亲配额的规定，要求在育婴假期间必须设置一定长度的假期只能由父亲享有，以保证父亲在早期儿童照顾中的参与。

目前中国尚未建立起统一的育婴假制度。尽管北京、吉林、重庆、海南、陕西5个地区做出了类似育婴假政策的规定：女职工产假结束后，在同单位商议并经单位批准后，可给予1至6个月的假期，但这只是部分地方的积极尝试，其立法层次低，说法含糊不清，各地规定不一。考虑到目前中国的人口结构、家庭结构和家庭功能的变化，有必要从国家立法层面建立留职育婴假制度，为有3岁以下子女的在职父母提供时间支持，并保证他们在照顾结束后可以重新返回原工作岗位。此外，早期儿童照顾并非母亲的个人事务，而是父母应该共同承担的家庭责任。考虑到父母双方既是照顾者又是劳动者，因此有必要在育婴假制度中设置父亲配额，明确规定在一定长度的育婴假中，父亲和母亲分别享有三分之一的固定假期，剩下的三分之一由父母双方共同享有，并且可以自由支配。

值得注意的是，从西方国家育婴假政策的实施情况来看，我们了解到育婴假是否带薪直接关系到育婴假的使用情况。因此，为了保证育婴假的质量，中国在建立育婴假制度时，应该保证父母在育婴假期间保持一定程度的经济水平，使父母在照顾孩子的这一段时间内可以专心进行早期儿童照顾，而不用考虑经济压力。

第四，建立弹性工作时间制度。为了帮助早期儿童的父母更好地平衡儿童照顾和工作，应该建立弹性工作时间制度。利用弹性工作时间，父母可以及时处理偶然性的照顾工作，如带孩子就医、接孩子放学等。弹性工作时间的形式较多，包括在雇主同意的情况下减少工作时间（薪水相应减少）、调整工作时间、调整休假时间等。

6.2.2.2 经济支持政策

第一，建立早期儿童照顾的税收优惠政策。政府通过税收优惠政策为早期儿童照顾提供间接的经济支持。2018年12月21日国家税务总局发布了《个人所得税专项附加扣除操作办法（试行）》，其中第三条规定子女年满3周岁当月至小学入学前的一个月，可以享受税额扣除。这项新规定正是体现了国家通过税收手段减轻家庭在早期儿童教育方面的经济压力。然而此项税收优惠政策是针对3至6周岁儿童的早期教育而制定的，覆盖范围较窄，并且未包涵早期儿童的照顾层面。因此，国家有必要扩大税收优惠政策的覆盖范围，规定所有拥有0至6岁儿童的父母，都可以享受税收减免的优惠。

第二，建立针对0至3岁儿童的照顾津贴政策。这是政府针对3岁以下的早期儿童照顾所提供的专项经济支持。从国际经验上来看，儿童照顾津贴从经济上补偿了早期儿童照顾者，为家庭提供了更多的选择，但是它在一定程度上遏制了公共早期儿童照顾服务的发展，并且有助于维持传统的家庭性别分工，对男女平等会产生不利的影响。

结合中国实际的情况来看，目前中国的公共早期儿童照顾发展并不充分。对于0至3岁的儿童来说，他们只能从家庭和市场中获得服务，缺少公共照顾服务的补充。在这种条件下，建立普遍性的早期儿童照顾津贴制度，是缓解家庭由于经济问题导致的照顾资源不足的有效途径。津贴的领取有两个条件，一是家中有0至3岁的儿童，二是不使用公共早期儿童照顾服务。津贴免征税款，并由当地政府进行财政支持。然而，结合中国所处的经济发展阶段来看，短期内中国的经济条件无法保证较高程度的津贴水平，单纯依靠儿童照顾津贴难以解决早期儿童家庭所面临的实际难题。因此，要将儿童照顾津贴制度和早期儿童照顾服务制度结合起来，以切实解决中国家庭早期儿童照顾资源不足的问题。

第三，建立针对0至6岁困境儿童的儿童津贴政策。儿童津贴是一种直接的经济支持方式，包括针对所有儿童提供的普遍性的经济补贴和针对处于困境中的儿童提供的特殊经济补贴。尽管改革开放以来中国的经济取得了显著发展，但是目前中国仍处于社会主义初级阶段，是世界上最大的发展中国家，还不具备建立普遍性经济补贴的条件。

《国家贫困地区儿童发展规划（2014—2020年）》指出，当前中国的儿童事业发展并不平衡，在特殊困难地区存在着4000万的儿童，他们在健康、教育等方面的发展尚低于全国的平均水平。而促进这部分儿童的发展，是政府提供公共服务的重要内容，也是切断贫困代际传递的根本途径。为了保证这些儿童得到良好的照顾和教育，要坚持以邓小平理论、“三个代表”重要思想、科学发展观为指导，深入贯彻党在十八大和十八届二中、三中、四中全会的精神，以儿童优先为发展原则，以儿童成长早期干预为基本方针，以困境家庭为主要扶持对象，加大统筹协调、资源整合和推进发展，实现到2020年，特殊困难地区儿童的整体发展水平基本达到或接近全国平均水平。结合《国家贫困地区儿童发展规划（2014—2020年）》的战略发展，当前中国的儿童津贴政策应该结合扶贫事业，以0至6岁的困境儿童为重点帮助对象，使其基本的生活水平得到保障。

6.2.2.3 服务支持政策

第一，扩大公办幼儿园的覆盖范围。从目前来看，中国的公办幼儿园存在着覆盖范围过窄的问题。这里所提到的覆盖范围过窄，主要包括两方面内容：一方面，中国公办幼儿园的数量不足，难以满足城乡家庭的实际需求。《开端计划》曾指出，对于一个中国的一般家庭来说，送一个孩子上幼儿园所需要花费的费用比送他上大学所需要花费的费用还高。例如，在2010年，由于政府补贴，在北京大学上学所需要花费的学费和住宿费加起来大概只需要每月704元，然而上一所好的幼儿园每月却需要大概4553

元，这主要是由于公办幼儿园数量不足而私立幼儿园费用过高导致的。①《中国儿童发展纲要（2011—2020年）》指出，2016年中国的公办幼儿园共8.56万所，其中城市公办幼儿园1.74万所，农村公办幼儿园6.82万所。而根据教育部提供的数据，2016年中国的民办幼儿园数量为15.42万所。可见，在2016年，中国公办幼儿园的占比仅为35.7%。

公办幼儿园的费用低、质量高，是大多数家庭进行早期儿童照顾和教育的最佳选择，然而35.7%的占比量，难以保障这些家庭对公共早期儿童照顾和教育的需求。无奈之下，他们只能选择私立幼儿园。于是便产生了让老百姓头疼的"入园难、入园贵"的问题。

另一方面，中国公办幼儿园的招生年龄过窄，没有将3岁以内的儿童包括在内，忽视了3岁以内儿童的公共照顾服务需求。1989年，国务院发布的《幼儿园管理条例》明确规定，幼儿园只接收3周岁以上的学龄前幼儿。对于3岁以内的儿童，中国尚未建立公共照顾机构。然而对于拥有早期儿童的家庭来说，父母最难以平衡工作和家庭冲突的阶段就是在孩子3岁之前，尤其是母亲，很多年轻的母亲在孩子3岁之前，为了照顾孩子牺牲了事业的发展。可见，中国3岁以内儿童的公共照顾机构的缺失，损害了女性的切实利益。

2010年，国务院发布了《国务院关于当前发展学前教育的若干意见》，明确指出要努力构建覆盖城乡、布局合理的学前教育公共服务体系，保障适龄儿童接受基本的、有质量的学前教育。要大力发展公办幼儿园，提供"广覆盖、保基本"的学前教育公共服务。要加大政府投入，新建、改建、扩建一批安全、适用的幼儿园。根据国务院发布的指导意见，中国政府应该加大对公立幼儿园的经费投入，大力发展公办幼儿园。通过扩大公办幼儿园的覆盖范围，增加公办幼儿园的数量，开设3岁以内儿童的全日制、半日制、计时制托班，以建立起覆盖城乡范围的，所有0至6岁儿

① Starting well—Benchmarking early education across the world [R].London: Economist Intelligence Unit, 2012.

童都可以享受到的公共早期儿童照顾和教育服务体系。

第二，引导私立早期儿童照顾机构发展。完善的早期儿童照顾服务体系的建立，离不开市场的支持。因此，政府应该出台相关的支持政策，支持和促进早期儿童照顾服务市场发展，以引导市场力量办早期儿童照顾机构。

中国的私立早期儿童照顾机构主要指民办幼儿园，以招收2周岁以上的幼儿为主，班级按年龄分为小班、中班、大班、学前班，分别接收2至3岁的、3至4岁的、4至5岁的、5至6岁的幼儿。目前，中国的民办幼儿园存在两方面的问题：一方面，大多数的民办幼儿园只招收2岁以上的儿童，不招收2岁以内的儿童。另一方面，实际情况表明，小班的费用远高于中班、大班和学前班的费用，差价低则几百，高达几千，大部分工薪家庭难以承担这部分费用。面对这种情况，中国政府有必要通过相关政策，有的放矢地加以干预和引导。一方面，要积极鼓励发展民办幼儿园，支持民办幼儿园开设针对0至3岁儿童的托班，以满足家庭对2岁以内托育的市场需求。另一方面，通过公私合营、公办民营等公私合作的方法，建立公私协办的平价托育中心，打消工薪家庭对托育服务的价格顾虑，加强托育服务对普通家庭的可及性。

第三，鼓励社会力量举办早期儿童照顾机构。中国早期儿童照顾服务体系的建设，应该以多元化为目标，将社会资源纳入其中，鼓励社会力量举办早期儿童照顾机构，其中以建立社区早期儿童照顾中心为主要内容。要求在地方政府的鼓励、指导下，通过挖掘和整合社区资源，根据不同社区的实际情况，建立社区早期儿童照顾中心，对适龄儿童提供早期照顾。社区早期儿童照顾中心以解决社区内早期儿童的照顾问题，特别是3岁以内儿童的照顾问题为主，以为家长和早期儿童提供活动场所为辅。社区早期儿童照顾中心具有价格、距离上的优势，大力建立社区早期儿童照顾中心可以有效解决中国非营利性质的早期儿童照顾服务不足的问题。

第四，建立早期儿童照顾培训中心，加强对家庭科学育儿的指导，鼓励父亲参与。中国的早期儿童照顾以家庭为基础，然而目前我国缺乏对家庭内主要早期儿童照顾者的育儿培训和指导，这不利于家长正确开展早期儿童照顾工作，也不利于早期儿童的健康成长和发展。因此，有必要立足于社区，建立早期儿童照顾培训中心，以专家讲座、实操训练等方式为适龄儿童家长提供多次的、免费的育儿知识、儿童心理的培训和育儿过程的科学指导。并且在这个过程中，向家长们传递父亲参与早期儿童照顾的价值理念，积极鼓励父亲参与早期儿童照顾。

以上，产假、陪产、育婴假、父亲配额、弹性工作时间等政策组合，可以为家庭提供时间支持，保证父母的早期儿童照顾时间，缓解父母在早期儿童照顾和工作之间的时间冲突，同时积极促进父亲参与早期儿童照顾。税收优惠、经济补贴和早期儿童照顾津贴的政策组合，可以在很大程度上减轻家庭对早期儿童照顾的经济压力。公共早期儿童照顾服务、市场提供的营利性早期儿童照顾服务、社会力量提供的志愿性早期儿童照顾服务，可以为家庭提供服务支持，积极促进母亲参与劳动力市场。

因此，通过对责任共担模式的主体机制和政策机制的构建，可以看出政府提供的时间和经济支持，以及政府、市场、社会组织提供的服务支持，增强了家庭的早期儿童照顾功能，形成了一个完整的责任共担机制，能够尽可能满足不同家庭的需求，提供不同的早期儿童照顾选择，弥补了家庭照顾资源的不足，保障了早期儿童受照顾权的实现，进而全面提高了早期儿童的福利水平，减少了阶层和城乡之间的差距，与此同时促进了性别平等，有利于中国和谐社会的构建。

6.3　中国“责任共担”模式的特色

莱特纳（Leitner）提出“家庭主义”和“去家庭化”的概念，来描述福利责任在家庭和政府之间的责任分工。而将这两个概念运用到早期儿童照顾中来，便可以粗略地划分目前世界范围内的早期儿童照顾模式。例如，以美国为代表的自由主义福利导向型国家，便极其强调个人主义以及家庭的私领域边界，限制政府对家庭的介入，在早期儿童照顾模式上呈现出政府缺少对儿童照顾进行支持的“家庭主义”特色，而这种“家庭主义”模式会忽略掉早期儿童特别是早期困境儿童的权利保障。以德国为代表的保守主义福利导向型国家，则强调“男主外、女主内”的传统家庭模式，政府对早期儿童照顾的支持也以维持传统家庭模式为目的，在早期儿童照顾模式上呈现出维持传统家庭模式的“家庭主义”特色，这种“家庭主义”模式极大地损害了女性的社会权利，不利于性别平等。而以北欧国家为代表的社会民主主义福利导向型国家，则强调政府对公民不可推卸的保障责任，政府有责任提供公共福利服务来减轻家庭的负担，在早期儿童照顾模式上呈现“去家庭化”特色，这种“去家庭化”模式强调政府责任，政府担负着极大的财政压力，不利于实现可持续发展。

传统的早期儿童照顾模式往往将福利部门之间置于一种对立状态，不同福利部门在福利责任承担上倾向于单独进行，而非通力合作，其间裹挟着儿童和女性的利益，最终以损害一方或二者的利益为结果。而中国是社会主义国家，以集体主义为价值基础，以“以人为本”为指导，目的在于实现所有人的共同发展。社会主义的目的和共产主义的理想自始至终都是中华民族复兴之梦的底色，而中国梦的实现不以剥夺和损害个人利益为前提。

因此，根据中国的文化基础和制度基础，本书提出了责任共担模式。责任共担模式突破了其他模式中部门之间对立、分割的状态，将家庭、政府、市场、社会组织四个部门结合起来，形成了以社会照顾为理论范式，以儿童福利为中心，以促进男女照顾者和劳动者身份的共同实现为前提，以家庭照顾为基础，政府、市场、社会组织三方力量共同支持的体系，在保障早期儿童照顾权利的同时促进女性社会权利的充分实现，进而促进性别平等和阶层平等，促进社会和谐。

第7章　中国“责任共担”模式的现实挑战与实现路径

7.1　“责任共担”模式的现实挑战

当前，中国早期儿童照顾由责任分离模式转向责任共担模式，面临着由一元福利供给主体向多元福利供给主体转变的现实挑战。

7.1.1　政府主导的早期儿童照顾治理能力不足

政府主导的早期儿童照顾治理能力不足主要体现在两方面。一方面，政府提供的早期儿童照顾保障不足，水平不高。早期儿童照顾涉及同早期儿童发展相关的各方面，既包括基本的衣、食、住、行，又包括医疗、服务、教育、娱乐等，因此政府制定的早期儿童照顾政策要以普遍儿童为对象，既要注重早期儿童和家庭的物质需求，也要注重他们的时间和服务需求。

然而正如前文所述，目前中国的早期儿童照顾体系是在社会保险范式下建立的，而社会保险范式下的早期儿童照顾更多的是强调家庭责任，政府只是起到补充性作用。政府所提供的照顾政策大多数针对的是困境儿童，所提供的照顾内容主要以生存性照顾为主，包括基本的食物、简单的居住环境、基础的医疗等同儿童生存有关的基础性照顾，而像儿童营养的改善、安全温馨的成长条件、完善的教育等有利于儿童发展的照顾较少，是一种剩余型的儿童福利制度。尽管目前我国的早期儿童照顾以困境儿童为主要对象，但是实际上政府对困境儿童的公共照顾水平也是不足的。根据第六次人口普查的数据，民政部估计全国存在着61万名无人抚养的儿童和数百万的困境儿童。而《2017年社会服务发展统计公报》显示，2017年全国共有儿童收养救助服务机构 663 个，床位 10.3 万张，年末收留抚养各类人员5.9 万人。其中儿童福利机构 469 个，床位 9.5 万张；未成年人救助保护中心 194 个，床位 0.8 万张，全年共救助流浪乞讨未成年人 3.5 万人次。可见，目前我国儿童福利机构的数量和其服务承载能力，远远无法满足61万无人抚养儿童和数百万困境儿童的需求。

因此，目前中国的公共早期儿童照顾以为困境儿童提供的生存性照顾保障为主，但事实上无法满足所有困境儿童的生存性照顾需求；针对普通儿童的发展性照顾较少，忽视了普通早期儿童的发展性照顾需要。以上两点体现出我国存在政府提供的早期儿童照顾保障不足，水平不高的问题。

另一方面，政府在购买早期儿童照顾服务方面的管理水平不足。十八大报告明确指出，要打造共建共治共享的社会治理格局，形成“党委领导、政府负责、社会协同、公众参与、法治保障”的社会治理体制。这种执政理念的转变促进了政府职能发生改变，政府开始精简职能，购买服务。在购买早期儿童照顾服务方面，各地政府进行了积极的尝试。例如，2010年后，全国各地广泛开展“早教进社区”活动，立足于社区，以政府向早教机构购买服务的方式，为社区内的适龄儿童提供免费早教。政府购买早期儿童照顾服务，既满足了公众多元化的早期儿童照顾服务需求，提高了服务质量，又大大降低了政府的行政成本，是政府改变公共早期儿童照顾服务供给方式的有效尝试。

然而在具体实践过程中，政府在购买早期儿童照顾服务方面的管理水平缺陷逐渐暴露。政府购买服务这一管理模式是目前中国正在进行的全新尝试，制度体系尚未完善。在这种条件下，各级政府对政府购买服务这一管理模式的理解水平不一，特别是基层政府对其理解有限。与此同时，在利益的驱动下和政策的鼓励下，各种类型的营利性质的早期儿童照顾机构和非营利性质的社会组织如雨后春笋般在短期内迅速发展，并且变化较大，政府一时难以准确掌握各社会组织的全部信息。于是，便出现了政府对服务提供方了解程度不足的情况。此外，就服务本身而言，服务与物品不同，具有无形性（Intangibility）、不可分割性（Inseparability）、异质性（Heterogeneity）、易逝性（Perishability）、顾客影响（Customer Influence）和劳动密集性（Labor Intensity）的特点。[①]服务的这六个特点使得服务本身难以管理和评价，再加上“信息不对称”和“理性的有限性”，使得任何合同都不够完备，政府无法通过刚性的手段对其进行管理，因此会出现政府对合同的管理能力不足，以及难以有效监管的问题，进而导致服务质量不高、效率不足等问题。

7.1.2　早期儿童照顾服务市场发育不健全

改革开放以后，在市场经济的发展和国家政策的带动下，中国的早期儿童照顾服务市场初具规模，基本上覆盖了同早期儿童照顾相关的各类服务，包括月子中心、早教中心、民办幼儿园等各类营利性早期儿童照顾和教育机构。但是由于早期儿童照顾行业属于新兴产业，存在着发育不健全的问题，具体表现在以下四点。

第一，早期儿童照顾市场不完整。中国的早期儿童照顾服务市场，其面对主要的消费者是普通儿童，市场中的早期儿童照顾服务以为普通儿童提供早期照顾和教育服务为目的，却忽视了特殊儿童以及特殊儿童家庭对市场照顾服务的需求，因此存在着早期儿童照顾市场不完整的问题。

第二，早期儿童照顾服务价格过高。随着经济的不断发展，人们的生活水平逐渐提高，家长们越来越重视孩子的发展问题，愿意花钱投资在孩子身上。而早期儿童照顾市场中存在着信息不对称的问题，在无法掌握充分的有效信息的前提下，家长们只能以价格为导向来评价早期儿童照顾服务的质量水平，即认为高价格代表着高质量。在信息不对称的掩护下，商家们抓住了父母的这种心理，开始漫天要价，出现了动辄十几万的天价月

① 吴玉霞.公共服务链：一个政府购买服务的分析框架［J］.经济社会体制比较，2014（4）：141–147.

子中心和天价幼儿园。尽管“天价”只是少数，但是从总体上来看，目前中国的早期儿童照顾市场仍然存在着价格过高的问题。

第三，早期儿童照顾服务业的从业人员素质参差不齐。早期儿童照顾行业是一个特殊且敏感的服务行业，它关系到孩子的安全、健康、教育等家长们高度关注的问题。而早期儿童照顾的从业人员与孩子有着最直接、最频繁的接触，他们的素质直接关系着孩子享受到的服务质量。因此，早期儿童照顾行业对从业人员有非常高的要求，不仅要求其具备过硬的专业能力，还要求其具备爱心、耐心、细心等优秀品质。然而，从频频发生的幼儿园虐童事件，可以看出当前我国早期儿童照顾行业的从业人员的素质参差不齐，这严重影响了早期儿童的健康成长和发展。

第四，早期儿童照顾服务市场存在着严重的地区发展不平衡问题，包括城乡之间发展的不平衡和地区之间发展不平衡。发达地区和城市中的早期儿童照顾服务机构的数量、种类、品牌等明显要优于欠发达地区和农村地区，这主要是由城乡和区域间经济发展不平衡直接决定的。而地区之间早期儿童照顾服务市场的发展不平衡，又直接影响了公共早期儿童照顾服务的市场提供方式。换言之，改革开放以来长期经济政策和社会政策的失衡状态，直接导致了地区间的经济和社会发展的失衡，进而影响了地区之间市场主体发育和政府开放程度的不同，最终导致政府和市场合作机制的非均衡发展。①

7.1.3　社会组织自治能力不足

近年来，借助政府力量的大力扶持，中国的社会组织得以迅速发展。中国的社会组织主要包括在各级民政部门注册的基金会、社会团体、民办非企业单位，和未合法登记但仍然活跃在社会中的各种“草根”组织、社区组织及体制外的各类社会团体组织。从目前来看，中国的社会组织存在着自治能力不足的问题，主要表现为自主性不足、人才供给不足和社会组

① 张笑会.福利多元主义视角下的社会服务供给主体探析[J].理论月刊，2013(5).

织间的有效沟通不足。

首先，中国的社会组织存在着自主性不足的问题。社会组织的资金获取渠道狭窄，特别是在中国，由于社会组织的发展尚不充分，社会认可程度不高，其资金主要来自政府购买服务和政府的财政拨款，社会捐赠和服务收费占比较小，这就导致了社会组织在经济上过于依赖政府，自主筹资能力不足。由于社会组织的生存几乎完全依赖于政府，必然产生社会组织对政府的行政依附关系。为了得到政府持续的经济支持，社会组织不得不让渡部分自主权，接受政府的控制和管理。因此，中国的社会组织在管理上呈现出自治性不足以及官僚作风明显的特点。

其次，中国的社会组织存在着人才供给不足的问题。尽管近几年来，国家通过制定各种优惠政策，大力扶持社会组织的发展。但是由于社会组织的非营利性特征，使得社会组织所提供的经济吸引难以同企业相媲美；社会组织属于“第三部门”，不具备行政权力，其提供的政治吸引难以同政府、事业单位媲美。而仅靠信念、价值、兴趣等精神层面的吸引难以招募和留住人才。人才供给不足直接影响社会组织的公共服务能力，不利于社会组织自身的发展，并有损公众对其的信任和认可。

最后，中国的社会组织存在着有效沟通不足的问题。尽管从目前来看，中国各地区特别是发达地区的社会组织呈现出蓬勃发展的态势，早期儿童照顾服务领域更是各社会组织争相服务的重点。但是各社会组织间却缺乏有效的沟通、交流和合作机制。它们各自开发服务站点和实现方式，各自为政，难以实现资源共享和社会组织间的相互配合，以至于无法优势互补和协同推进。

中国的社会组织先天发育不足，后天发育艰难。在内外因的影响下，导致我国的社会组织整体上内部结构不完善，专业性不强，使得其调控社会资源的能力不足，难以发挥其应有的功效。

7.2 挑战的根源

7.2.1 政府财政投入不足

责任共担模式下早期儿童照顾体系的构建，离不开政府的财政支持。稳定、持续、有力的财政投入是健全的早期儿童照顾体系必不可少的一环。然而改革开放以来，在社会主义市场经济全速发展的背景下，在效率优先的价值导向下，中国政府以经济发展为首要任务，将早期儿童照顾责任让渡给家庭和市场，对早期儿童照顾的财政性投入不足。目前，我国尚未形成明确的支出统计口径来计算早期儿童照顾的财政支出，儿童服务与养老服务、残疾人服务一起被包括在民政事业内。我们可以通过民政事业的财政支出，窥视中国早期儿童照顾的财政支出水平。从1988年至2018年，全国用于民政事业的财政支出由40.13亿元增加到4079.6亿元，尽管在短短的30年间增长了100倍，但是其占全国财政支出的比重却仅从1.5%增加到1.8%。由此可推测，中国政府用于早期儿童照顾的财政支出占比较低，且增长缓慢，这极大地影响了我国早期儿童照顾的供给水平。此外，有学者利用人口—发展—环境模型（PDE），从社会补助、营养补助、儿童医保、计划免疫、孤残儿童救助、学前教育及义务教育等财政支出项目入手，预测出未来十年我国儿童福利支出存在近1100亿的缺口，[①]这说明政府的财政投入不足成为中国儿童福利制度建设的主要障碍。

具体而言，中国政府对早期儿童照顾的财政投入不足，主要表现在以下两个方面。首先，从对早期儿童照顾进行经济支持的财政投入方面来看，以困境儿童的现金补助为主，存在着投入范围过窄和水平偏低的特点。当前，我国对早期儿童的现金补助主要被包括在针对孤儿、艾滋病儿

① 王玺，姜朋.基于PDE模型的儿童福利供给财政缺口及保障机制研究[J].中国软科学，2017(6)：155-162.

童发放的基本生活津贴，针对贫困儿童发放的低保补助和大病补助，针对农村儿童发放的营养补助和针对残疾儿童发放的康复补贴内。2018年，我国共有孤儿30.5万人，其中集中养育的孤儿共有7万人，平均补助标准为每人每月1344元；社会散居孤儿有23.5万人，平均补助标准为每人每月924元。截止到2018年底，我国政府的儿童福利财政支出共49.6亿元，其中包括39.5亿元的孤儿补助支出和10.1亿元的其他儿童福利经费支出。[①]在现今的经济发展水平下，每月1000元左右的经济补助，只能保障儿童最基本的生存性需求。而49.6亿的儿童福利支出，占2018年民政事业支出的比重不足1.5%，占比相当低。由此可见，我国政府有关早期儿童照顾经济支持的财政投入仅涉及对部分困境儿童的现金补助，并未将普通的早期儿童包括在内。而针对部分困境儿童进行的经济支持，水平较低，仅以满足早期儿童生存性的经济需求为主。

其次，从对早期儿童照顾进行服务支持的财政投入方面来看，中国政府对早期儿童照顾服务的投入严重不足，无法满足一般家庭对早期儿童照顾服务的需求。从国际上来看，政府承担早期儿童照顾服务的财政责任方式主要包括两种，分别为：由政府出资建立公立早期儿童照顾机构；政府对私立早期儿童照顾机构进行财政补贴。然而，从我国的实际情况来看，无论哪种方式，政府所承担的财政责任都是不足的。例如，欧洲委员会儿童照顾网络（European Commission Network on Childcare）确有这一组织，如Employment，equality and caring for children. European Commission Network on Childcare annual report 1992，对早期儿童照顾和教育的财政投入应该不少于GDP的1%，然而中国政府对学前教育的投入占GDP的比例远未达到建议标准。2017年，中国的GDP总量为820754亿元，全国学前教育经费总投入为3255亿元，中国政府对学前教育的财政投入仅占GDP的0.4%，[②]而在OECD国家，学前教育经费占GDP的平均值为0.8%。在幼儿生

① 2018年民政事业发展统计公报［Z/OL］.http：//images3.mca.gov.cn/www2017/file/201908/1565920301578.pdf

② 根据官方数据计算

均财政支出方面，2016年我国的数据为8626元，远低于日本的5591美元、韩国的6861美元、英国的9692美元和OECD主要发达国家的9188美元。[①]在包括挪威、丹麦、印度、越南等在内的45个国家和地区的排名中，中国内地被认为是对学前教育的支付能力最不足的国家。[②]中国政府对学前教育的投入过少，可以说明我国对早期儿童照顾进行支持的财政投入远远不够，由此造成了公共早期儿童照顾机构数量不足，私立早期儿童照顾机构费用过高的现象，阻挡了部分早期儿童获得照顾和教育的机会。

早期儿童照顾的财政投入代表了早期儿童照顾成本分担中的政府责任和市场化程度。政府的财政投入越多，说明政府承担的早期儿童照顾责任越多，相对应地，家庭承担的责任越少，市场化程度越低。当然并非政府承担的财政责任越多越好，就目前我国的财政投入而言，政府对于早期儿童照顾的总体投入依然十分有限。

7.2.2 公共服务管理体系存在路径依赖

中国的公共服务体系是在计划经济时期制定形成的，存在着路径依赖。从整体上来看，在计划经济体制时期，公共服务和人们的生活息息相关，是关系到国计民生的大事，因此这一时期的公共服务理所应当由政府包办并直接管理，由此便形成了计划经济体制下的公共服务体系。在这种公共服务体系下，公共服务的供给不是由人们的实际需求所决定，而是完全由政府的价值偏好决定，这就造成了公共服务供不应求，质量不高，对公众的回应不及时、不积极等问题。

此外，公共服务分散在各个部门。以早期儿童照顾服务的管理为例，早期儿童照顾服务分散在民政、卫生、教育、妇联、社保等部门，多方管理决定了早期儿童照顾服务的制定和实施、财政资金使用、设施建设、项

---

① 柳倩，黄嘉琪.中国与OECD国家学前教育投入水平的比较研究［J］.教育经济评论，2019(3)：72–86.

② Starting well——Benchmarking early education across the world［R］.London: Economist Intelligence Unit, 2012.

目提供、监督检查等工作呈现出部门利益、管理分割、相互扯皮、政策部门化、资金重复使用、服务设施重复建设、服务项目重叠、有效供给不足、服务“真空”等问题。这种公共服务管理体系带来了僵化的公共服务管理模式，使得整个公共服务运行效率低下并且资源浪费严重，不利于保障人们福利的充分实现。

尽管改革开放后，中国政府正逐步探索由全能型政府向服务型政府转变，开始引入市场机制到行政部门，但是由于存在着路径依赖，计划经济体制下的公共服务体系依然影响着如今中国公共服务体系的建设，政府作为公共服务供给的主体仍然存在着官僚化和分头管理等问题，这不利于我国责任共担模式的构建。

7.2.3　社会组织发育不良

20世纪80年代以来，在福利危机的背景下，西方福利国家开始进行福利改革。在减轻政府的财政负担和提高公共服务效率的考量下，福利国家开始引入市场机制，吸引社会资本和民间力量加入福利供给中来，开始福利多元主义的探索。然而值得注意的是，西方福利多元主义发展的前提，是西方福利国家拥有数量庞大且发育完备的社会组织，这为政府购买服务提供了可能，为社会组织参与福利供给提供了条件，为福利多元主义的发展提供了良好的社会环境。

在西方福利多元主义理论和实践的影响下，20世纪90年代，中国公共服务的发展也加入了福利多元主义的理念，例如社会福利社会化概念的提出，为社会组织嵌入福利供给提供了参考。然而，同西方福利国家不同的是，中国的社会组织发育晚并且尚未成熟。中国传统政治文化以封建主义的专制制度为依托，以维护封建帝制和君权为核心的专制主义和君主主义为主线，以经世致用为基本致思取向，以道德和政治的互渗为基础，国家权力对全社会广泛侵入和覆盖，形成了极富中国特色的泛政治主义传统，即“全能主义政治”。[①]金耀基曾直接指出，“帝制中国的政治系统，拥有一个不受限制的政治中心。这个政治中心具有不断地对社会经济生活实施干预的潜在可能和倾向。”[②]因此，在封建主义时期，中国的政治体制缺乏公民社会成长发育的土壤，自然也没有社会组织产生和发展的空间。

到了计划经济时期，中国在经济上实行以公有制为基础的高度计划经济体制，在政治上实行中央集权的政治治理模式。在这种情况下，国家几乎掌握着所有的社会资源，并决定社会资源的配置，而民间没有任何的资源，难以形成社会力量，这就导致了国家与社会的高度一体化。在政府与社会组织的关系上，形成了政府对社会组织的直接管理，甚至可以说政府与社会组织形成了一种主从关系的行政文化，社会组织完全听从政府的安排，这在极大程度上限制了社会组织的发展。

改革开放以后，中国政策上的改变释放了社会力量的发展空间，特别是20世纪80年代末以后，中国的社会组织得到了前所未有的发展。2008年汶川地震之后，中国的社会组织出现了爆发式的发展。截止到2008年底，全国共有各类法定的非政府组织接近40万。[③]徐永光认为可以将2008年定为“中国公民社会元年”。[④]到了2018年，全国法定的非政府组织的数量已经增长到81.7万个。[⑤]尽管近些年来中国社会组织等社会力量发展势头猛烈，但是由于发展较晚，尚处于起步阶段，因此中国的社会组织发育并不成熟。

结合中国的历史语境和本土情境，政府财政投入不足，社会组织发育不良和公共服务管理体系存在路径依赖构成了中国责任共担模式挑战的根

① 王乃圣.公民社会理论视域下当代中国国家与社会关系研究[D].济南：山东大学，2010.

② 金耀基.中国发展成现代型国家的困境：韦伯学说的一面[J].二十一世纪，1991（2）：57–72.

③ 2008年民政事业发展统计公报[Z/OL].http：//www.gov.cn/gzdt/2009-02/04/content_1221432.html

④ 徐永光.中国公民社会元年.NPO纵横[J]，2008（4）：1–5.

⑤ 2018 年民政事业发展统计公报[Z/OL].http：//images3.mca.gov.cn/www2017/file/201908/1565920301578.pdf

源。政府在公共服务的供给性、专业性、服务性等方面存在着问题，而社会力量在社会公信力、资源依赖性等方面存在着问题。在二者的关系上，政府在购买服务时存在着的紧张关系，吴玉霞对此做出了总结：一是社会力量对政府资源依赖性与自身独立性之间的紧张关系；二是政府履行管理职责与政府干预社会力量自主性之间的紧张关系；三是公共服务的灵活性与管理规范刚性之间的紧张关系；四是社会力量总体承接能力不足与竞争性缺乏之间的紧张关系。[①]在早期儿童照顾上，2014年，民政部发布了《关于建立儿童福利领域慈善行为导向机制的意见》，提出要引导社会力量确定服务对象。在建立孤儿、艾滋病病毒感染儿童、流浪儿童保障制度的基础上，要求各级民政部门引导社会力量特别是慈善组织，积极探索对事实无人抚养儿童、残疾儿童、患大病重病儿童、患罕见病儿童、流浪儿童、流动儿童、留守儿童、贫困家庭儿童的救助和服务。可见，我国儿童福利的政策导向是政府引导社会力量，逐步探索从特殊困境儿童到一般困境儿童再到普通儿童的保障机制。然而种种问题和矛盾导致各方主体难以发挥其真正的功能，特别是政府与社会力量之间的紧张关系导致早期儿童照顾资源无法实现有效链接，政府、市场、社会组织难以合理分工，通力协作，真正实现责任共担。

7.3　“责任共担”模式的实现路径

7.3.1　建立早期儿童照顾的财政投入保障机制

政府对早期儿童照顾的财政投入，是完善的早期儿童照顾体系的根本保障。改革开放以来，中国的经济取得了巨大的发展。从经济总量上来看，在2010年，中国的GDP总量就已经达到了40.12万亿元，远远超过了英

① 吴玉霞.公共服务链：一个政府购买服务的分析框架[J].经济社会体制比较，2014(4)：141-147.

国、德国、法国、日本等老牌资本主义发达国家，跃居世界第二位。在接下来的几年，我国的GDP持续、稳定增长，在2018年达到了85.4万亿元。从人均占有量来看，在2017年，我国的人均GDP达到了9482美元，同2010年的4434美元相比，在短短的7年间，我国的人均GDP就增长了1倍。可见，经过40多年持续稳定的发展，我国的经济实力取得了大幅度的提升，这为我国早期儿童照顾责任共担模式的构建提供了经济条件。

尽管随着经济的不断增长，我国政府对早期儿童照顾的财政投入逐年提高。但是正如前文所述，同国际水平相比，我国政府对早期儿童照顾的财政投入还存在着严重不足。因此，我国有必要建立早期儿童照顾的财政投入保障机制，以保证政府对早期儿童照顾的财政投入。

首先，我国应该出台相关的法律，以法律的形式明确规定早期儿童照顾的经费来源和增长机制。在相关法律的保障下，我国早期儿童照顾的经费来源和增长机制可以做到有法可依，只有这样我国的早期儿童照顾才可以得到持续、稳定的财政投入，并有利于实现在经济水平逐渐提高和相关福利项目不断增加的时候，政府对早期儿童照顾的投入也相应增长。

其次，我国政府有必要加强早期儿童照顾的财政制度建设，将早期儿童照顾纳入各级财政预算体系，并随着财政收入的增加而适度增长，以实现稳健的、高水平的早期儿童照顾的财政投入，保证普惠的、价格低廉的、高质量的公共早期儿童照顾服务体系的构建和可持续发展。

最后，政府要调整财政投入结构，加大对普通早期儿童照顾的财政投入。如前文所述，目前我国的早期儿童照顾政策以为困境儿童提供生存性照顾为主，相对应地，政府在早期儿童照顾中的财政投入也以困境儿童为主，对普通早期儿童的财政投入较少。这种财政投入结构一方面满足了困境儿童的基本生存需要，另一方面却忽视了普通早期儿童的照顾需求。然而对普通早期儿童照顾的财政投入，并非单纯的非生产性支出，而是一种社会投资战略，长远来看会使整个社会受益。因此，我国政府不仅要加大对早期儿童照顾的财政投入，而且要调整财政投入结构，在保障困境儿童的财政需要的基础上，加大对普通早期儿童的财政投入。

7.3.2　提高政府对早期儿童照顾的治理能力

目前来看，中国政府对早期儿童照顾的治理能力不足，主要表现为公共早期儿童照顾保障不足和政府购买早期儿童照顾服务的管理水平低下。因此，应该从政府存在的具体问题入手，提高政府对早期儿童照顾的治理能力。

第一，要加强早期儿童照顾的制度建设，制定、完善早期儿童照顾政策，建立普遍的早期儿童照顾制度。2011年，国务院颁布的《中国儿童发展纲要（2011—2020）》明确提出要建立和完善适度普惠的儿童福利体系，增加财政对儿童福利的投入，积极发展公益性和普惠型的儿童综合发展指导机构，为早期儿童及家庭提供早期照顾和教育指导，同时提高面向儿童的公共服务供给能力和水平。在发展纲要的指导下，我国各级政府应该积极承担起早期儿童照顾的公共责任。这种责任的承担方式需要政府调整其在早期儿童照顾角色上的站位。政府不仅要制定偏重于困境儿童的照顾和保护制度，出台包括孤儿、流浪儿童、留守儿童等困境儿童的政策文件，提高他们的保障水平。与此同时要建立面向普通早期儿童的照顾制度，通过编制特定的早期儿童照顾发展纲要，制定系统的、完善的、人性化的早期儿童照顾时间、经济和服务政策，以满足普通早期儿童的照顾需求，减轻家庭的照顾负担和对市场的过度依赖。

第二，提高政府在购买早期儿童照顾服务方面的管理水平。由于我国政府在购买服务这一块尚处于初步探索阶段，因此存在着各级政府对购买早期儿童照顾服务的理解能力不一，对合同的管理水平不足以及监督不力等问题。面对这些问题，中央政府要对地方政府加以培训和引导，在提高地方政府对购买服务的理解能力的同时，促进地方政府不断完善早期儿童照顾服务的购买机制、管理机制、监督机制、激励机制和跨部门协调机制等，并鼓励地方政府创新早期儿童照顾服务的购买模式。

7.3.3 积极培育早期儿童照顾市场

家庭抚育功能的减弱和二胎政策的开放，使得我国的早期儿童照顾市场面临着庞大的消费群体和广泛的发展领域，可以说我国的早期儿童照顾市场潜力巨大。与此同时，早期儿童照顾服务产业化，又是解决早期儿童照顾资源不足的重要和有效手段。鉴于此，我们有必要积极培育早期儿童照顾市场。

首先，完善我国早期儿童照顾服务产业链。现今，我国的早期儿童照顾市场存在着不完整的问题，尚有空白领域没有开发。因此，有必要完善我国的早期儿童服务产业链，形成以面向普通早期儿童的私立照顾机构为核心，以相关的早期儿童照顾服务为主体，以面向特殊早期儿童的照顾服务为补充的完整产业链条，满足消费群体对早期儿童照顾的市场需求，进而促进整个早期儿童照顾产业的发展。

其次，完善市场化早期儿童照顾服务的定价机制。市场化的早期儿童照顾服务在整体上应该面向市场，遵循市场规则，发挥市场的定价作用。然而由于我国公共早期儿童照顾服务体系尚未建立起来，人们对市场中的早期儿童照顾服务依赖严重，对市场化的早期儿童照顾服务需求较大。目前的早期儿童照顾市场属于卖方市场，消费者的还价能力较弱，因此会出现早期儿童照顾服务溢价的现象。面对这种问题，政府应该适当介入，通过规定服务费用标准等方式，来完善市场化早期儿童照顾服务的定价机制。

再次，加强早期儿童照顾产业中的人才队伍建设。高质量的早期儿童照顾服务得益于专业的从业人员。特别是受过良好教育和培训的职业教师，是优质的早期儿童照顾和教育的关键，优秀的教师可以为早期儿童创造一个良好的教学环境和互动机制。为了培养高素质的早期儿童照顾的教师队伍，我们要加强早期儿童照顾队伍的人才建设，包括制定高标准的从业人员任职资格，设定合理的照顾者和照顾对象的比例，进行经常且严格要求的专业培训，完善考核制度等。

最后，协调早期儿童照顾市场在城乡和区域间的发展。目前我国城镇地区和经济发达地区的经济发展水平较高，人们的支付能力较强，拥有的早期儿童照顾资源丰富，基本上形成了相对完善的早期儿童照顾服务产业格局。然而我国农村地区和经济欠发达地区的经济发展水平低，使得早期儿童照顾产业发展较晚，进而造成农村地区和经济欠发达地区的早期儿童照顾产业发展不充分，落后于经济发达地区，难以满足当地人的实际需求。因此，需要出台相关的优惠政策，鼓励农村地区和经济欠发达地区市场化早期儿童照顾服务的发展，提升其产业发展水平，促进早期儿童照顾服务市场在地区间均衡发展。

7.3.4　积极培育和发展社会组织

中国的社会组织起步晚且发育不全，目前存在着资金缺乏、人才缺乏、自治能力较差、有效沟通不足等问题，导致其承接政府购买服务的能力不足，不利于早期儿童照顾服务的社会化发展。面对这些问题，我们应该从以下三方面出发，积极培育和发展同早期儿童照顾服务相关的社会组织，进而提高社会的自治能力。

首先，加强政府对同早期儿童照顾服务相关的社会组织的扶持力度。政府要为社会组织参与早期儿童照顾开通“绿色通道”，创造良好的发展环境，通过修订相关的法律法规以放宽社会组织登记注册的限制，来减少社会组织建立和发展的障碍。此外，政府应该加大财政投入，建立儿童服务类社会组织孵化基地。通过设立儿童服务类社会组织培训机构，对社会组织开展从注册登记、场地设备租用到人才培育、项目承接等全方面的指导，帮助社会组织得以顺利建立和健康发展。

其次，同早期儿童照顾服务相关的社会组织要加强自身的能力建设。在找准服务定位和组织使命的前提下，通过创新和完善筹资机制提高自身的资金筹集能力，通过健全完善的薪酬福利制度和职业晋升机制吸引和留住专业的人才，通过系统的培训制度提高社会组织的专业程度，通过现代的管理技术提高自身的管理能力，通过创新项目模式提高服务的质量，通过严格遵守合同制度和契约精神提高自身的信用程度，进而保持其在行业内的核心竞争力，得以承接更多的服务项目，更好地发挥社会组织在构建“责任共担”模式中的作用。

最后，大力发展社会工作，提高社会的自治能力。我国建立早期儿童照顾责任共担模式的困境之一在于社会组织发育不成熟，社会自我管理能力较弱。因此，中国责任共担模式的实现就需要提高社会的治理能力，而社会工作的价值导向和专业方法有助于社会自治能力的提高。

一方面，现有的公共服务体系旨在解决人们最基本的问题，而随着市场经济的发展，人口结构和家庭结构的不断变化，现有的公共服务体系根本难以覆盖人们的实际服务需求。例如早期儿童照顾问题困扰着很多的年轻父母特别是母亲，她们难以在照顾孩子和外出工作之间做出恰当的选择，由此引发出一系列的家庭问题和社会问题。而社会工作强调以人的需求为导向，来帮助人们解决自己无法解决的难题。因此社会工作参与到公共服务建设中来势必释放出大量的服务空间。

另一方面，社会工作的小组工作方法、社区工作方法强调将处于相同境况的人连接起来，使他们互相帮助。在这个过程中，为了增强服务对象的自助能力，社会工作者往往帮助同一类型的服务对象成立自助组织，这有利于培养大量的社会组织的建立和发展，增强社会组织对社会的治理能力。

第8章 结 语

8.1 主要结论

本书以早期儿童照顾为研究主题，从社会照顾的理论视角出发，即立足于社会照顾范式来探索中国的早期儿童照顾模式，主要得出以下结论。

第一，当前中国的早期儿童照顾模式呈现出部门上和性别上的责任分离特点。从部门上来看，目前我国的早期儿童照顾模式强调家庭责任。当家庭有额外的照顾服务需要时，可以向市场购买，国家在早期儿童照顾中起补充性作用，只对处于困境中的早期儿童提供生存性照顾。从性别上来看，目前我国的早期儿童照顾倾向于女性责任。在现有的社会规范下，女性承担着生儿育女的责任，男性承担着养家糊口的责任，男性对早期儿童照顾的参与不足。责任分离模式一方面加剧了照顾活动与国家关系认识的困境，在模糊认识早期儿童照顾与国家之间的关系的情况下，造成了国家对早期儿童照顾的干预不足；另一方面，加剧了照顾活动与女性关系认识的困境，对照顾活动与性别关系的不恰当认识，损害了女性的社会权。

第二，社会保险范式及其市场体制基础是中国早期儿童照顾责任分离模式的根源。社会保险范式以福利国家处于市场经济条件下为背景，以市场经济体制为基础，以解决劳动力对市场的依赖为问题导向，以有偿劳动者为保障对象，以现金给付为主要政策工具，以调整市场经济体制下的阶层关系为目的，以国家与市场关系下的公民身份为理论路径。社会保险范式下的福利模式是一种国家加市场的二元福利模式，强调以市场为主，国家在一定程度上起补充作用，家庭是社会的基本单位，国家不应该过多地干涉家庭生活以免干扰家庭对其责任的承担，国家对家庭的支持应该以维护传统家庭模式为重点，即“男主外、女主内”的传统家庭模式。社会保险范式下的早期儿童照顾是在社会保险范式分析体系下所形成的对早期儿童照顾的认识和政策手段，在关于早期儿童照顾责任问题的认识上，社会保险范式更倾向于早期儿童照顾属于私领域责任和女性责任。一方面，市场化转型过程中逐渐形成公私领域的分离，把与“再生产”相关的职能推回家庭。社会保险范式及其市场体制基础过于强调家庭和市场在早期儿童照顾中的作用，这会加剧阶层矛盾。另一方面，社会保险范式下的女性通常被排除在劳动岗位之外，主要从事家庭劳动，成为儿童照顾的主要承担者。然而这种分工形式带有一定的等级性质，男性养家的价值远远高于女性顾家的价值，认为男性是社会生产力的推动者，女性只是起到辅助作用。在马歇尔的公民身份理论中，照顾并未被列入到公民身份和公民权利中去，也就是说女性是被排除在公民身份之外的，这会加剧性别矛盾。

第三，社会照顾范式下的早期儿童照顾模式是一种“责任共担”模式，它超越了社会保险范式下早期儿童照顾的“责任分离”模式，具有承认照顾的权利和从社会、经济以及政治三方面认可照顾活动的合理性，有利于部门之间及性别之间建立起共担机制，实现责任共担模式的有效运行。社会照顾范式以中立的、包容的公民身份为理论路径，以无偿照顾者与接受照顾的弱势群体为保障对象，以时间支持、经济支持和服务支持为主要政策工具，以解决照顾依赖为目的。社会照顾范式下的福利生产模式是一种多元福利模式，即国家、市场、家庭和社会都是福利的生产者与提供者。因此，就早期儿童照顾而言，社会照顾范式下的早期儿童照顾是一种责任共担的早期儿童照顾模式，早期儿童照顾责任由国家、市场、家庭和社会组织共同承担，而在家庭内部，早期儿童照顾责任由父母双方共同承担。因此，同社会保险范式相比，社会照顾范式下的早期儿童照顾责任承担方式是一种多元的、混合的责任共担机制，这种多方承担多方负责的模式不仅分担了各方儿童照顾的压力，帮助儿童实现其受照顾权利，有利于儿童福利的积极进展，也在很大程度上减轻了家庭内部女性的照顾责任，打破了高度性别相关的家庭内部早期儿童照顾模式，对于促进女性就业有着积极的影响。

第四，中国具有实行早期儿童照顾责任共担模式的文化基础和制度基础。结合我国的文化、制度背景，在社会照顾范式的指导下，建立有中国特色的责任共担模式实现机制，包括责任共担模式的主体机制和责任共担模式的政策机制。在责任共担模式的主体机制建设上，建立部门协作的协调发展机制和性别平等的协调发展机制。在责任共担模式的政策机制建设上，建立适合中国国情的时间支持政策、经济支持政策和服务支持政策。通过明确早期儿童照顾的主体角色和合理运用早期儿童照顾政策，建立起早期儿童照顾在部门之间和性别之间有效的分担制度和切实可行的运行方式。

第五，中国早期儿童照顾由责任分离模式转向责任共担模式，面临着由一元福利供给主体向多元福利供给主体转变的现实挑战，包括：政府治理能力不足，市场发育不健全，社会组织自治能力不足。挑战的根源在于政府的财政性投入不 足，公共管理体系存在路径依赖，社会组织发育不良。面对这些问题，应该通过建立早期儿童照顾的财政投入保障机制，提高政府对早期儿童照顾的治理能力，积极培育和发展早期儿童照顾市场，积极培育和发展社会组织等方法来超越上述困境，使早期儿童照顾的责任共担模式得以实现。

8.2 研究的创新与不足

8.2.1 研究的创新

8.2.1.1 研究视域创新

本研究从不同的理论视角出发，即立足于范式角度来思考早期儿童的照顾模式议题，而以往的研究多是从理论角度出发，通常以艾斯平-安德森的三个世界理论为依据，在此基础上进一步拓展，对早期儿童照顾进行模式划分。社会保险范式和社会照顾范式在研究背景、理论路径、保障对象、研究问题、研究目的、研究工具方面均有所不同，本书在这两种范式的比较中，突破了艾斯平-安德森的模式研究，弥补了艾斯平-安德森三个世界模式划分忽略性别问题的不足，是对以往研究视域的一种超越。

8.2.1.2　理论创新

本研究引入社会照顾范式，在这一理论视角下，丰富并完善了早期儿童照顾理论和公民身份理论，是一种理论创新。

首先，本书提出公民身份应该包括照顾维度，只有将照顾包括在公民身份之中，人们的照顾权利才能得以保证。照顾权利包括两方面，一方面是接受照顾的权利，另一方面是提供照顾的权利，这两种照顾权利得以保证每个公民自由选择如何将照顾融入他们的生活之中。

其次，早期儿童作为公民具有接受照顾的权利，然而实际上他们无法保证自己受照顾权的充分实现。一方面，早期儿童作为被动接受照顾的人，他们是否能获得照顾以及所获得的照顾的质量，往往取决于他们与提供照顾者的关系特征，因此私领域内的非正式照顾无法保证早期儿童受照顾权的真正实现。另一方面，市场只为那些有购买能力的人提供照顾服务，因此市场也无法保证早期儿童受照顾权的真正实现。在这种情况下，早期儿童的受照顾权意味着国家要承担起早期儿童的照顾责任。因此，在福利多元主义的影响下，在宏观层面应该由国家、市场、家庭、社会组织共同承担并且合理分担早期儿童的照顾责任，以“照顾钻石”作为保证早期儿童受照顾权的新方法，在微观层面应该由男性和女性共同承担并且合理分担早期儿童照顾责任，以保证早期儿童受照顾权的真正实现。

最后，照顾具有被包括在公民身份之内的社会认可基础上的、经济认可基础上的和政治认可基础上合法性依据。因此，女性作为主要的照顾提供者，应该被包括在公民身份之内，也就是说公民有提供照顾的权利。而在提供照顾的过程中，公民有获得来自其他支持网络的时间、经济、服务等支持的权利，因此国家应该建立政策措施以保障公民提供照顾的权利的充分实现。

8.2.1.3 模式创新

传统的早期儿童照顾模式根源于既有的儿童照顾理论，而既有的儿童照顾责任主体研究碎片化问题，导致传统的早期儿童照顾模式面临着部门协调不足和性别分担不平衡的现实困境。对此，本书立足社会照顾范式提出责任共担模式，从国家、家庭、市场、社会组织部门层面和男女性别层面构建早期儿童照顾的多方协作机制，打破传统早期儿童照顾模式责任主体不全的现象。

8.2.1.4 政策与措施创新

在责任共担模式基础上，结合我国的文化基础和制度基础，本书提出了适合我国国情的早期儿童照顾政策，包括时间支持政策、经济支持政策、服务支持政策。其中时间支持政策包括扩大产假的覆盖范围，建立国家立法层面的陪产假制度，建立带薪留职的育婴假制度，建立弹性工作时间制度；经济支持政策包括建立早期儿童照顾的税收优惠政策，建立针对0至3岁儿童的照顾津贴政策，建立针对0至6岁困境儿童的儿童津贴政策；服务支持政策包括扩大公办幼儿园的覆盖范围，引导私立早期儿童照顾机构发展，鼓励社会力量办早期儿童照顾机构，建立早期儿童照顾培训中心，加强对家庭科学育儿的指导，鼓励父亲参与。

本书提出的时间支持政策、经济支持政策、服务支持政策，增强了家庭的早期儿童照顾功能，形成了一个完整的责任共担机制，弥补了家庭照顾资源的不足，保障了早期儿童受照顾权的实现，进而全面提高了早期儿童的福利水平，减少了阶层和城乡之间的差距，与此同时促进了性别平等，有利于中国和谐社会的构建。而以往研究所提出的政策措施，并未将部门视角和性别视角综合考虑在内，或是忽视了部门视角，或是忽视了性别视角，具有不全面性。因此，在政策与措施上，本书对以往的研究有所超越。

8.2.2 可能存在的不足

国外关于早期儿童照顾模式和社会照顾范式的理论研究相对来说比较

丰富，但是由于语言差异可能存在理解上的偏差，而国内有关早期儿童照顾模式和社会照顾范式的理论研究极少。因此，本研究就社会照顾理论本身的建构是探索性的，就社会照顾范式下早期儿童照顾模式的构建是初步的，有待于在今后学习工作中进一步深入研究和完善。

8.3 未来展望

早期儿童照顾责任共担模式的实现不仅需要多方面的理论支持，更需要接受社会实验的检验。因此，在接下来的研究中，在条件允许的情况下，笔者希望可以进行社会实验，切实将责任共担模式的实现机制运用到早期儿童照顾中来，以进一步完善我国早期儿童的照顾福利体系。

参考文献

A. 普通图书

[1] 亚当·斯密.国富论[M].杨敬年, 译.西安: 陕西人民出版社, 2001.

[2] 贝蒂·弗里丹.女性的奥秘[M].哈尔滨: 北方文艺出版社, 1999.

[3] 陈崧.五四前后东西文化问题论战文选[M].北京: 中国社会科学出版社, 1985.

[4] 戴维·赫尔德, 等.全球大变革: 全球化时代的政治、经济和文化[M].杨雪冬, 等, 译.北京: 社会科学文献出版社, 2001.

[5] 大卫·切尔.家庭生活的社会学[M].彭铟旎, 译.北京: 中华书局, 2005.

[6] E.M.温德尔.女性主义神学景观[M].北京: 三联书店, 1995.

[7] 恩格斯.家庭、私有制和国家的起源[M].北京: 人民出版社, 1999.

[8] 恽代英.恽代英文集(上册)[M].北京: 人民出版社, 1984.

[9] 黑格尔.历史哲学[M].上海: 上海书店出版社, 1999.

[10] 卡罗尔·吉利根.不同的声音——心理学理论与妇女发展[M].北京: 中央编译出版社, 1999.

[11] 考斯塔·艾斯平-安德森.福利资本主义的三个世界[M].郑秉文, 译.北京: 法律出版社, 2003.

[12] 康有为.李似珍评注《大同书》[M].郑州: 中州: 古籍出版, 1998.

[13] 康有为.大同书[M].上海: 上海古籍出版社, 2005.

[14] 科克伦.儿童早期教育体系的政策研究[M].王海英, 等, 译.南京: 江苏教育出版社, 2011.

[15] 理安·艾斯勒.国家的真正财富——创建关怀经济学[M].北京: 社会科学

文献出版社，2009.
[16] 联合国，等. 国民经济核算体系1993［M］.国家统计局国民经济核算司，译.北京：中国统计出版社，1995.
[17] 露丝·里斯特.公民身份：女性主义的视角［M］.长春：吉林出版集团有限责任公司，2010.
[18] 列宁.列宁全集（第32卷）［M］.北京：人民出版社，1958.
[19] 列宁.列宁全集（第37卷）［M］.北京：人民出版社，1986.
[20] 列宁.列宁全集（第38卷）［M］.北京：人民出版社，1986.
[21] 米尔恩：人的权利与人的多样性：人权哲学［M］.夏勇，等，译. 北京：中国大百科全书出版社，1995.
[22] 玛格丽特·米德.三个原始部落的性别与气质［M］.宋践，译.杭州：浙江人民出版社，1988.
[23] 马尔科姆·沃特斯.现代社会学理论［M］.北京：华夏出版社，2000.
[24] 马克思.资本论（第1卷）［M］.北京：人民出版社，1975.
[25] 马克思，恩格斯.马克思恩格斯全集（第3卷）［M］.北京：人民出版社，1965.
[26] 马克思，恩格斯.马克思恩格斯选集（第4卷）［M］.北京：人民出版社，1995.
[27] 马克思.1844年经济学哲学手稿［M］.北京：人民出版社，2000.
[28] 沈兼士.中国妇女问题讨论集（第六册）［M］.上海：上海书店，1989.
[29] TH.马歇尔.公民身份和社会阶级［M］.南京：江苏人民出版社，2007.
[30] 威尔·金里卡.当代政治哲学［M］.刘莘，译.上海：上海译文出版社，2011.
[31] 王思斌.社会工作导论［M］.北京：高等教育出版社，2013.
[32] 中国妇女管理干部学院.中国妇女运动文献资料汇编［M］.北京：中国妇女出版社，1987.
[33] Kremer, M. How Welfare States Care: culture, gender and parenting in Europe ［M］. Amsterdam: Amsterdam University Presss, 2007.
[34] Leira, A.Working Parents and the Welfare State: Family Change and

Policy Reform in Scandinavia [M] .Cambridge: Cambridge University Press, 2002.

[35] Parsons, Bales.Family, Socialization and Interaction Process [M] . Canada: Free Pr-ess, 1955.

[36] Pascall, Gillian.Social Policy: A Feminist Analysis [M] .London: Tavistoc Publica-tions, 1986.

[37] Pecora, etal. The child welfare challenge: policy, practice, and research [M] . New Brunswick : Transaction Publishers, 2009.

[38] Stacey, Judith.Brave New Families.Stories of Domstic Upheaval in Later-Twe-ntieth-Century America [M] .California: University of California Press, 1998.

[39] Sonya Michel, Rianne Mahon (eds) .Child Care Policy at the Crossroads: Gender and Welfare States Restructing [M] , New York: Routledge, 2002.

B.论文集、会议录

[1] 中华全国妇女联合会编.蔡畅、邓颖超、康克清妇女解放问题文选（1938年—1987年）[C] .北京：人民出版社，1988.

[2] Harris, Dan R.Aging Sourcebook [C] .Detroit: MI Omnigraphics, 1998.

[3] Sainsbury, D. Women' s and Men' s Social Rights: Gendering Dimmensions of Welfare States [C] . London: Sage, 1994.

C.报告

[1] 中国发展研究基金会.中国儿童发展报告2017：反贫困与儿童早期发展 [R] .北京：中国发展出版社，2017.

[2] Maternity and paternity at work: law and practice across the world International Labour Office [R] . Geneva: ILO, 2014.

[3] OECD.Babies and Bosses: Reconciling Work and Family Life.A Synthesis of Findings for OECD Countries [R] .Paris: OECD Publishing, 2007.

[4] Starting well——Benchmarking early education across the world [R] . London: Economist Intelligence Unit, 2012.

[5] Hanssen, J-I.The Scandinavian Model as Seen from a Local Perspective [M].London: Routledge, 1997.

[6] Shahra Razavi.The Political and Social Economy of care in a Development Context: Conceptual Issues, Research Questions and Policy Options [R]. Geneva: UNRISD, 2007.

[7] UNICEF.The State of the World' s Children 2005-Childhood Under Threat [R].New York: UNICEF, 2005.

[8] Verry, Donald.An economic framework for the evaluation of child care polic-y [R].Paris: OECD Publishing, 1992.

D.学位论文

[1] 戴建兵.我国适度普惠型儿童社会福利制度建设研究 [D].上海: 华东师范大学, 2015.

[2] 孙艳艳.儿童与权利: 理论建构与反思 [D].济南: 山东大学, 2014.

[3] 孙淑女.范式视阙下的跨文化适应理论 [D].杭州: 浙江大学, 2015.

[4] 吴鹏飞.嗷嗷待哺: 儿童权利的一般理论与中国实践 [D].苏州: 苏州大学, 2013.

[5] 王乃圣.公民社会理论视域下当代中国国家与社会关系研究 [D].济南: 山东大学, 2010.

[6] 王向南.中国非营利组织发展的制度设计研究 [D].长春: 东北师范大学, 2014.

[7] 曾昭皓.德育动力机制研究 [D].西安: 陕西师范大学, 2012.

[8] 张亮.中国儿童照顾政策研究 [D].上海: 复旦大学, 2014.

E.专著中析出的文献

[1] Sainsbury, D.Women' s and Men' s Social Rights: Gendering Dimmensions ofWelfare States [C].//D.Sainsbury (eds).Gendering Welfare States. London: Sage, 1994.

F. 期刊

[1] 陈彩云.从"平等"、"社会性别" 到"公民资格"——西方女性主义的理论

转向［J］.妇女研究论丛，2002（4）：53-59.

［2］陈淼光，张耀方.简论儿童受照顾权［J］.武汉商学院学报，2016（2）：75-78.

［3］程福财.家庭、国家与儿童福利供给［J］.青年研究，2012（1）：50-95.

［4］蔡玲.结构限制下的个人认同、行为选择与母职实践——以中产阶层妈妈离职选择为例［J］.社会发展研究.2018（1）：159-179.

［5］戴雪红.父权制与当代资本主义批判——女权主义的理论透视［J］.妇女研究论丛，2001（6）：32-37.

［6］第三期中国妇女社会地位调查课题组.第三期中国妇女社会地位调查主要数据报告［J］.妇女研究论丛，2011（6）：5-15.

［7］谷传华，王美萍.儿童依恋理论述评［J］.山东师大学报（社会科学版），2000（1）：65-68.

［8］郭忠华.资本主义困境与福利国家矛盾的双重变奏［J］.中山大学学报（社会科学版），2007（5）：77-127.

［9］高翔.美国儿童照顾政策述评——兼论对中国儿童照顾政策的意义［J］.晋阳学刊，2013（3）：95-100.

［10］和建花，蒋永萍.从支持妇女平衡家庭工作视角看中国托幼政策及现状［J］.学前教育研究，2008（8）：3-29.

［11］郝明然.维多利亚时期英国慈善组织的特征［J］.内蒙古农业大学学报（社会科学版），2009（2）：331-333.

［12］何玲.瑞典儿童福利模式及发展趋势［J］.中国青年研究，2009（2）：5-15.

［13］黄桂霞.中国生育保障水平的现状及影响因素分析——基于第三期中国妇女社会地位［J］.妇女研究论丛，2015（5）：103-111.

［14］胡钧.政府与市场关系论［J］.当代经济研究，2013（8）：22-30.

［15］胡家勇.试论社会主义市场经济理论的创新和发展［J］.经济研究，2016（7）：4-12.

［16］金耀基.中国发展成现代型国家的困境：韦伯学说的一面［J］.二十一世纪，1991（2）：57-72.

[17] 李小江."男女平等"在中国社会实践中的失与得[J].社会学研究，1995(1)：92-97.
[18] 李莹，赵媛媛.儿童早期照顾与教育：当前状况与我国的政策选择[J].人口学刊，2013(2)：31-41.
[19] 李风华.资本主义：基于经典文本的所指及定义分析[J].湖南师范大学社会科学学报，2013(4)：38-44.
[20] 李树茁，王欢.家庭变迁、家庭政策演进与中国家庭政策构建[J].人口与经济，2016(6)：1-9.
[21] 罗家伦.妇女解放[J].新潮，1919(1)：16-17.
[22] 陆士桢，常晶晶.简论儿童福利和儿童福利政策[J].中国青年政治学院学报，2003(1)：1-6.
[23] 柳拯，黄胜伟，刘东升.中国社会工作本土化发展现状与前景[J].广东工业大学学报，2012(4)：5-16.
[24] 柳倩.普及学前教育政策的国际发展趋势述评[J].外国教育研究，2011(1)：44-50.
[25] 柳倩，黄嘉琪.中国与OECD国家学前教育投入水平的比较研究[J].教育经济评论，2019(3)：72-86.
[26] 刘继同.国家与儿童：社会转型期中国儿童福利的理论框架与政策框架[J].青少年犯罪问题，2005(3)：4-12.
[27] 刘继同.中国儿童福利制度构建研究[J].青少年犯罪问题，2013(4)：4-12.
[28] 刘丹丹.住户无酬工作核算：概念、估价方法及卫星账户构建[J].统计与信息论坛，2007(1)：41-80.
[29] 刘爱武，肖贵清.中外不同语境中的"中国模式"概念辨析[J].山东社会科学，2011(9)：44-49.
[30] 刘慧.公民身份：一个高度性别化的概念——论女性主义对传统公民身份理论的批评[J].东岳论丛，2012(10)：117-123.
[31] 刘训练.古典共和主义公民身份理论的兴衰[J].天津社会科学，2012(6)：61-83.

[32] 刘训练.自由主义公民身份理论的演进[J].南京社会科学，2012(9)：62-66.

[33] 刘智成，曹珊.强势开端Ⅲ：背景、内容及启示[J].学前教育研究，2013(5)：15-20.

[34] 刘云香.性别福利体制的研究述评[J].公共行政评论，2017(3)：184-218.

[35] 刘云香，朱亚鹏.向儿童投资：福利国家社会政策的新转向[J].中国行政管理，2017(6)：127-134.

[36] 李文祥.合作性社会工作的全球视野与中国性实践[J].社会科学辑刊，2016(4)：48-54.

[37] 李文祥，翟宁.中国儿童社会工作发展的范式冲突与路径选择[J].河北学刊，2019(3)：157-165.

[38] 李兵.社会服务政策属性及构建的探索分析[J].社会发展研究，2016(5)：138-244.

[39] 孟大川.行政院校法学教学探微[J].成都行政学院学报，2000(2)：57-58.

[40] 马文瑞.进一步解放妇女劳动力，为多快好省地建设社会主义服务[J].中国劳动，1958(9)：4-7.

[41] 马春华.重构国家和青年家庭之间的契约：儿童养育责任的集体分担[J].青年研究，2015(4)：66-96.

[42] 泥安儒，朱文富.北欧福利国家普通高等教育政策发展与改革研究[J].当代教育科学，2017(2)：68-76.

[43] PeterAbrahamson.和谐理念与福利国家发展：丹麦家庭政策普惠之路[J].天津行政学院学报，2014(3)：100-106.

[44] 彭华民，黄叶青.福利多元主义：福利提供从国家到多元部门的转型[J].南开学报，2006(6)：40-48.

[45] 秦宣."中国模式"之概念辨析[J].前线，2010(2)：28-32.

[46] 孙建光.西方政治合法性理论辨析[J].求实，2004(2)：58-61.

[47] 宋少鹏.公中之私——关于家庭劳动的国家话语(1949—1966)[J].近代中国妇女史研究，2011(19)：131-172.

[48] 宋少鹏."回家"还是"被回家"——市场化过程中"妇女回家"讨论与中国社会意识形态转型[J].妇女研究论丛，2011(4)：5-26.
[49] 谭深.城市"单位保障"的形成及特点[J].社会学研究，1991(5)：82-87.
[50] 唐淑等.中华人民共和国幼儿教育60年大事记(上)[J].学前教育研究，2009(9)：66-71.
[51] 佟新，杭苏红.学龄前儿童抚育模式的转型与工作着的母亲[J].中华女子学院学报，2011(1)：74-79.
[52] 文新译.柯夫校.社会政策和家庭[J].现代外国哲学社会科学文摘，1982(12)：51-53.
[53] 伍俊斌.马克斯•韦伯合法性思想评析[J].哈尔滨工业大学学报(社会科学版)，2011(6)：68-72.
[54] 吴玉霞.公共服务链：一个政府购买服务的分析框架[J].经济社会体制比较，2014(4)：141-147.
[55] 韦诸霞，周均旭.政府购买社会组织公共服务的三重机制与变革路径[J].理论导刊，2018(6)：55-61.
[56] 王运萍.传统"家本位"思想及其延伸的现代启示[J].太原师范学院学报(社会科学版)，2005(1)：27-29.
[57] 王本余.儿童权利的观念：洛克、卢梭与康德[J].南京社会科学，2010(8)：130-136.
[58] 王思斌.中国社会工作的嵌入性发展[J].社会科学战线，2011(2)：206-222.
[59] 王名，王春婷.国外政府如何向社会组织购买服务[J].时事报告.2013(7)：44-45.
[60] 王作宝，满小欧.儿童贫困治理的几个理论问题[J].人口与社会，2014(3)：62-67.
[61] 王玺，姜朋.基于PDE模型的儿童福利供给财政缺口及保障机制研究[J].中国软科学，2017(6)：155-162.
[62] 向警予.女子解放与改造的商榷[J].少年中国，1920(2).

[63] 效民.什么是"机制"、"经济机制"和"价格机制"[J].价格理论与实践，1986(5)：43.

[64] 徐永光.中国公民社会元年.NPO纵横[J]，2008(4)：1-5.

[65] 徐浙宁.我国关于儿童早期发展的家庭政策(1980-2008)——从"家庭支持"到"支持家庭"[J].青年研究，2009(4)：47-95.

[66] 徐向文.西方专业社会工作合法化路径及其对我国的启示[J].甘肃社会科学，2015(4)：20-24.

[67] 俞颂华.儿童公育问题的我见[J].解放与改造，1920(15)：11-13.

[68] 杨善华.中国当代城市家庭变迁与家庭凝聚力[J].北京大学学报(哲学社会科学版)，2011(2)：150-158.

[69] 杨菊华.健全托幼服务推动女性工作与家庭平衡[J].妇女研究论丛，2016(2)；11-14.

[70] 岳经纶，郭英慧.社会服务购买中政府与NGO关系研究——福利多元主义视角[J].东岳论丛，2013(7)：5-14.

[71] 岳经纶，方萍.照顾研究的发展及其主题：一项文献综述[J].社会政策研究，2017(4)：38-56.

[72] 闫臻.嵌入社区治理中的专业社会工作介入——以天津KC社区为例[J].华东理工大学学报(社会科学版)，2016(1)：46-61.

[73] 曾五一.无偿服务核算研究[J].统计研究，2005(6)：44-47.

[74] 邹明明.瑞典的儿童福利制度[J].社会福利，2009(12)：58-59.

[75] 张笑会.福利多元主义视角下的社会服务供给主体探析[J].理论月刊，2013(5)：146-149.

[76] 周维宏.社会福利政策的新基本原则："看护四边形理论"及其研究课题[J].社会政策研究，2016(1)：111-126.

[77] 郑文换.当代社会政策三大范式：社会质量、财税福利和社会发展.社会治理研究[J]，2016(9)：56-126.

[78] 朱新武，王明标.共建共治共享的社会治理格局：理论阐释与体系构建[J].新疆大学学报(哲学人文社会科学版)，2018(6)：19-25.

[79] Anttone, A, Sipila, J.Europen Social Care Services: Is It Possible to Identify Models?[J].Journal of European Social Policy, 1996(2): 87-100.

[80] Arnlaug Leira.Caring as Social Right: Cash for Child Care and Daddy Leav-e[J].Social Politics, 1998(3): 362-378.

[81] Bowlby, J. M.D. Grief and mourning in infancy and early childhood[J]. The Psychoanalytic Study of the Child, 1960(15): 9-52.

[82] Daniel Engster.Rethinking care theory: the practice of caring and the obligation to care[J]. Hypatia, 2005(3): 50-74.

[83] Graham H.The concept of caring in feminist research: The case of domestic service[J].Sociology, 1991(1): 61-78.

[84] PIERRETTE HONDAGNEU-SOTELO, ERNESTINE AVILA. "I' m Here, But I' m There": The Meanings of Latina Transnational Motherhood [J].Gender and Society , 1997(5): 548-571.

[85] Ironmonger, D.S.Counting Outputs, Capital Inputs and Caring Labor: Estimating Gross Household Product[J]. Feminist Economics, 1996(3): 37-94.

[86] Iversen Torben, Stephens John.Partisan Politics, the Welfare State, and Three Worlds of Human Capitical Formation[J].Comparative Political Studies, 2008(4): 1-37.

[87] Carsten Jensen.Institutions and the politics of child service[J].Journal of European Social Policy, 2009(1): 7-18.

[88] Jana Javornik.Measuring state de-familialism: Contesting post-socialist excepti-onalism[J]. Journal of European Social Policy, 2014(3): 1-38.

[89] Leither S.Conservative familialism reconsidered: the case of Belgium[J]. Acta Politica, 2005(4): 419-439.

[90] Mary Daly. Care as a good for social policy[J].Journal of Social Policy, 2002(2): 251-270.

[91] Mary Daly, Jane Lewis.The concept of social care and the analysis of

contemporary welfare states [J].The Britisj journal of sociology, 2000 (2): 281-298.

[92] Nancy Folbre.Children as public goods [J].The American Economic Review, 1994 (2): 86-90.

[93] Paula England, Nancy Folbre.The cost of caring [J].The Annals of the American Academy of Political and Social Science, 1999 (1): 39-51.

[94] Rehel, E.M.When dad stays home too: Paternity leave, gender and parenting [J].Gender&Society, 2013 (1): 110-132.

[95] Sipila, J.The Right to Choose: Day Care for Children or Money for Parents [J]. Social Policy Review, 1995.

[96] Sibyl A.Schwarzenbach.On civic friendship [J].Ethics, 1996 (1): 97-128.

[97] Thomas, C.De-Constructing Concepts of Care [J].Sociology, 1993 (4): 649-669.

[100] Trudie Knijn, Monique Kremer.Gender and the caring dimension of welfare states: toward inclusive citizenship [J].Social Politics, 1997 (3): 328-361.

[101] Thevenon, O.Family Policies in Europe: Available Databases and Initial Com-parisons [J].Vienna Yearbook of Population Research, 2008 (6): 165-177.

[102] Thevenon, O.Family policies in OECD countries: Acomparative analysis [J], Po-pulation and Development Review, 2011 (1): 57-87.

[103] Walter Koppi.Faces of Inequality: Gender, Class and Patterns of Inequalities in Different Typesof Welfare States [J]. Social Politics, 2000 (2): 127-191.

[104] Yanxia Zhang, Mavis Maclean.Rolling back of the state in child care? Evi-dence from urban China [J].International Journal of Sociology and Social Policy, 2012 (11): 664-681.

G. 报纸

［1］关于加强托儿所、幼儿园、公共食堂等集体福利的决定［N］.哈尔滨日报 1958-11-12.

H. 电子文献

［1］和建花.中国托幼政策与事业发展回顾［EB/OL］.http：//www.wsic.ac.cn/academicnews/88521.htm.

［2］毛主席在安徽的讲话（1958）［EB/OL］.http：//www.wsic.ac.cn/internalwomenm ovem entliterature/11976.htm.

［3］民政部.2008 年民政事业发展统计公报［Z/OL］. http：//www.gov.cn/gzdt/2009-02/04/content_1221432.htm.

［4］习近平：在会见第一届全国文明家庭代表时的讲话［EB/OL］.http：//www.xinhuanet.com//politics/2016-12/15/c_1120127183.htm.

［5］中国共产党第八届中央委员会第六次全体会议通过关于人民公社若干问题的决议（一九五八年十二月十日）［EB/OL］.http：//www.people.com.cn/GB/shi zheng/252/5089/5100/5219/20010428/454521.html.

［6］Huerta，M. Fathers' leave，fathers' involvement and child development：Are they related? Evidence from Four OECD Countries［EB/OL］. https：//www.oecd-ilibrary.org/docserver/5k4dlw9w6czq-en.pdf?expires=1680573320&id=id&accname=guest&checksum=73B946DB18F554BA39B2F5B7B2C382F1.

附录一

中国内地31个省市地区陪产假、生育奖励假、育婴假政策规定

地区	政策文件	最新修改日期	陪产假	生育奖励假	育婴假	具体内容
北京	《北京市人口与计划生育条例》	2016年3月24日	15天	30天	30～90天	机关、企业事业单位、社会团体和其他组织的女职工，按规定生育的，除享受国家规定的产假外，享受生育奖励假三十天，其配偶享受陪产假十五天。女职工及其配偶休假期间，机关、企业事业单位、社会团体和其他组织不得降低其工资、予以辞退、与其解除劳动或者聘用合同。
天津	《天津市人口与计划生育条例》	2016年1月29日	7天	30天	—	符合法律、法规规定生育子女的，男方所在单位给予七日护理假，女方所在单位增加生育假（产假）三十日；不能增加生育假（产假）的，给予一个月基本工资或者实得工资的奖励。参加生育保险的，按照生育保险的规定执行。
河北	《河北省人口与计划生育条例》	2018年6月25日	15天	30天	—	符合法律法规规定生育子女的夫妻，除享受国家规定的产假外，延长产假六十天，并给予配偶护理假十五天。延长婚、产假期间，享受正常婚、产假待遇。

续表

地区	政策文件	最新修改日期	陪产假	生育奖励假	育婴假	具体内容
山西	《山西省人口与计划生育条例》	2016年1月20日	15天	60天	—	符合本条例规定生育子女的，女方在享受国家和本省规定产假的基础上，奖励延长产假60日，男方享受护理假15日。婚假、产假、护理假期间，享受与在岗人员同等的待遇。 符合前款规定的农业人口，村民委员会可以给予一定的奖励。
内蒙古	《内蒙古自治区人口与计划生育条例》	2016年3月30日	25天	60天	—	符合本条例规定生育子女的夫妻，女方除享受国家规定的产假外，再增加产假六十日，并给予男方护理假二十五日。休假期间的工资、福利等待遇不变。
辽宁	《辽宁省人口与计划生育条例》	2016年3月23日	15天	60天	—	符合本条例规定生育的夫妻，除享受国家规定的产假外，增加产假60日，配偶享有护理假15日。休假期间工资照发，福利待遇不变。
吉林	《吉林省人口与计划生育条例》	2016年3月30日	15天	60天	至孩子1周岁	女职工凭生育情况证明增加产假六十天，同时给予男方护理假十五天；职工在享受婚假、产假、护理假期间，按其正常工作对待，工资、奖金照发，其他福利待遇不变。女职工经本人申请，单位同意，可延长产假至一年，产假延长期间工资按原额的百分之七十五发放，不影响调整工资、晋升级别、计算工龄
安徽	《安徽省人口与计划生育条例》	2016年1月15日	10/20天	60天	—	女方在享受国家规定产假基础上，延长产假六十天；男方享受十天护理假；夫妻异地生活的，护理假为二十天。 职工在前款规定的产假、护理假期间，享受其在职在岗的工资、奖金、福利待遇。
福建	《福建省人口与计划生育条例》	2017年11月24日	15天	60～82天	—	符合本条例生育子女的夫妻，女方产假延长为一百五十八日至一百八十日，男方照顾假为十五日。婚假、产假、照顾假期间，工资照发，不影响晋升。

续表

地区	政策文件	最新修改日期	陪产假	生育奖励假	育婴假	具体内容
江西	《江西省人口与计划生育条例》	2016年1月20日	15天	60天	—	符合法律、行政法规和本条例规定生育的夫妻，除享受国家规定的假期外，增加产假六十日，并给予男方护理假十五日。假期工资和奖金照发，福利待遇不变。
山东	《山东省人口与计划生育条例》	2016年1月22日	7天	60天	—	符合法律和本条例规定生育子女的夫妻，除国家规定的产假外，增加产假六十日，并给予男方护理假七日。增加的产假、护理假，视为出勤，工资照发，福利待遇不变。
河南	《河南省人口与计划生育条例》	2016年5月27日	30天	90天	—	符合法律、法规规定生育子女的，除国家规定的产假外，增加产假三个月，给予其配偶护理假一个月；婚假、产假、护理假期间视为出勤。
上海	《上海市人口与计划生育条例》	2016年2月23日	10天	30天	—	符合法律法规规定生育的夫妻，女方除享受国家规定的产假外，还可以再享受生育假三十天，男方享受配偶陪产假十天。生育假享受产假同等待遇，配偶陪产假期间的工资，按照本人正常出勤应得的工资发给。
重庆	《重庆市人口与计划生育条例》	2016年3月31日	15天	30天	至孩子一周岁	符合法律法规规定生育的女职工，在国家规定产假的基础上增加产假三十日。产假期间享受在岗职工同等待遇。符合法律法规规定生育的女职工，经本人申请，单位批准，产假期满后可连续休假至子女一周岁止，休假期间的月工资按照不低于休假前本人基本工资的百分之七十五发给，但不得低于当年本市最低工资标准。符合法律法规规定生育的女职工产假期间，男方所在单位应当给予护理假十五日，护理假期间享受在岗职工同等待遇。

续表

地区	政策文件	最新修改日期	陪产假	生育奖励假	育婴假	具体内容
广东	《广东省人口与计划生育条例》	2018年5月31日	15天	80天	—	符合法律、法规规定生育子女的夫妻，女方享受八十日的奖励假，男方享受十五日的陪产假。在规定假期内照发工资，不影响福利待遇和全勤评奖。
广西壮族自治区	《广西壮族自治区人口与计划生育条例》	2016年1月15日	25天	50天	—	符合法律、法规规定生育子女的夫妻，除享受国家规定的假期外，女方增加产假五十日，同时给予男方护理假二十五日。休假期间的工资、津贴、补贴和奖金，其工作单位不得扣减。
贵州	《贵州省人口与计划生育条例》	2016年3月31日	15天	60天	—	符合政策生育的，除享受国家规定的产假外，女方增加产假60天，男方享受护理假15天;在享受以上规定假期间的工资照发，福利待遇不变，不影响考勤、考核和晋级、晋职、提薪。
新疆	《新疆维吾尔自治区人口与计划生育条例》	2017年7月28日	15天	60天	—	女职工符合规定生育子女的，除国家规定的产假外，增加产假六十天，给予男方护理假十五天。婚假、产假、护理假期间，工资、奖金照发。
西藏	《西藏自治区计划生育暂行管理办法》（试行）	1992年	无	无	—	无
湖南	《湖南省人口与计划生育条例》	2016年3月30日	20天	60天	—	符合法定生育条件的夫妻，女方除享受国家规定的产假外增加产假六十天，男方享受护理假二十天。增加的产假、护理假视为出勤。
湖北	《湖北省人口与计划生育条例》	2016年1月13日	15天	30天	—	对符合法律、法规规定生育的产妇，除享受国家规定的产假外，增加产假30天，并给予其配偶15天护理假；产假和护理假视同出勤，工资、奖金照发。

续表

地区	政策文件	最新修改日期	陪产假	生育奖励假	育婴假	具体内容
四川	《四川省人口与计划生育条例》	2016年1月22日	20天	60天	—	符合本条例规定生育子女的夫妻，除法律、法规规定外，延长女方生育假60天，给予男方护理假20天。生育假、护理假视为出勤，工资福利待遇不变。
甘肃	《甘肃省人口与计划生育条例》	2016年4月1日	30天	90天	—	符合本条例规定生育子女的，女方享受产假180天；男方享受护理假30天。职工在婚假、产假、护理假期间，其工资、奖金、福利待遇不变。
青海	《青海省人口与计划生育条例》	2016年3月25日	15天	60天	—	符合本条例规定生育子女的夫妻，除享受国家规定的假期外，延长女方产假六十日，给予男方看护假十五日。 在前款规定假期内按出全勤发工资，不影响调资、晋级、福利待遇和评奖。
云南	《云南省人口与计划生育条例》	2016年3月31日	30天	60天	—	符合法律、法规规定生育子女的，除按照国务院《女职工劳动保护特别规定》休假外，女方延长生育假60天，男方给予护理假30天。
宁夏	《宁夏回族自治区人口与计划生育条例》	2016年1月21日	25天	60天	—	对符合法律、法规规定生育的产妇，除享受国家规定的产假外，增加产假60天，并给予其配偶25天护理假；产假和护理假视同出勤，工资、奖金照发。
海南	《海南省人口与计划生育条例》	2016年3月31日	15天	90天	至孩子一周岁	属机关、社会团体、企业事业组织工作人员的，女职工除享受国家规定的产假外，增加产假三个月，给予男方护理假十五日。婚假、产假、护理假期间，工资照发，享受全勤待遇。产假期满后，经本人申请，所在单位可以给予哺乳假至婴儿一周岁止，其工资按不低于本人基本工资的百分之八十发给，不影响晋级、调整工资和计算工龄；

续表

地区	政策文件	最新修改日期	陪产假	生育奖励假	育婴假	具体内容
浙江	《浙江省人口与计划生育条例》	2016年1月14日	15天	30天	—	女方法定产假期满后，享受三十天的奖励假，不影响晋级、调整工资，并计算工龄;用人单位根据具体情况，可以给予其他优惠待遇;男方享受十五天护理假，工资、奖金和其他福利待遇照发。
江苏	《江苏省人口与计划生育条例》	2016年3月30日	15天	30天	—	符合本条例规定生育子女的夫妻，女方在享受国家规定产假的基础上，延长产假三十天，男方享受护理假十五天。前两款规定的假期视为出勤，在规定假期内照发工资，不影响福利待遇，国家法定休假日不计入前两款规定的假期。
陕西	《陕西省人口与计划生育条例》	2016年5月26日	15/20天	60天	90～180天	职工合法生育子女的，在法定产假的基础上增加产假六十天，同时给予男方护理假十五天，夫妻异地居住的给予男方护理假二十天。职工在婚假、产假、护理假期间按出勤对待，享受相应的工资、福利待遇。女职工生育孩子满一周岁前，所在单位应当严格依照国务院《女职工劳动保护特别规定》保证哺乳时间并提供哺乳条件。所在单位确因特殊情况无法保证哺乳时间并提供哺乳条件的，经单位与本人协商，可以给予三个月到六个月的哺乳假，哺乳假期间比照生育津贴标准发给津贴，不影响晋级、调整工资，并计算工龄。
黑龙江	《黑龙江省人口与计划生育条例》	2018年6月28日	15天	82天	—	符合本条例规定生育子女的，女方享受产假一百八十日，假期工资照发，不影响聘任、工资调整、职级晋升；男方享受护理假十五日，特殊情况可以参照医疗单位意见适当延长，护理假期间工资照发。

资料来源：根据各地人口与计划生育条例整理

附录二

C市早期儿童家长访谈提纲

1. 能介绍一下您和您爱人的基本情况吗？（包括年龄、职业、收入、原生家庭情况、夫妻关系等）

2. 能向我介绍一下您的孩子吗？（孩子的性别、年龄、性格、行为习惯、对孩子的教育方式等）

3. 孩子主要由谁照顾？照顾者每天的日常生活是什么样的？（具体什么时间做什么事情）

4. 在养育孩子的过程中，母亲主要承担什么照顾工作？父亲主要承担什么照顾工作？您的感受如何？

5. 照顾者除了照顾孩子之外，是否有其他的活动？经济情况如何？身体情况如何？心理情况如何？

6. 在养育孩子的过程中，您得到过哪些帮助？（政府帮助、社会帮助、家人帮助）

7. 在养育孩子的过程中，您有什么压力？

8. 在养育孩子的过程中，您最想得到谁的帮助？具体什么帮助？

9. 每月花在儿童照顾上的费用？占家庭收入的比例？是否经济负担过重？

10. 孩子是否上幼儿园？如果已经上幼儿园，上的是什么类型的幼儿园？费用如何？教学质量如何？如果没上幼儿园，打算几岁送孩子上幼儿园？上什么类型的幼儿园？为什么？

11. 养育孩子对你的职业发展有影响吗？有什么影响？为什么？

12. 打算要二胎吗？为什么？

作者简介及在学期间所取得的科研成果

一、作者简介

翟宁，女，汉族，1990年6月生，吉林省公主岭市人，社会保障专业博士研究生。

二、攻读博士学位期间所取得的科研成果

1.中国儿童社会工作发展的范式冲突与路径选择［J］.河北学刊（CSSCI），2019 第3期.

2.中国儿童社会工作发展的范式冲突与路径选择［J］.中国人民大学复印报刊资料（CSSCI），2019年第8期（全文转载）.

3.照顾性别化视角下的女性公民身份完整化研究［J］.内蒙古社会科学（汉文版）（CSSCI），2019年第4期.

后 记

曾经无数次幻想，在完成我的博士论文的那一刻，我该多么的兴奋、激动。但是真正到了这一刻，我的心情只能用“平静”二字来形容。没错，在经历了3年半紧张的博士生涯后，在真正要结束的这一刻，只有如释重负后的平静。

对于一个博士生来讲，3年半并不是一段很长的时间。能在一个相对较短的时间内完成沉重的博士毕业要求，离不开老师、同学、朋友、家人的支持。

首先，我要感谢我的恩师李文祥教授。李文祥教授是我硕士和博士期间的导师，如果没有李老师的鼓励和支持，我或许现在还无法找到自己的兴趣所在和职业方向。是李老师教会了我什么是科研，怎么做科研。李老师是一个从不吝啬赞美的老师，在李老师的鼓励下，我学会了正确的科研方法，并逐渐找到了科研上的自信，这支撑着我在科研的道路上遇到挫折时，能够重拾自信，不惧前行。李老师不仅在学习和科研上给予了我莫大的支持和帮助，更传授了我许多生活的经验和人生的道理。在我迷茫、失意时，我会自然而然地向李老师请教，而李老师每次都会耐心地为我解惑。所谓师者，传道、授业、解惑也。对于我而言，李老师不仅教会了我如何做一名好学生，更影响着我怎么样成为一位好老师。在今后的职业生涯中，我将以李老师为榜样，严格要求自己，努力成为一名在学术上有发展，对学生有帮助的好老师。

其次，我要感谢多年来给予过我帮助的董才生教授、徐晓海教授、李贺平教授、杨轶华教授等吉林大学的诸多老师，感谢老师们在我硕士、博士期间给予的指导和支持。感谢郑莉教授、王晶教授、邴正教授、田毅鹏教授、林兵教授、袁雷教授，感谢老师们在博士答辩当天，对我的论文提出的宝贵意见。感谢师门的各位同袍和我亲爱的朋友们，感谢他们的陪伴，感谢他们的聆听，感谢他们的支持，感谢他们的帮助。

最后，我要感谢我的家人，如果没有他们的全力支持和帮助，我绝不可能顺利完成我的博士论文。我要感谢我的爸爸、妈妈、公公、婆婆，感谢他们无论在什么时候，都愿意相信我，不管我做出什么决定，都愿意支持我。在我写博士论文期间焦虑、烦躁不堪的时候，他们默默为我打理好生活中的一切，让我能够没有后顾之忧地全情投入到科研写作中。我要感谢我的丈夫，他不仅是我亲密的爱人，也是我忠诚的战友和最好的朋友。是他陪伴我度过无数次困难的时刻，是他替我分担了生活的重担，是他鼓励我勇敢追求自己的梦想，是他纠正我错误的想法和行为。他乐观、积极的人生态度深深地影响了我，让我在每次疲惫不堪，自我怀疑的时候，都能够重新以微笑面对困难。我要感谢我的儿子吴翟小朋友。在他2个月的时候，我就回归了科研。即便我没有太多的时间陪伴他，但是他依然爱我、依恋我，他的种种行为和表现让我相信自己是一名好妈妈。是他给了我做妈妈的自信，是他给我带来了温暖和欢笑，是他让我变得更成熟，更勇敢。也是他的到来，使我在博士论文研究阶段既是一位局外人，又是一位局内人，这让我对我的研究选题充满了兴趣，让我对我的研究对象有了更多的理解、关怀。

虽然博士阶段结束了，但是我的科研之路仍在继续。我知道科研之路道阻且长，我将无畏挑战，风雨兼行。